本书为福建省自然科学基金面上项目"数字经济与能源产业融合发展评价及影响因素研究"（2023J01932）、福建省社会科学基金一般项目"数据要素驱动福建新能源制造企业技术创新的作用机理及实现路径研究"（FJ2024B018）的研究成果。

# 数字产业与能源产业融合发展研究

王江泉 ◎ 著

DIGITAL INDUSTRY
ENERGY INDUSTRY

中国社会科学出版社

图书在版编目（CIP）数据

数字产业与能源产业融合发展研究／王江泉著.——北京：中国社会科学出版社，2024.10.——ISBN 978-7-5227-4244-1

Ⅰ.F492；F426.2

中国国家版本馆 CIP 数据核字第 2024VD3257 号

| 出　版　人 | 赵剑英 |
| --- | --- |
| 责任编辑 | 李斯佳 |
| 责任校对 | 周晓东 |
| 责任印制 | 戴　宽 |

| 出　　版 | 中国社会种学出版社 |
| --- | --- |
| 社　　址 | 北京鼓楼西大街甲 158 号 |
| 邮　　编 | 100720 |
| 网　　址 | http：//www.csspw.cn |
| 发 行 部 | 010-84083685 |
| 门 市 部 | 010-84029450 |
| 经　　销 | 新华书店及其他书店 |
| 印　　刷 | 北京君升印刷有限公司 |
| 装　　订 | 廊坊市广阳区广增装订厂 |
| 版　　次 | 2024 年 10 月第 1 版 |
| 印　　次 | 2024 年 10 月第 1 次印刷 |
| 开　　本 | 710×1000　1/16 |
| 印　　张 | 17 |
| 字　　数 | 282 千字 |
| 定　　价 | 96.00 元 |

凡购买中国社会科学出版社图书，如有质量问题请与本社营销中心联系调换
电话：010-84083683
版权所有　侵权必究

# 前　言

人类在开发利用自然资源服务于自身生产经营活动、提升生活水平的同时，也污染和破坏了身边的环境，造成资源浪费、环境污染、气候变暖等一系列生态问题。煤炭、石油等化石能源的大量消耗是导致生态问题的重要因素。煤炭是中国的主要能源，其大量消耗也给中国带来了严重的环境问题。中国正处于工业化、城镇化迅速发展的阶段，这一过程还需要投入大量的能源资源。伴随经济的快速发展，人们的住房、汽车等消费水平也有了较大的提升，进一步刺激了能源需求与二氧化碳排放较快增长，导致能源资源短缺及其污染问题压力持续加大。

5G、物联网、大数据、云计算等数字技术的快速发展，推动了产业生态的变革。数字产业的发展带来了新业态、新模式，极大地促进了经济社会的可持续发展。同时，它也为解决能源资源短缺及其污染问题提供了新的可能性。近二十年来，中国数字产业飞速发展，数字产业发展水平得到了极大的提升。中国能源产业为数字产业的可持续发展提供了能源保障，而数字产业也不断向能源产业渗透，两大产业的融合发展正在逐步推进。中国"双碳"目标的提出，为数字产业与能源产业融合发展带来了新的机遇和挑战。当前二者融合发展的理论落后于实践，不能很好地指导现实工作的开展。对数字产业与能源产业的融合发展进行评价，探索两大产业融合发展水平的影响因素及其提升对策具有重要的理论和现实意义。

本书以数字产业与能源产业融合发展为主题，从国家层面、省际层面、行业层面、国际层面着手开展研究。首先，介绍数字产业与能源产业融合发展的必要性和内涵，从两大产业融合的驱动力、内容、方式、效应、演化过程以及动态均衡等方面，探讨二者融合的作用机制。其次，阐述我国数字产业、能源产业发展现状及其融合实践。再次，建立数字产业发展水平评价指标体系，应用熵权TOPSIS法测度2002—2021年中国数字产业发展水平并建立 VAR 模型研究中国数字产业与能源产业之间的互动关系。随后构建数字产业与能源产业融合发展水平评价指标体系，基于主成分分析法对中国两大产业融合发展水平进行测度。同时，利用投入产出分析法，从行业层面、国际层面探讨两大产业融合发展状况。最后，从投入产出效率视角出发，建立数字产业与能源产业融合发展效率评价指标体系，同时，采用改进的考虑技术进步和非期望产出的 CCR-DEA、BCC-DEA 模型，对国家层面和省际层面两大产业融合发展效率进行实证分析。另外，利用面板数据模型定量分析我国数字产业与能源产业融合发展水平的影响因素。

本书的重要结论主要涉及五个方面。

第一，中国数字产业发展非常迅速，极大地促进了能源的可持续发展。具体而言，中国数字产业发展提升了中国能源产业的产出水平，减少了能源供应过程中的损失，提升了能源使用效率，减少了能源消耗，降低了能源相关领域的环境污染。

第二，能源消费状况的改善能够促进数字产业的发展，能源产业在保障中国数字产业可持续发展上发挥了重要作用。

第三，中国数字产业与能源产业融合发展水平不断提升，数字产业与能源产业的发展互动状况不断改善，但不同地区差异显著。在行业层面，数字产业与能源产业的融合发展表现相对不佳。从国际层面来看，中国数字产业与能源产业融合竞争力并不高。

第四，中国数字产业和能源产业融合发展效率还需进一步提升，不同地区之间存在着较大的差异。

第五，数字产业与能源产业的融合发展水平同数字产业发展水平、能源产业发展水平、科技创新水平、环境规制水平、城市化水平呈现正相关关系，有助于促进数字产业与能源产业的融合发展。

基于上述研究，本书从政府层面、行业层面以及企业层面提出推进中国数字产业与能源产业融合发展的对策建议。本书丰富了数字产业发展的研究内容，扩展了能源安全体系的研究空间，也为数字时代数字产业与能源产业融合发展提供了方向指引。

本书的创新点主要表现在三个方面。一是研究内容创新，本书系统地分析了数字产业与能源产业融合的作用机制，遵循两大产业融合发展的递进过程，构建二者融合发展水平测度指标体系。二是研究视角创新，从能源生产、能源供应、能源消费、能源环境保护状况四个方面入手，分别构建 VAR 模型，更全面地定量考察中国数字产业与能源产业发展之间的互动关系。三是研究方法创新，构建考虑评价对象技术进步和非期望产出的 DEA 模型，克服已有 DEA 模型的缺陷并利用该模型对中国数字产业与能源产业融合发展效率进行测度。

# 目　　录

第一章　绪论 ………………………………………………………… 1
　　第一节　选题背景与研究意义 ………………………………… 1
　　第二节　文献综述 ……………………………………………… 9
　　第三节　研究内容、方法与思路 ……………………………… 39
　　第四节　研究创新与不足 ……………………………………… 43

第二章　概念界定与理论基础 ……………………………………… 45
　　第一节　概念界定 ……………………………………………… 45
　　第二节　理论溯源 ……………………………………………… 52
　　本章小结 ………………………………………………………… 60

第三章　数字产业与能源产业融合的作用机制 …………………… 62
　　第一节　数字产业与能源产业融合的驱动力 ………………… 62
　　第二节　数字产业与能源产业融合的内容、方式与效应 …… 65
　　第三节　数字产业与能源产业融合演化与均衡分析 ………… 71
　　第四节　数字产业与能源产业融合的特征 …………………… 75
　　本章小结 ………………………………………………………… 77

第四章　中国数字产业与能源产业融合发展状况 ………………… 79
　　第一节　中国数字产业与能源产业发展现状 ………………… 79
　　第二节　中国数字产业与能源产业融合实践 ………………… 86
　　第三节　中国数字产业与能源产业互动关系检验 …………… 95
　　本章小结 ………………………………………………………… 111

第五章　数字产业与能源产业融合发展水平测度指标体系构建 …… 113
　　第一节　测度指标体系设计思路 ……………………………… 113

第二节　测度指标选取与阐释 …………………………… 114
　　　第三节　基于投入产出表的指标计算 …………………… 123
　　　本章小结 …………………………………………………… 126

第六章　数字产业与能源产业融合发展水平测度及比较研究 …… 128
　　　第一节　研究对象与数据标准化 ………………………… 128
　　　第二节　中国数字产业与能源产业融合发展水平综合测度 … 130
　　　第三节　中国数字产业与能源产业融合发展行业比较 … 147
　　　第四节　数字产业与能源产业融合发展国际比较 ……… 160
　　　本章小结 …………………………………………………… 170

第七章　中国数字产业与能源产业融合发展效率评价 …………… 172
　　　第一节　评价指标体系构建 ……………………………… 172
　　　第二节　考虑评价对象技术进步的 DEA 法 …………… 175
　　　第三节　基于改进 DEA 模型的中国数字产业与能源产业融合
　　　　　　　效率评价 ………………………………………… 205
　　　本章小结 …………………………………………………… 214

第八章　中国数字产业与能源产业融合发展水平影响因素实证分析 … 215
　　　第一节　变量选取与数据来源 …………………………… 215
　　　第二节　面板数据模型构建 ……………………………… 218
　　　第三节　实证结果分析 …………………………………… 222
　　　第四节　稳健性检验 ……………………………………… 224
　　　本章小结 …………………………………………………… 225

第九章　研究结论与对策建议 ……………………………………… 227
　　　第一节　主要结论 ………………………………………… 227
　　　第二节　对策建议 ………………………………………… 230

参考文献 ………………………………………………………………… 239

后　记 …………………………………………………………………… 263

# 第一章 绪 论

## 第一节 选题背景与研究意义

### 一 选题背景

(一) 经济转向高质量发展阶段

随着中国经济的快速发展，传统的人口红利日益减少，资源环境约束不断加大。中国过度依赖要素投入、投资推动、外需拉动和规模扩张的经济增长模式，已导致来自能源、资源以及环境的制约效应越来越突出，石油、天然气等重要战略资源的对外依存度不断提升，生态环境压力日渐增大，要素的边际供给增量已无法支撑该模式下的经济高速增长。在这种形势下，亟须改变发展方式、调整经济结构和转换增长动力，要求中国经济必须向着追求高质量的效益型增长的方向转型。

党的十九大报告指出："我国经济已由高速增长阶段转向高质量发展阶段"[①]。这是依据新时代国内外形势的变化，尤其是中国发展所处历史方位的新变化作出的重大战略判断。推动高质量发展，既是保持中国经济持续健康发展的内在要求，也是适应我国经济社会进步要求和实现"两个一百年"奋斗目标的必然选择。实现高质量发展，应遵循经济发展规律，从传统的投资推动、行政化管控、高耗能高排放和规模扩张型发展向创新驱动、市场化运营、节能绿色低碳以及质量效益型发展转变。立足新时代中国社会主要矛盾的转变，应越发注重平衡发展、结构优化、质量效益提升以及生态环境保护，向广大人民群众提供更多、更全、更

---

① 习近平：《决胜全面建成小康社会 夺取新时代中国特色社会主义伟大胜利——在中国共产党第十九次全国代表大会上的报告》，人民出版社2017年版，第30页。

优质、更环保的产品和服务，更好地满足人民群众对美好生活的多样性需求。

当前，数字化已成为工业4.0时代全球制造业角逐的新赛道，世界各国纷纷抢占数字高地。中国高度重视制造业的转型升级，向数字产业与制造业融合发展持续发力。党的二十大报告强调，要"推进新型工业化""支持专精特新企业发展，推动制造业高端化、智能化、绿色化发展"[1]，这是继续深化供给侧结构性改革的重要方向。为更快更好地发展先进制造业，国家出台了一系列政策措施大力支持数字化与工业化深度融合，推进制造业加快向数字化、网络化以及智能化方向发展，以建设制造强国、质量强国、网络强国和数字中国。"经济转向高质量发展阶段"这一论断为中国经济发展指明了方向，也奠定了本书的研究基调。

（二）能源安全重要性日益凸显

中国能源资源总量较为丰富，但人均的拥有量较低且分布极不均衡。煤炭是中国重要的基础能源，富煤、贫油以及少气的能源结构的调整在短期内较难实现。由于中国煤炭清洁利用水平不高，煤炭燃烧导致的污染大。能源开发利用导致生态环境赤字，是全球众多国家需要面对的重要问题。中国传统能源富集地区的生态环境大多比较脆弱，能源开发利用引发的生态环境压力影响生态安全与社会安全。长期以来，中国能源总体供给质量不理想，来自科技创新的作用不突出，原有的粗放型发展方式急需改变。我国能源的需求增长快、利用效率低、浪费较严重等问题造成一些能源对外依存度提升较快，环境保护压力变大，从生态安全或能源安全的角度来说，能源系统发展不容乐观。

中国正处在工业化与城镇化快速发展的阶段，伴随着经济规模的继续扩张，能源需求增长较快，给能源供给带来较大压力。2020年中国的原油进口量是54201万吨，刷新了历史纪录。2021年，由于国际油价上涨等，中国的原油进口量（51298万吨）同比下降5.4%；成品油进口量是2712万吨，同比减少4.0%，但石油对外依存度仍然高达72.0%左右；天然气进口量是12136万吨，同比上升19.9%，天然气对外依存度继续升高，约为45.0%。[2] 能源供求矛盾可能会长期存在，石油、天然气对外

---

[1] 习近平：《高举中国特色社会主义伟大旗帜　为全面建设社会主义现代化国家而团结奋斗——在中国共产党第二十次全国代表大会上的报告》，人民出版社2022年版，第30页。

[2] 资料来源于《中国能源大数据报告（2022）》。

依存度或将继续提升，对生态环境产生更大压力。中国油气对外依存度总体不断提升，表明中国油气供应从本国资源主导逐渐向主要依靠国外资源转变。当前世界油气资源富饶，但其分布不均衡问题非常突出，少数国家或地区拥有绝对的垄断地位。随着各个国家将油气定位为安全战略的重大目标，世界油气资源争夺越演越烈。中国是全球最大的能源生产国与消费国，怎样保证国家能源安全和经济社会发展，一直是能源产业发展需要解决的首要问题。

在迈向高质量发展的过程中，要更加重视统筹发展与安全。安全与发展是行进的双足，密不可分：前者是后者的保障，后者是前者的目的。贯彻"创新、协调、绿色、开放、共享"的新发展理念，推进中国的高质量发展，前提和基础均是国家安全。坚持总体国家安全观是习近平新时代中国特色社会主义思想的重要内容。能源安全是国家安全的一个重要组成部分。能源安全事关国家安全，早已上升为国家战略。

2014年6月，习近平总书记在中央财经领导小组第六次会议上提出"四个革命、一个合作"的能源安全新战略，引领中国能源产业发展迈进新时代。随着中国从高速增长阶段转向高质量发展阶段，能源需求，尤其是油气与电力需求大幅增长，对优化能源结构、合理控制油气对外依存度的要求也越发迫切。党的十九大报告对"推进能源生产和消费革命，构建清洁低碳、安全高效的能源体系"[①]进行了部署。2020年4月，中共中央政治局会议提出的"六保"中包括"保粮食能源安全"，这是中央首次提出保能源安全。2020年10月，党的十九届五中全会通过的《中共中央关于制定国民经济和社会发展第十四个五年规划和二〇三五年远景目标的建议》再次提出："保障能源和战略性矿产资源安全"。2022年10月，党的二十大报告再次强调："加强能源产供储销体系建设，确保能源安全。"[②] 由此可见，新时代能源安全在国家安全中的地位越来越重要，同时能源产业的健康发展是实现能源安全的根本。

（三）数字产业具有独特的优势

目前，中国在能源安全保障方面仍然存在一些薄弱环节，必须充分

---

① 习近平：《决胜全面建成小康社会 夺取新时代中国特色社会主义伟大胜利——在中国共产党第十九次全国代表大会上的报告》，人民出版社2017年版，第51页。

② 习近平：《高举中国特色社会主义伟大旗帜 为全面建设社会主义现代化国家而团结奋斗——在中国共产党第二十次全国代表大会上的报告》，人民出版社2022年版，第52页。

认识到前行路上风险挑战的严峻性、复杂性。习近平总书记关于能源安全新战略的重要论述，立足"五位一体"总体布局，引领能源各领域变革，确定了我国能源产业清洁低碳的发展方向。应遵循能源产业发展基本规律，贯彻落实能源安全新战略，加速能源产业数字化、网络化、智能化转型步伐。为了实现能源产业的高质量发展，可以借力数字产业的独特优势，通过深化数字要素、能源要素融合实现共赢发展。

党的十九届四中全会通过的《中共中央关于坚持和完善中国特色社会主义制度 推进国家治理体系和治理能力现代化若干重大问题的决定》把知识、技术、管理以及数据归入生产要素，在原来包括劳动、资本和土地的生产要素基础上，着重强调数据等要素的价值贡献。

党的二十大报告进一步为数字产业的发展明确了方向，强调"加快发展数字经济，促进数字经济和实体经济深度融合，打造具有国际竞争力的数字产业集群"[①]。数字产业是新形势下推动我国经济持续健康发展的新引擎，数字产业化、产业数字化萌发出的各个新业态也将给中国经济发展带来新的重要增长点。2020年是"十三五"规划收官之年，中国数字产业的增加值为7.5万亿元，产业数字化的增加值约为31.7万亿元，二者之和占GDP的比重达38.6%；2021年中国数字产业增加值、产业数字化增加值之和已达到45.5万亿元，占GDP的比重比2020年高1.2个百分点。[②] 数字产业具有独特的助力经济发展的优势。一是在资本范畴方面，未来数据、信息将在继续改善信息不对称、加快投资速度两个方面更加有效地对资本进行赋能。二是在环境方面，数字产业最大的特点在于其发展方式是生态环境友好型。数字产业具有强大的渗透力，它的到来在不改变投资发展地位的同时，将有效解决粗放型发展方式问题。三是在风险领域，数字产业的一大优势在于可以更加客观地指导实体经济，意味着企业能够更好地了解客户需求，防止非必要的资源浪费，切实做到按需生产；这也意味着可以更及时准确地识别各种风险，实现对风险的全方位管控。

能源革命和数字革命融合发展是新一轮能源变革的重要趋势。随着大数据、云计算、移动互联网、物联网以及人工智能等数字技术在能源

---

[①] 习近平：《高举中国特色社会主义伟大旗帜　为全面建设社会主义现代化国家而团结奋斗——在中国共产党第二十次全国代表大会上的报告》，人民出版社2022年版，第30页。

[②] 数据来源于中国信息通信研究院发布的《中国数字经济发展报告（2022）》。

产业的广泛应用，能源产业的生产、组织与管理关系发生了新的变化，为效率强化、质量提升和价值增值开拓了一片新天地。"数字新基建"提供新一代智能化数字基础设施，推动传统的能源基础设施数字化转型、智能融合，成为助力能源经济发展的强大动力。由此可见，数字产业的发展可以推动能源产业的高质量发展。具体表现在五个方面。一是数字产业的发展助力能源产业的质量变革，实现供应模式由追求规模与速度向追求质量与效益转变；二是助力能源产业的效率变革，实现管理方式由行政化管控向市场化运营转变；三是助力能源产业的动力变革，实现发展理念由投资推动向创新驱动转变，例如，有助于能源平台化，实现数据、信息、能量以及价值的集聚与重新分配；四是有助于能源系统不同主体广泛、高效参与进来，聚合磅礴力量共建能源生态圈；五是有助于能源智能化，促进能源系统数实融合、智能决策。

（四）数字产业与能源产业融合的必要性

1. 两大产业①融合有助于巩固国家安全

党的二十大报告指出："必须坚定不移贯彻总体国家安全观，把维护国家安全贯穿党和国家工作各方面全过程，确保国家安全和社会稳定。"②《中华人民共和国国家安全法》以法律形式明确了国家安全任务，其中，经济安全、科技安全、网络安全以及资源安全是其重要组成部分。数字时代，数字产业与能源产业的融合发展与经济安全、科技安全、网络安全、资源安全息息相关。

数字产业是世界新一轮科技革命与产业变革的重要推动力，也是经济发展新的增长点，其发展水平关系国家经济安全。数字技术已融入人类生产、生活各个领域，让百姓享受到了很多的实惠，但这是一把"双刃剑"，数字技术的发展也带来了科技安全、网络安全的新问题。数字技术越发达，数字产业发展越规范，往往就能在国家发展中占据主动权，科技安全、网络安全更有保障。我国能源资源总量较丰富，但能源资源的分布不平衡、开发难度较高，人均能源资源占有量少，而能源消费总量大，能源安全不容忽视。能源安全是资源安全的重要内容，而能源产业的发展状况决定了能源安全水平。

---

① 在本书中，"两大产业"是指数字产业与能源产业。

② 习近平：《高举中国特色社会主义伟大旗帜　为全面建设社会主义现代化国家而团结奋斗——在中国共产党第二十次全国代表大会上的报告》，人民出版社2022年版，第52页。

数字产业与能源产业融合一方面可以促进能源产业转型升级，提供更加稳定可靠的能源供应，提升能源效率，推动能源产业的可持续发展，更好地保障能源安全；另一方面，能够推进数字技术创新发展，深化与能源技术的融合，拓展数字产业发展的业务领域，扩大数字产业发展规模，提升数字产业发展的效益，更好地支持数字产业的高质量发展。基于此，可以增强国家在相关领域的竞争力，助力提升经济安全、科技安全、网络安全以及资源安全水平，有力保障国家安全。

2. 两大产业融合有助于增进民生福祉

"增进民生福祉，提高人民生活品质"是贯彻落实以人民为中心的发展思想的战略部署。党的二十大报告对此作出了要求："必须坚持在发展中保障和改善民生，鼓励共同奋斗创造美好生活，不断实现人民对美好生活的向往。"[①] 数字产业与能源产业融合是增进民生福祉的有效途径。

数字产业与能源产业融合发展的目的就是更好地让人民共享数字红利，提高广大人民群众在数字时代的获得感、幸福感以及安全感。数字技术的普及与应用极大地改变了人们的日常工作与生活，使其能够享受更多实实在在的好处，具体表现在三个方面。一是创造更多的就业机会。就业是最基本的民生，也是最大的民生。特别是新冠疫情冲击下就业形势更加严峻，扶企拓岗、供需对接变得更为重要。我国数字产业蓬勃发展，展现出了巨大活力与无限潜力，新冠疫情环境下数字产业的发展更是逆势上扬。数字产业与能源产业融合带动了两大产业的发展，推动了供需对接，催生了新产业、新业态、新模式，创造了新的就业。二是保障能源的充足供应。能源是经济社会进步与保障改善民生的重要因素，是广大人民开展正常生产、生活的基本保障。数字产业与能源产业融合能够打通能源流和信息流，促进能源产品的有序生产，强化供需调节，更好地做好市场能源保供。三是打造安全便捷的生活。共享充电宝、共享充电桩等行业是数字产业与能源产业融合形成的新兴产业，为人们的生活带来了方便。此外，"智能光伏电采暖"经济便捷、清洁无污染，避免了传统的散烧煤取暖造成一氧化碳中毒的现象，提高了能源供应的安全性。

---

① 习近平：《高举中国特色社会主义伟大旗帜　为全面建设社会主义现代化国家而团结奋斗——在中国共产党第二十次全国代表大会上的报告》，人民出版社2022年版，第46页。

**3. 两大产业融合有助于推动绿色发展**

面对越发严重的生态环境问题（如全球气候变暖、臭氧层破坏以及酸雨等），许多国家大力发展绿色产业，绿色发展已然成为世界主流趋势。这是构建人类命运共同体的要求，更是各国在未来竞争中站稳脚跟的明智做法。党的二十大报告指出："必须牢固树立和践行绿水青山就是金山银山的理念，站在人与自然和谐共生的高度谋划发展。"[①] 我国贯彻落实新发展理念，毫不动摇走绿色发展之路，努力推动"双碳"目标的达成。

数字产业与能源产业的融合立足于数字技术的优势，助力优化能源产业结构，提高风能、太阳能等清洁能源占比，引导能量的有序流动，构建更加高效、清洁、经济和安全的现代能源体系。在该融合进程中，数字技术与能源技术的融合不断深化，引领能源产业数字化、数字产业节能化，推动两大产业的绿色低碳发展。其中，分布式能源[②]、综合能源服务[③]是数字产业与能源产业融合发展的新业态、新模式。

发展分布式能源、综合能源服务是中国推进节能减排的有效途径。分布式能源能够支持把以化石燃料为主的中央能源系统转变成能够结合天然气、太阳能、风能、生物质等能源更加清洁、多样化的能源系统，达成较高的系统整体效率。当前中国的分布式能源主要是以光伏发电、天然气为主。分布式能源可以减少能源远途运输产生的损耗，降低能源消费，促进节能减排。综合能源服务能够根据客户（如经济开发区、工业园区和商务区等）实际情况，量身打造一体化、全方位的能源数字化解决方案，为客户提供高效、经济、绿色的电、热、冷多种能源供应以及节能管理等服务；让客户拥有自主选择权，降低用能成本，更多地使用清洁能源，增强能源供应质量，满足绿色、低碳、节能以及环保的用

---

① 习近平：《高举中国特色社会主义伟大旗帜　为全面建设社会主义现代化国家而团结奋斗——在中国共产党第二十次全国代表大会上的报告》，人民出版社2022年版，第50页。
② 分布式能源是建立在用户端的能源综合利用系统，以资源、环境以及经济效益的最优化为标准选择机组配置与容量规模，依托先进的数字技术实现智能化监控、网络化群控以及远程遥控的分散式供能方式。
③ 综合能源服务是融合数字技术和能源技术、借助综合能源系统向客户提供综合能源产品或能源应用有关的综合服务。

能需求，对于提升能源使用效率、推动可再生能源开发利用意义重大。①

**二 研究意义**

（一）理论意义

数字产业、能源产业发展理论可以指导实践活动的开展，而实践活动也可以反过来促进数字产业与能源产业发展理论的进一步完善。但当前关于数字产业与能源产业关系的研究成果较少，理论研究落后于实践发展。为此，本书聚焦数字产业与能源产业的关系，分析数字产业与能源产业融合的内涵、驱动力、内容、方式和效应，分别从理论和实证两个方面研究二者如何相互影响，设计数字产业和能源产业融合发展水平、融合发展效率的评价指标体系并探索数字产业与能源产业融合发展水平的影响因素。本书研究的理论意义表现在三个方面。一是上述研究完善了数字产业发展促进能源安全管理的理论基础，也为数字时代数字产业与能源产业融合发展的出路提供了理论指引。二是数字产业与能源产业融合的作用机制等研究丰富了数字产业发展的研究内容，扩展了能源安全体系的研究空间，拓宽了产业共生理论的研究范畴。三是本书用于测度数字产业与能源产业融合效率的DEA法考虑评价对象的技术进步和坏产出（非期望产出），改进了传统DEA模型，拓宽其应用范围，提升了融合效率评价的准确性。

（二）现实意义

能源产业发展问题既是经济问题，也是必须重视的社会问题，同时又是重大的政治问题，它关系到中国的持续健康安全发展。数字产业的独特优势将使其在能源产业发展中发挥重要作用。数字产业的发展有助于能源这一传统生产要素和数据这一新型生产要素实现融合，通过数据的高质量汇聚、自由流动、高效共享和处理应用推进能源系统总体的资源配置效率的提升。数据是能源产业发展的新型生产要素，它与能源这一生产要素的关联交融重塑了能源生产力与生产关系，促进了能源产业往更高台阶迈进，能够有效提升能源安全。

因此，研究数字产业与能源产业的融合发展，对推动经济高质量发展、保障国家能源安全意义重大。本书研究的现实意义体现在两个方面。

---

① 申素斌:《能源变革和电改深化新形势下的综合能源服务探讨》，https://www.g3mv.com/thesis/view/4619301。

其一，探究数字产业与能源产业融合发展的作用机制，实证分析数字产业与能源产业融合发展的影响因素，为政府制定干预和预防政策措施提供借鉴参考。其二，通过科学评价中国数字产业与能源产业的融合发展水平及其效率，开展数字产业与能源产业融合发展的时空、行业和国际比较，掌握融合发展的实际情况，为政府制定差异化提升策略提供决策支持，从而更好地促进国家或地区智慧城市、碳达峰碳中和、数字产业可持续发展以及能源安全等目标的实现。

## 第二节 文献综述

目前全球正经历着人类自古以来最迅速、最普遍以及深刻的变化。以数字技术为代表的高新技术飞速发展，以数字产业化、产业数字化为主要特征的综合国力的较量日益激烈。数字化对经济发展与社会进步产生的巨大影响引发了世界各国的广泛关注。不论是发达国家还是发展中国家，均非常重视数字化，把加快推进数字化上升为战略任务。此外，能源是一国或地区经济发展的命脉，是人民群众美好生活的重要保障，在经济社会体系中地位显著。在经济全球化条件下，它不仅与国内供给和需求有关，还与对外依存度相联系。数字产业、能源产业发展的重要性为各国政府、学者所认可，与此相关的研究不断增多，目前可以将其主要分为数字产业方面的研究、能源产业方面的研究、数字产业与能源产业关系的研究三类。本节对此进行梳理并就现有研究展开简要的评述。

### 一 数字产业方面的研究

数字产业的发展受到世界各国或地区的广泛关注，其研究也越来越多。目前已有研究涉及众多方面，如数字产业发展状况的评价、影响因素、效应等。

（一）数字产业发展评价

由于数字产业发展时间尚短，还处于快速发展阶段，新业态、新模式层出不穷。人们对其认识有限，统计数据资料缺乏，因此，现有研究还不够深入。要想深入地认识数字产业，首先，必须清楚数字产业的发展状况，这样才可以从中发现存在的问题；其次，采取有针对性的政策措施推动其发展。为此，关于数字产业评价问题的研究逐渐增多，包含发展规模、发展速度、发展质量等方面。本节从评价指标、评价方式以及评价方法三个方面对现有的数字产业评价研究进行阐述。

1. 评价指标

从评价指标来看，有的学者利用单个或多个指标对数字产业的某个层面或多个层面进行单独的评价。何枭吟利用网络渗透率比较全球不同地区数字产业发展的差距。[①] 张冬杨利用市场规模、从业人数、企业数量和固定资产投资等指标，从信息通信技术（以下简称为"ICT"）产业和数字内容产业两个层面对俄罗斯数字产业发展水平进行了分析。[②] 申皓然构建了 ICT 产业全球价值链地位指数，对世界 43 个国家（地区）2000—2014 年该指数值进行了测算，通过横向和纵向的比较，研究了这些国家（地区）ICT 产业的发展水平和国际分工程度。[③]

此外，一些研究人员通过对多个指标进行计算得到一个综合指数，从而对数字产业的某个方面的总体表现或者多个方面的综合水平进行测度。国外在数字产业评价方面的研究相对较早。2009 年以来联合国国际电信联盟（ITU）已发布多版《衡量信息社会报告》和 ICT 发展指数（IDI），这一指数从 ICT 接入、ICT 使用以及 ICT 技能三个层面评价世界不同经济体的 ICT 发展水平。[④] 世界经济论坛（World Economic Forum）依据"网络就绪指数"对全球 139 个国家的数字产业发展水平开展全面评估并进行排名。[⑤] 马海宁选取安徽和上海等 11 个代表省份数字内容产业的上市企业作为考察对象，采用因子分析法对各地区、核心产业、上市公司在该领域的竞争力进行评价分析。[⑥]

2. 评价方式

从评价方式来看，目前的研究可以归纳为直接法和间接法。所谓直接法，是指根据数字产业的定义范围，直接对数字产业的实际规模大小

---

① 何枭吟：《数字经济发展趋势及我国的战略抉择》，《现代经济探讨》2013 年第 3 期。
② 张冬杨：《俄罗斯数字经济发展现状浅析》，《俄罗斯研究》2018 年第 2 期。
③ 申皓然：《ICT 产业全球价值链地位测度及攀升机制探究》，硕士学位论文，东北财经大学，2019 年。
④ International Telecommunication Union（ITU），*Measuring the Information Society Report* 2018, Geneva: ITU, 2018.
⑤ Baller, S., Dutta, S. and Lanvin, B., *Global Information Technology Report* 2016, Geneva: World Economic Forum, 2016.
⑥ 马海宁：《安徽省数字内容产业竞争优势分析》，硕士学位论文，安徽财经大学，2014 年。

进行测算。① 如康铁祥根据 2002 年中国投入产出表，通过对通信设备制造业、电子计算机整机制造业等数字产业细分行业的增加值进行求和，得到中国 2002 年数字产业发展规模。② 中国信息通信研究院考察了 2020 年全国与各省份数字产业发展规模、占 GDP 比重及其变化情况，对省际数字产业发展水平进行了比较。

所谓间接法，是指根据数字产业的含义，从某一角度选取单一指标，或者从不同层面选择多个指标进行评价，间接反映数字产业的发展水平。如刘荣和张维维从峰度与偏度视角建立了能够开展显著性检验的产业聚集指数并应用该指数测度了 1987—2007 年中国电子信息产业聚集水平。③ 左冲利用进出口占有率、显示性比较优势指数分析了天津信息产业贸易竞争力。④ 左云菲应用贸易竞争力指数、国际市场占有率、显性比较优势指数以及显性竞争比较优势指数等指标，分析比较中国、美国、法国、韩国电子及通信设备制造业的国际竞争力水平。⑤

3. 评价方法

随着研究的不断深入，数字产业领域的实证研究逐渐增多。根据研究角度的差异，研究者选择不同的评价方法。有的学者对数字产业发展总体水平进行分析，主要采用了层次分析法、德尔菲法、因子分析法等方法。如王亚芳等应用层次分析法，将石家庄电子信息产业竞争力同深圳、上海进行比较，探讨其在信息产业的产业需求、产业基础与发展环境、产业创新力与潜力方面的差异。⑥ 赵文亮等从基础竞争力、市场竞争力、创新竞争力和技术竞争力四个维度建立了信息产业国际竞争力测度指标体系并用德尔菲法确定了指标权重。⑦ 张鸿等从制造能力、创新能力

---

① 刘方、孟祺：《数字经济发展：测度、国际比较与政策建议》，《青海社会科学》2019 年第 4 期。

② 康铁祥：《中国数字经济规模测算研究》，《当代财经》2008 年第 3 期。

③ 刘荣、张维维：《我国电子信息产业聚集水平的评价与分析》，《情报杂志》2012 年第 1 期。

④ 左冲：《天津信息产业产品的贸易竞争力研究——基于 2008—2012 年数据的实证分析》，《华北金融》2013 年第 10 期。

⑤ 左云菲：《中国电子及通信设备制造业国际竞争力研究》，硕士学位论文，北京邮电大学，2019 年。

⑥ 王亚芳、苏佳、侯卫民：《石家庄信息产业竞争力评价研究》，《石家庄经济学院学报》2014 年第 3 期。

⑦ 赵文亮等：《信息产业国际竞争力评价指标体系研究》，《办公自动化》2018 年第 8 期。

以及市场实现能力三个维度建立电子信息产业区域竞争力测度指标体系并采用因子分析法对中国各省份电子信息产业竞争力水平进行评价。① 李晓钟和贾舒从生产竞争力、规模基础竞争力、市场销售竞争力、创新竞争力四个方面构建电子信息产业竞争力测度指标体系并将因子分析法与 TOPSIS 法相结合，测度了 2010—2014 年中国各省份电子信息产业竞争力水平。②

也有学者从效率视角研究了数字产业的发展状况，主要采用数据包络分析法。王恒玉等应用 2005—2011 年中国西部 11 个省份信息产业的面板数据，采用 DEA-Malmquist 指数方法计算了这些地区信息产业的全要素生产率指数。③ 陶长琪和周璇基于 2004—2011 年中国 30 个省份的面板数据，应用三阶段 DEA 法研究了信息产业效率水平。④ 陈美华和陈伟良基于选取的 33 家电子信息产业上市企业 2013—2017 年的数据，应用超效率 DEA 法对其技术效率予以测度。⑤ 陈楠和蔡跃洲基于 DEA 法和 DEA-Malmquist 指数法，实证研究了 2000—2016 年中国省域 ICT 制造业效率以及全要素生产率变动状况。⑥ 此外，还有学者通过分析数字产业的发展历程，了解其发展质量。如宋之杰和唐晓莉运用 Logistic 成长模型拟合中国信息产业整体、信息制造业以及信息服务业的演化发展进程，分析其演化发展规律，如发展阶段、发展速度等。⑦

（二）数字产业发展影响因素

为了更好地促进数字产业的发展，必须了解影响数字产业发展的因素，以便制定出精准高效的政策措施。数字产业发展的影响因素众多，

---

① 张鸿、范满航、代玉虎：《电子信息产业区域竞争力比较研究》，《西安邮电大学学报》2014 年第 4 期。

② 李晓钟、贾舒：《电子信息产业竞争力区域差异比较研究》，《国际经济合作》2017 年第 7 期。

③ 王恒玉、黄慧淼、熊兴：《西部地区信息产业全要素生产率的测度与评价——基于非参数 Malmquist 指数的研究》，《西北民族大学学报》（哲学社会科学版）2014 年第 6 期。

④ 陶长琪、周璇：《基于三阶段 DEA 模型的信息产业技术效率研究》，《当代经济研究》2014 年第 4 期。

⑤ 陈美华、陈伟良：《中国电子信息产业技术效率测度及影响因素分析》，《江西社会科学》2018 年第 12 期。

⑥ 陈楠、蔡跃洲：《数字经济热潮下中国 ICT 制造业的发展质量及区域特征——基于省域数据的实证分析》，《中国社会科学院研究生院学报》2019 年第 5 期。

⑦ 宋之杰、唐晓莉：《基于 logistic 模型的我国信息产业演化发展研究》，《数学的实践与认识》2019 年第 5 期。

这方面的研究已有良好的开端，一些学者对此进行了定性研究，① 还有的学者开展了定量研究。② 但是，由于数据获取存在困难致使实证研究不多，现有研究主要采用回归分析、向量自回归模型（VAR）、空间自回归模型（SAR）以及面板数据模型等方法。国内外研究者就数字产业发展的影响因素展开多方法、多角度的探究，分别得到了不同的研究结论。

1. 外在因素

根据已有研究，影响数字产业发展的外在因素主要可以分为区域因素、社会人口因素、制度因素以及政策因素。其中，区域因素包括城市层次、经济发展状况、产业结构水平、对外开放程度、科技水平、居民收入水平等，它们对数字产业的发展起着积极作用。③ 如冯湖和张璇的研究表明，区域知识发展程度、经济生活水准以及对外开放水平较好地解释了中国省际互联网发展差异。④ 李立威采用偏最小二乘法回归建模，实证分析了影响中国互联网扩散的因素，表明经济水平、收入水平、科技水平、城市化水平等是影响中国互联网扩散的主要因素。⑤ 毛丰付等基于长江经济带数字产业的企业样本数据，应用地理探测器模型分析了该区域数字产业空间分异的主要影响因素及其交互作用。结果表明，城市等级是影响长江经济带数字产业发展的核心因素之一，而经济发展水平因

---

① Alam, K., "Productivity, National Broadband Network and Digital Economy: Challenges for Australia", Paper Delivered to the International Statistical Conference on Statistics in Planning and Development: Bangladesh Perspective, Dhaka, December 27-29, 2012；钟春平、刘诚、李勇坚：《中美比较视角下我国数字经济发展的对策建议》，《经济纵横》2017年第4期；林跃勤：《新兴国家数字经济发展与合作》，《深圳大学学报》（人文社会科学版）2017年第4期。

② Domazet, I. and Lazić, M., "Information and Communication Technologies as a Driver of the Digital Economy", Paper Delivered to the 22th International Scientific Conference: Strategic Management and Decision Support Systems in Strategic Management, Subotica, May 19, 2017；田俊峰等：《中国东北地区数字经济发展空间分异及成因》，《地域研究与开发》2019年第6期；浙江省统计局课题组：《浙江数字经济发展影响因素分析》，《统计科学与实践》2020年第3期。

③ Beilock, R. and Dimitrova, D. V., "An Exploratory Model of Inter-country Internet Diffusion", *Telecommunications Policy*, 27 (3/4), 2003: 237-252；王彬燕等：《中国数字经济空间分异及影响因素》，《地理科学》2018年第6期；钟业喜、毛炜圣：《长江经济带数字经济空间格局及影响因素》，《重庆大学学报》（社会科学版）2020年第1期。

④ 冯湖、张璇：《中国互联网发展的区域差异与政策治理》，《北京科技大学学报》（社会科学版）2011年第3期。

⑤ 李立威：《基于PLS分析的中国互联网扩散影响因素研究》，《统计与信息论坛》2013年第7期。

素的影响相对较弱。①

关于社会人口因素对数字产业发展影响方面，不同研究的结论存在差异。郑思齐等基于中国221个城市2006—2012年的数据，应用面板数据模型定量分析了不同因素对互联网使用状况的影响大小和方向，研究发现，受教育程度和年龄结构的作用效果不显著。② 更多学者的研究表明，社会人口因素也会对数字产业的发展产生一定的影响。③ 林寒和罗教讲利用二项逻辑回归分析法、多元线性回归分析法研究了互联网使用的影响因素，结果表明，性别、年龄、受教育程度、户口类型以及当前工作性质等对互联网使用具有明显影响，受教育程度、户口性质、有无工作、务农或非农工作对使用互联网开展各项活动的频率有影响。④

制度因素、政策因素对数字产业发展的影响同样不容忽视。Zhao等基于39个国家1995—2003年的面板数据，利用混合估计模型（Pooled OLS Regression）检验社会制度因素与互联网传播的关系，研究发现，社会制度对互联网扩散有显著影响。⑤ 王敏等基于2005—2016年中国30个省份数据，利用面板数据模型定量分析了影响互联网普及的因素，研究结果显示，政府规制是影响互联网普及最重要的因素之一。⑥ 邓峰等利用回归模型、中介效应模型研究了研发（R&D）补贴对数字企业技术创新的影响，结果表明，R&D补贴对数字企业技术创新具有明显的促进作用，

---

① 毛丰付、高雨晨、周灿：《长江经济带数字产业空间格局演化及驱动因素》，《地理研究》2022年第6期。

② 郑思齐、于都、孙伟增：《中国城市互联网发展的影响因素及地区差异分析》，《城市发展研究》2016年第12期。

③ Chinn, M. D. and Fairlie, R. W., "The Determinants of the Global Digital Divide: A Cross-country Analysis of Computer and Internet Penetration", *Oxford Economic Papers*, 59 (1), 2007: 16-44; Vicente, M. R. and Lopez, A. J., "Some Empirical Evidence on Internet Diffusion in the New Member States and Candidate Countries of the European Union", *Applied Economics Letters*, 15 (13), 2008: 1015-1018.

④ 林寒、罗教讲：《大数据时代互联网的使用情况及影响因素分析》，《电子政务》2016年第7期。

⑤ Zhao, H., et al., "Social Institutional Explanations of Global Internet Diffusion: A Cross-country Analysis", *Journal of Global Information Management*, 15 (2), 2007: 28-55.

⑥ 王敏、王琴梅、万博：《中国互联网普及的空间差异及其影响因素分析》，《统计与决策》2018年第7期。

即通过减少融资约束与提高风险承担水平助力数字企业技术创新。[1] 余长林等利用混合 OLS 回归模型、固定效应模型分析了政府补贴、信用贷款、税收优惠、行业准入制度等产业政策对数字产业技术创新的影响。结果证明，政府补贴、行业准入制度大大影响了数字产业的专利申请与专利发明数量，而信用贷款与税收优惠的作用相对不突出。[2]

2. 内在因素

数字基础设施建设是数字产业发展的基础，数字基础设施越完善越有利于数字产业的发展。Oyeyinka 和 Lal 基于 1995—2000 年数据研究了撒哈拉以南非洲国家的互联网扩散问题，发现电信基础设施对于互联网扩散具有重要影响。[3] 程鹏飞和刘新梅基于 35 个国家的互联网数据，利用 Gompertz 模型和回归分析法研究了影响互联网扩散速度的因素，发现电信基础设施发展状况能够给其带来显著影响。[4]

数字产业的发展关键在于数字人才，它决定着数字产业发展的速度、规模和质量。何菊香等基于 2003—2011 年中国 29 个省份的年度数据，利用面板数据模型对互联网产业发展的主要影响因素进行计量估计，研究发现，该产业人力资源数量为影响中国互联网产业规模的主要因素之一。[5] 黄新焕和张宝英指出，国民数字素养是发展数字产业劳动力与繁荣数字产业市场的基础，而高端数字人才是各国数字产业发展的第一资源。[6] 张淑英认为，高级人才在促进 ICT 产业数字技术进步中的作用越来越突出，它直接影响到该产业的发展潜力及其稳定发展能力，应进一步加强数字人才培育。[7]

---

[1] 邓峰、杨国歌、任转转：《R&D 补贴与数字企业技术创新——基于数字经济产业的检验证据》，《产业经济研究》2021 年第 4 期。

[2] 余长林、杨国歌、杜明月：《产业政策与中国数字经济行业技术创新》，《统计研究》2021 年第 1 期。

[3] Oyeyinka, B. O. and Lal, K., "Internet Diffusion in Sub-Saharan Africa: A Cross-country Analysis", *Telecommunications Policy*, 29 (7), 2005: 507-527.

[4] 程鹏飞、刘新梅：《基于创新扩散模型的互联网发展影响因素研究——以 35 个国家为例》，《软科学》2009 年第 5 期。

[5] 何菊香、赖世茜、廖小伟：《互联网产业发展影响因素的实证分析》，《管理评论》2015 年第 1 期。

[6] 黄新焕、张宝英：《全球数字产业的发展趋势和重点领域》，《经济研究参考》2018 年第 51 期。

[7] 张淑英：《数字经济背景下中国 ICT 产业发展及影响因素研究》，《江苏商论》2022 年第 6 期。

数字技术的创新、普及和应用是数字产业发展的重要推动力。王欢芳等应用区位熵、Moran's I 指数考察了中国 31 个省份新一代信息技术产业空间集聚情况，研究表明它在中国东部地区表现显著，产业集聚空间差异受到空间相关性、经济发展水平和信息技术应用等因素的影响。① 杨大鹏分析认为，数字产业化是数字技术持续创新成熟且开展市场化应用，从而发展成数字产业的过程，其中数字技术研发是其起始阶段。② 此外，数字接入成本、互联网用户也会影响数字产业的发展。③

（三）数字产业发展的多重效应

数字产业的兴起给一国或地区的经济社会发展带来了诸多影响，既有积极的影响，也有消极的影响。当前关于数字产业发展效应的研究主要可以归纳为环境效应、就业效应、创新效应以及产业结构效应。

1. 环境效应

随着经济社会的发展，人与自然的冲突不断升级，人们逐渐认识到可持续发展的重要性。同时，人们的生活水平得到了很大提升，对环境产品的需求越来越迫切。一些学者对数字产业的发展持悲观态度，他们担心这会给自然环境带来更大的污染。郭军明提出，数字产业的发展产生的电子垃圾与电磁辐射等有害元素将给地球带来新一轮的生态危机。④ 丹尼尔·苏、戴维·W·雷吉斯基指出，数字产业的发展可能给环境带来正面影响，即非物质化、脱碳化以及非运动性。但其对环境的负面影响（材料使用和能源消耗）应该提上议事日程并予以解决，不能将互联网视为拯救环境的"圣杯"。⑤

数字技术的发展为人类经济社会的发展提供了技术支撑，使经济社会管理水平得到了很大的提升，保护环境的能力也不断提高。不少学者认为，数字产业的发展可以帮助人们更好地保护自然环境。Loerincik 认

---

① 王欢芳等：《新一代信息技术产业的空间集聚研究》，《财经理论与实践》2020 年第 1 期。

② 杨大鹏：《数字产业化的模式与路径研究：以浙江为例》，《中共杭州市委党校学报》2019 年第 5 期。

③ Kiiski, S. and Pohjola, M., "Cross-country Diffusion of the Internet", *Information Economics and Policy*, 14 (2), 2002: 297-310；朱文晶：《信息经济空间集聚影响因素与经济增长——基于浙江省面板数据的经验分析》，《经济经纬》2017 年第 6 期。

④ 郭军明：《数字经济环境下的生态危机》，《中国科技信息》2007 年第 8 期。

⑤ 丹尼尔·苏、戴维·W·雷吉斯基：《新兴数字经济的环境影响》，张逸波译，《国外社会科学文摘》2002 年第 9 期。

为，信息通信技术通过资源消耗和污染物排放对环境产生负面影响，同时，其在减少环境影响、促进可持续发展方面具有巨大潜力。① 韩萍认为，数字产业的发展可以改变经济资源的投入结构，降低物质、能源资源的消耗并减少由此造成的环境污染与生态破坏。② 钟燕认为，现代信息技术促进环境保护，并从生态制造价值、环境治理价值和生态修复价值三个方面分析了现代信息技术的生态价值。③ 周涛认为，借助互联网数字计算实现农业精准灌溉、幼苗生长状态实时监控可以降低生产活动过程中的灌溉投入，也能够降低对环境造成的污染和损害，突破农业发展的瓶颈，实现农业的可持续发展。④

2. 就业效应

数字产业的发展及其向其他产业的延伸与拓展，使其在创新增长模式、提升劳动生产率、培育新市场与产业新增长点、实现包容性增长与可持续增长上发挥着重要作用，成为促进全球经济增长的重要推动力；同时，也给一些传统产业部门和部分就业人群带来了一定程度的影响和冲击，倘若未能及时化解问题与矛盾，将可能继续扩大数字鸿沟。⑤ 数字产业的发展对就业的影响既具有正向效应，也存在负向效应。

一些学者认为，数字产业的发展会给就业管理带来更大的挑战，减少劳动者的就业机会，或者降低劳动者的就业质量。⑥ 胡莹认为，数字时代劳动资料的数字化导致劳动力相对过剩与资本有机构成提高，虽然数字技术的发展同样会产生新的就业机会，但它创造的就业机会相比以前变少了。⑦ 刘璐璐指出，数字时代数字劳动的产生加重了剥削与人的异化；

---

① Loerincik, Y., *Environmental Impacts and Benefits of Information and Communication Technology Infrastructure and Services*, Using Process and Input-Output Life Cycle Assessment, Ph. D. Dissertation, Ecole Polytechnique Fédérale de Lausanne, 2006.

② 韩萍：《信息经济的生态效应与西部生态建设》，《西南林学院学报》2008年第4期。

③ 钟燕：《现代信息技术的生态价值及其实现途径研究》，硕士学位论文，成都理工大学，2019年。

④ 周涛：《以数字经济为导向加强生态农业建设——促进农业可持续发展》，《现代农业研究》2020年第11期。

⑤ 刘晨阳、曹以伦：《APEC三十年与我国参与亚太区域经济合作的战略新思考》，《东北亚论坛》2020年第2期。

⑥ 张影强、张瑾：《如何促进数字经济创造就业》，《中国经济报告》2017年第5期；牛禄青：《数字经济对就业的影响》，《新经济导刊》2017年第10期。

⑦ 胡莹：《论数字经济时代资本主义劳动过程中的劳资关系》，《马克思主义研究》2020年第6期。

数字技术的发展通过强化时间、扩大空间的方式深化了剥削的程度；数字媒体技术与内容均渐渐演变成异己的力量，已变为人们的掌控者、剥夺者以及支配者。[①] Frey 和 Osborne 利用高斯过程分类方法估计 702 个具体职业的计算机化概率，并基于此估计考察将来计算机化对美国劳动力市场的预期影响。研究显示，美国的 47% 职业属于高风险类别，这意味着相关职业可能在某些不确定的年份（可能是十年或二十年）内实现自动化。[②] 杨蕙馨和李春梅采用回归分析法探讨了数字产业技术进步对劳动力就业的影响，结果表明，数字产业技术进步会提升对高技能劳动力的相对需求，而降低对低技能劳动力的相对需求，同时拉大这两类劳动力的工资差距。[③]

虽然数字产业自身发展及其向外渗透可能在某种程度上使劳动者在就业机会和就业质量等方面陷入不利境地，但众多学者认为，数字时代劳动者迎来了更多的就业机会和福利。[④] Darby 等指出，美国的历史数据显示，每 10 亿美元的收入中，"核心"互联网公司提供 2329 个就业岗位，而非互联网"边缘"公司提供 1199 个就业机会（约为一半），可见互联网企业的就业机会创造能力大大优于传统企业。[⑤] Rausas 等认为，1995—2009 年，互联网经济使法国减少了 50 万个工作岗位，但同时新增了 120 万个就业机会，即对于每个减少的工作岗位创造了 2.4 个工作机会。[⑥] Shapiro 和 Hassett 指出，美国在 2007 年 4 月至 2011 年 6 月，从 2G

---

[①] 刘璐璐：《数字经济时代的数字劳动与数据资本化——以马克思的资本逻辑为线索》，《东北大学学报》（社会科学版）2019 年第 4 期。

[②] Frey, C. B. and Osborne, M. A., "The Future of Employment: How Susceptible are Jobs to Computerisation?", *Technological Forecasting and Social Change*, 114, 2017: 254-280.

[③] 杨蕙馨、李春梅：《中国信息产业技术进步对劳动力就业及工资差距的影响》，《中国工业经济》2013 年第 1 期。

[④] Lehr, W. H., et al., "Measuring Broadband's Economic Impact", Paper Delivered to the 33rd Research Conference on Communication, Information, and Internet Policy (TPRC), Arlington, September 23-25, 2005 (Revised 2006); Katz, R. L., et al., "The Impact of Broadband on Jobs and the German Economy", *Intereconomics*, 45 (1), 2010: 26-34; 张佳睿：《美国风险投资与技术进步、新兴产业发展的关系研究》，博士学位论文，吉林大学，2014 年；Woetzel, J., et al., *China's Digital Transformation: The Internet's Impact On Productivity and Growth*, San Francisco: McKinsey Global Institute, 2014.

[⑤] Darby, L. F., Jr, P. F and Pociask, S. B., *The Internet Ecosystem: Employment Impacts of National Broadband Policy*, Washington: The American Consumer Institute Center for Citizen Research, 2010.

[⑥] Rausas, M. P. D., et al., *Internet Matters: The Net's Sweeping Impact on Growth, Jobs, and Prosperity*, San Francisco: McKinsey Global Institute, 2011.

到 3G 的技术升级和基础设施建设为其创造了约 158.5 万个新工作岗位；正在进行的从 3G 到 4G 的技术升级，普及率每增加 10%，一年内将至少新增 23.1 万个新就业机会。①

一些学者采用了回归分析、非竞争型投入占用产出模型等方法对此进行了实证研究，众多研究表明，数字产业发展对就业有着积极的影响。Crandall 等采用回归分析方法发现，美国非农业私人就业和一些行业的就业与宽带使用呈正相关。一个州的宽带普及率每提高 1 个百分点，就业率预计每年将增加 0.2%—0.3%。在更具体的层面，制造业和服务业（尤其是金融、教育和医疗）的就业与宽带普及率呈正相关。② 施震凯等基于回归模型考察了我国城市数字基础设施水平对制造业就业的影响。结果显示，前者的改善对净就业增长率具有积极效应。③ 夏炎等建立了非竞争型投入占用产出模型，分析了数字产业对就业的影响效应。结果表明，数字产业和传统产业融合可以促进经济规模的扩张，消费导向型就业效应正逐渐扩大；推动人力资本由低成本优势向职业技能优势转变，从而培养更高技能的劳动力队伍。④

还有的学者就数字产业发展影响就业的作用机理进行了分析。郝建彬指出，数字时代的新形势要求企业组织以柔性化的结构应对目前的动态环境，形成弹性人力资源雇佣模式，从而有助于促进就业。⑤ 于晓龙研究了信息技术进步就业效应的促进效应、损失效应、极化效应的作用机理。促进效应的本质是信息技术进步使分工深化，作用机理是产品市场需求的扩张。损失效应是信息技术的进步，使生产率提高或使企业价值链改变、产业结构调整，淘汰了部分就业岗位，导致劳动就业人数减少。极化效应是信息技术进步的技能偏向性使高级技能劳动者的就业与收入

---

① Shapiro, R. J. and Hassett, K. A., *The Employment Effects of Advances in Internet and Wireless Technology: Evaluating the Transitions from 2G to 3G and from 3G to 4G*, Washington: New Policy Institute, 2012.

② Crandall, R., Lehr, W. and Litan, R., *The Effects of Broadband Deployment on Output and Employment: A Cross-sectional Analysis of U. S. Data*, Washington: The Brookings Institution, 2007.

③ 施震凯、邵军、刘嘉伟：《数字基础设施对就业变动的影响——来自制造业的证据》，《河海大学学报》（哲学社会科学版）2021 年第 5 期。

④ 夏炎等：《数字经济对中国经济增长和非农就业影响研究——基于投入占用产出模型》，《中国科学院院刊》2018 年第 7 期。

⑤ 郝建彬：《从"工业经济"到"数字经济"转型中的"新就业"形态》，《中国就业》2017 年第 10 期。

扩大，而中低级技能劳动者在这方面受到挤压。① Stryszowski 认为，互联网通过三个渠道对就业产生影响：一是互联网和相关通信技术的发展大大地改善了信息获取，使劳动力市场上的搜索和匹配过程更顺畅；二是互联网经济创造了大量的就业机会；三是互联网为劳动力市场带来了更多的灵活性，远程工作使在所在地区无就业机会的人加入劳动力队伍。②

3. 创新效应

数字时代，新的技术范式推动着创新范式新一轮的变革和升级，创新范式由工程化、机械式创新体系往有机式创新生态系统演化；创新组织方式正朝着网络化、生态化方向演进；创新过程展现了开放性与包容性特征。③ 温珺等认为，在数字时代，数字技术盘活了现有的闲置资源，能够促进企业、消费者以及平台等不同主体的信息资源共享，分布式、开放式的环境有利于更多主体参与产品开发和技术创新，形成上下游产业链条上多方合作的创新生态模式。④

范周指出，数字时代文化产业的产业链已超出传统的逻辑关系与价值交换，生产、消费等环节参与群体的角色处于不断变化中，生产要素在融合与创新大趋势下发挥着更高的价值，通过各种生产要素的共享、集聚以及耦合实现资源最大化利用，形成新的商业模式，具有代表性的是免费模式、长尾模式、社群模式以及共享模式。⑤ 还有的研究者对数字产业发展的创新效应展开了实证研究。如张旭亮等应用空间杜宾模型定量分析了互联网发展对我国区域创新的影响，结果表明其对区域创新具有明显的促进作用。⑥ 袁歌骋等以中国 A 股制造业上市企业为考察对象，实证分析了数字产业集聚对其技术创新的影响及作用机制。结果表明，

---

① 于晓龙：《我国信息技术进步的就业效应研究》，博士学位论文，中共中央党校，2015 年。

② Stryszowski, P., "The Impact of Internet in OECD Countries", *OECD Digital Economy Papers*, 29, 2012: 903-915.

③ 张昕蔚：《数字经济条件下的创新模式演化研究》，《经济学家》2019 年第 7 期；王梦菲、张昕蔚：《数字经济时代技术变革对生产过程的影响机制研究》，《经济学家》2020 年第 1 期。

④ 温珺、阎志军、程愚：《数字经济驱动创新效应研究——基于省际面板数据的回归》，《经济体制改革》2020 年第 3 期。

⑤ 范周：《数字经济变革中的文化产业创新与发展》，《深圳大学学报》（人文社会科学版）2020 年第 1 期。

⑥ 张旭亮等：《互联网对中国区域创新的作用机理与效应》，《经济地理》2017 年第 12 期。

数字产业集聚能够推动中国制造业企业技术创新的发展，并且前者通过数据资本与技术溢出两个渠道作用于后者。①

4. 产业结构效应

学者普遍认为，数字产业的发展有助于调整和改善产业资源配置、产业效率及产业结构，促进产业紧密融合发展。宋洋认为，信息通信技术产业的飞速发展促进了市场供需信息的高效匹配，有效提高了市场对资源的配置效率。② 游浬和苏景志指出，数字技术的发展突飞猛进，数据成为影响经济发展的关键要素，整合、获取以及挖掘数据的能力直接关系到要素资源的配置效率。③ 张景利认为，数字产业助力传统产业资源优化配置与产业结构调整，促进生产方式、组织形式的转变，提升产业效率与产品技术含量，推动传统产业转型升级。④

一些学者分析了数字产业发展对体育产业、文化产业的促进作用。刘佳昊认为，数字技术的发展有利于体育装备制造业的效率提升，推动体育运动向多样化的线下场景或虚拟网络空间延伸，使其不局限于一些固定场所，且创造了新的体育运动，从而大大丰富了运动类产品的供给。⑤ 沈克印等指出，在数字化时代，体育消费者的个性化倾向加强，对于体育服务的个性化与定制化需求高涨。数字化赋能体育服务业可以通过数据要素驱动其他生产要素，提升产业效率，提供多元化的线上体育服务，促进体育服务的个性化与定制化供给，提高体育消费者体验。⑥ 杨雅云认为，数字传播技术的发展促进传统出版产业迈向数字出版，传播渠道更丰富、更畅通，传播成本极低，数字出版使作者不用缴纳大量税费；大量出版产品以电子书方式出售，也使传统出版厂商避免了原有的资金投入后印刷的书籍难以售出的风险。⑦ 臧志彭和胡译文认为，区块链

---

① 袁歌骋、潘敏、覃凤琴：《数字产业集聚与制造业企业技术创新》，《中南财经政法大学学报》2023年第1期。

② 宋洋：《数字经济、技术创新与经济高质量发展：基于省级面板数据》，《贵州社会科学》2020年第12期。

③ 游浬、苏景志：《政府参与统筹数据要素促进产业创新》，《中国信息化》2021年第9期。

④ 张景利：《宏观经济平稳发展中的新引擎：数字经济作用效应研究——写在"十四五"规划制定前期》，《价格理论与实践》2020年第4期。

⑤ 刘佳昊：《网络与数字时代的体育产业》，《体育科学》2019年第10期。

⑥ 沈克印等：《体育服务业数字化的价值维度、场景样板与方略举措》，《体育学研究》2020年第3期。

⑦ 杨雅云：《数字传播技术对传统出版产业的影响研究》，《新闻传播》2020年第7期。

的去中心化特征使传统数字文化分发传播模式发生了转变,创作者可以越过中介平台自行发布,实现同客户点对点直接关联,大大提高作者效益和传播效能。区块链技术可以更精准地确定文化产品的目标长尾市场,增强传播精准度和转化率,推动文化产品价值快速流通。①

还有学者探讨了数字产业发展对贸易、物流以及金融业产生的影响。何向莲认为,数字技术的迅速发展使世界产业结构、组织生产方式以及产品内容等产生了很大的变化,形成了数字贸易这一新的贸易模式。② 王俊豪和周晟佳认为,数字技术广泛渗入经济社会各个领域,带动传统产业转型升级,促进经济增长和全要素生产率提升。如在智慧物流方面,物联网、人工智能等数字技术深入渗透到物流运输、仓储、装卸搬运以及配送等环节各链条,达成实时感知、全面分析、及时处理以及自主优化等功能,有效增强相关产业的运输效率。③ 孙铭鸿指出,区块链技术去中心化、自治性、匿名性、不可篡改性以及公共链路开放性特征与金融交易溯源、信息安全等要求极其吻合,能够提高金融运营、盈利和风险控制的能力,减少合规与监管成本,助力普惠金融产业数字化升级发展。④

一些学者采用面板数据模型、面板向量自回归等方法就数字产业发展促进产业结构升级进行了论证。⑤ 左鹏飞探讨了信息化影响产业结构转型升级的作用机理并利用面板向量自回归模型(PVAR)定量分析了信息化和产业结构转型升级之间的动态关系。结果表明,信息化能够持续显著地促进产业结构转型升级。⑥ 吴剑辉和段瑞应用多元回归模型展开实证分析,发现数字技术能够有效推动中国传统产业的转型升级,同时带来突出的渗透效应;数字技术每提高1个单位,能够引致0.093个单位的渗

---

① 臧志彭、胡译文:《基于区块链的数字文化产业价值链创新建构》,《出版广角》2021年第3期。
② 何向莲:《上海数字内容产业贸易竞争力分析与思考》,《编辑学刊》2018年第4期。
③ 王俊豪、周晟佳:《中国数字产业发展的现状、特征及其溢出效应》,《数量经济技术经济研究》2021年第3期。
④ 孙铭鸿:《基于区块链技术的数字普惠金融产业升级研究》,《经济研究导刊》2021年第3期。
⑤ 任群罗、汪海燕:《数字经济产业发展对产业结构优化升级的影响》,《哈尔滨师范大学社会科学学报》2022年第1期;李晓钟、吴甲戌:《数字经济驱动产业结构转型升级的区域差异》,《国际经济合作》2020年第4期。
⑥ 左鹏飞:《信息化推动中国产业结构转型升级研究》,博士学位论文,北京邮电大学,2017年。

透效应，助力传统产业转型升级。① 黄蕊和李雪威基于三阶段 DEA 方法研究了数字技术对我国旅游产业效率的影响，结果表明，数字技术是提高中国旅游产业效率的重要推动力；数字技术可以创造新的旅游应用场景，能够产生一条更加有优势的技术轨道。② 冯素玲和许德慧应用面板数据模型、空间杜宾模型定量分析数字产业发展对产业结构升级的影响，结果显示，数字产业对产业结构升级具有积极的促进作用，并且前者通过增强产业数字化水平实现对后者的正向影响。③

**二 能源产业方面的研究**

（一）能源产业发展水平评价

能源产业发展水平评价的研究主要可以归纳为产业发展能力、能源安全水平两个方面。为了能够更好地衡量能源产业发展状况，越来越多的学者对其进行了量化评价研究。

1. 产业发展能力

能源产业发展能力的评价可以是该产业或其子行业综合发展能力的评价，也可以是对某个方面的评价。其中，新能源产业的发展得到了普遍关注。王磊从区域经济、资源禀赋、研发创新以及产业政策等层面建立了新能源产业发展能力综合评价体系，并采用层次分析法和专家评分法计算了天津新能源产业发展能力水平。④ 也有学者从资源、市场、技术、人才、经济以及政策等层面设立中国可再生能源产业发展能力综合测度指标体系，并利用层次分析法、模糊综合评价法考察了我国可再生能源产业发展能力。孙旭东等从多技术与多产品视角建立了能源产业成熟度测度体系，并运用模糊数学法与层次分析法构建了能源产业成熟度评价模型。⑤ 张宇和杨松利用 10 个代表性国家（地区）2007—2017 年的面板数据，评估了这些研究对象可再生能源产业的全球价值链地位，并

---

① 吴剑辉、段瑞：《数字技术对中国传统产业转型升级渗透效应研究》，《经济界》2020 年第 4 期。
② 黄蕊、李雪威：《数字技术提升中国旅游产业效率的机理与路径》，《当代经济研究》2021 年第 2 期。
③ 冯素玲、许德慧：《数字产业化对产业结构升级的影响机制分析——基于 2010—2019 年中国省际面板数据的实证分析》，《东岳论丛》2022 年第 1 期。
④ 王磊：《新能源产业发展能力评价研究——以天津市为例》，《生态经济》2013 年第 5 期。
⑤ 孙旭东、张博、葛宏志：《能源产业成熟度评价方法理论研究》，《中国矿业》2017 年第 10 期。

应用交叉项模型与门槛模型分析了 FDI 与"东道主"可再生能源产业全球价值链地位的非线性关系。①

一些学者就能源产业的集群水平展开了评价。洪浩林从创新研发、外部效益和政策制度三个方面构建了保定新能源产业集群测度指标体系,并运用层次分析法、模糊综合评价法测度该市新能源产业的集群竞争力水平。② 孙慧等从集群规模、集群效益、集群成长、集群环境四个层面建立了黑色能源产业集群竞争力测度指标体系,并采用层次分析法对新疆两大黑色能源产业竞争力水平展开了比较。③ 郭立伟和沈满洪基于模糊综合评价法、NESS 模型、区位商法以及层次分析法,对浙江新能源产业的集群水平展开识别与评价。④ 金飞和陈晓峰基于 GEM 模型的六个要素构建了关于新能源产业集群竞争力的评价体系,并借助问卷调查法、AHP 模型测算了江苏沿海新能源产业集群的竞争力。⑤ 李倩基于区位熵法与 CES 测度法计算了 2000—2014 年我国新能源产业集聚度,探讨了其地区差异与时间变动趋势。⑥ 王欢芳等研究了我国新能源产业的集聚水平,计算得到 2011—2016 年的区位熵值、Moran's I 指数,在此基础上开展了聚类分析、空间自相关分析。⑦ 郭立伟和沈满洪基于 2006—2015 年的面板数据,利用市场集中度、区位基尼系数、赫芬达尔指数与 N 指数、区位商等指标,对我国各省份的新能源产业集聚水平进行了比较分析。⑧

---

① 张宇、杨松:《FDI 对可再生能源产业全球价值链地位非线性作用研究——基于研发投入门槛效应视角》,《软科学》2020 年第 3 期。

② 洪浩林:《保定新能源产业集群竞争力评价与分析研究》,硕士学位论文,华北电力大学,2008 年。

③ 孙慧、张娜娜、刘媛媛:《基于 AHP 的新疆黑色能源产业集群竞争力评价》,《软科学》2011 年第 2 期。

④ 郭立伟、沈满洪:《基于区位商和 NESS 模型的新能源产业集群水平识别与评价——以浙江省为例》,《科学学与科学技术管理》2013 年第 5 期。

⑤ 金飞、陈晓峰:《江苏沿海新能源产业集群竞争力研究——基于 GEM 和 AHP 模型的实证分析》,《科技管理研究》2014 年第 12 期。

⑥ 李倩:《中国新能源产业集聚度测度及其影响因素分析》,硕士学位论文,东北财经大学,2016 年。

⑦ 王欢芳等:《战略性新兴产业的集聚测度及结构优化研究——以新能源产业为例》,《经济问题探索》2018 年第 10 期。

⑧ 郭立伟、沈满洪:《基于面板数据的中国各省份新能源产业集聚水平比较研究》,《生态经济》2018 年第 8 期。

还有的学者从风险投资、企业价值、技术、融资效率以及产业结构等方面研究了能源产业（企业）发展能力问题。翁愉骏建立了包含政策环境风险、企业家与核心团队风险、市场风险、产品与技术风险、退出风险等维度的新能源产业风险投资评价指标体系，采用层次分析法、模糊综合评价法对某新能源企业风险投资项目进行评价。① 董普等从盈利能力、偿债能力、成长能力、资产管理能力、股本扩张能力以及股本结构等方面入手，构建了清洁能源上市企业价值测度指标体系并应用主成分分析法对沪深 A 股 50 家清洁能源上市企业展开价值评估。② 李琳和李诗音从减量化效果、再利用效果、资源化效果、技术研发与储备安全、技术应用安全和技术替代安全等方面入手，构建了能源产业技术评价指标体系，并采用熵权法与线性加权法对湖南省 13 个地级市进行了能源产业技术评价。③ 王亦众从资金融入效率、资金配置效率、融资风险三个维度建立了新能源上市公司融资效率评价指标体系并对我国沪深 A 股上市的 54 家新能源企业的融资效率进行测度。④ 纪同辉把最小广义距离与粗糙集概念引入低碳经济能源产业结构的评价中，进而对 2002—2015 年我国能源结构进行低碳评估。⑤

2. 能源安全水平

为了能够更好地衡量能源安全，学者对其进行了量化评价研究。能源安全评价方面的研究逐渐增多，可从评价角度、评价对象和评价方法进行分析。

（1）评价角度

越来越多的学者认识到能源安全的综合性、复杂性，现有能源安全评价的研究从不同角度对能源安全进行了分析，探讨了能源安全应包含的内容并利用相应指标予以测度。

---

① 翁愉骏：《新能源产业风险投资评价指标体系研究》，硕士学位论文，清华大学，2012 年。
② 董普等：《我国清洁能源产业综合实力评估研究——以 50 家上市公司为对象》，《中国人口·资源与环境》2013 年第 S2 期。
③ 李琳、李诗音：《湖南省能源产业技术评价研究》，《湖南科技大学学报》（社会科学版）2015 年第 6 期。
④ 王亦众：《我国新能源产业融资效率评价研究——以上市公司为例》，硕士学位论文，新疆财经大学，2017 年。
⑤ 纪同辉：《基于广义距离最小和粗糙集的低碳经济能源产业结构评价方法研究》，《生态经济》2018 年第 4 期。

一是从不同维度利用多个指标对能源安全的总体水平展开综合评价。传统的能源安全观以供应安全为主要出发点，采用能源供应安全衡量能源安全。如 Frondel 和 Schmidt 根据国际能源机构（IEA）提供的能源数据，使用原油、天然气和整体供应风险指标比较德国和美国 1980—2004 年能源供应风险的跨期变化。① 薛静静等从可获得、可支付、效率、技术研发四个维度设立我国能源供给安全测度指标体系，运用熵值法确定各评价指标的权重，对 2000—2011 年我国能源供给安全的等级、演化特点和主要影响因素展开深度探讨。②

能源系统主要由三个部分构成，即能源来源（生产）、能源服务（消费）以及从生产到消费的转移。③ 综合能源安全观认为，能源安全不仅包括能源供应安全，还包括能源消费安全、能源环境影响等方面。如 Sovacool 和 Brown 指出，能源安全包括可获得性、可负担性、效率和环境管理，并从这四个维度选取 10 个指标，测量了美国和其他 21 个 OECD 成员国在 1970—2007 年的相对能源安全表现。④ Sovacool 基于对亚洲能源专家的研究访谈提出了一份包含可用性（Availability）、依赖性（Dependency）、价格稳定性（Price Stability）、污染（Pollution）、效率（Efficiency）等 20 个维度 200 个指标的列表，可用于评估各个国家在将来一段时间怎么应对能源安全困境。⑤ Azzuni 和 Breyer 将能源安全划分为可用性（Availability）、多样性（Diversity）、成本（Cost）、技术和效率（Technology and Efficiency）、环境（Environment）等 15 个维度并给出了相应的测度指标。⑥

---

① Frondel, M. and Schmidt, C. M., *Measuring Energy Security: A Conceptual Note*, Essen: Rheinisch-Westfälisches Institut für Wirtschaftsforschung (RWI), 2008.
② 薛静静等:《中国能源供给安全综合评价及障碍因素分析》,《地理研究》2014 年第 5 期。
③ Kucharski, J. and Unesaki, H., "A Policy-oriented Approach to Energy Security", *Procedia Environmental Sciences*, 28, 2015: 27-36.
④ Sovacool, B. K. and Brown, M. A., "Competing Dimensions of Energy Security: An International Perspective", *Annual Review of Environment and Resources*, 35, 2010: 77-108.
⑤ Sovacool, B. K., "Evaluating Energy Security in the Asia Pacific: Towards a More Comprehensive Approach", *Energy Policy*, 39 (11), 2011: 7472-7479.
⑥ Azzuni, A. and Breyer, C., "Definitions and Dimensions of Energy Security: A Literature Review", *Wiley Interdisciplinary Reviews: Energy and Environment*, 7 (1), 2018: e268.

二是对能源安全中的能源效率进行测度。① 早期的能源效率评价没有考虑能源系统带来的污染。如李世祥和成金华基于不同目标情景的 4 个能源效率测度 DEA 模型，利用省域、工业行业面板数据测度我国的能源效率。② 杨远和李林运用泰尔熵指数，对 1997—2007 年中国能源效率的地区差距进行综合评价。③ 随着人们对能源安全认识的深化，越来越多的研究者在进行能源效率测算时纳入能源的环境影响。马晓明和闫柯旭在全要素能源效率框架下，利用共同前沿下的 SBM 模型（MSBM 模型）考察了"十二五"时期我国省域能源效率的状况。④ 关峻和张晓文考虑了能源使用对环境的影响，应用基于 DEA 的非均一化灰色关联分析方法以及 2005—2012 年面板数据，对我国三大区域的能源效率进行了综合评价。⑤

三是对石油、天然气、电力等不同品种能源的安全进行单独评价。Greene 指出，将可量化的经济成本作为一种安全指标使用，能够得到石油独立性或石油安全性的可衡量定义并可用于测验特定政策在不确定的未来实现石油独立的能力。⑥ 李云鹤等从天然气资源可获得、技术可利用、环境可承载以及国民可负担 4 个能力维度，设立了天然气的能源安全测度模型并考察了 2005—2018 年中国天然气安全度的总体变动趋势和上述安全维度的演变。⑦ Ren 和 Dong 从供应的可用性和安全性、可负担性和可靠性、能源和经济效率以及环境管理四个方面，评估了金砖国家

---

① 范凤岩、雷涯邻：《北京市能源效率评价及其影响因素分析》，《科技管理研究》2014 年第 24 期；刘冰、张磊：《山东传统产业能源效率评价与节能潜力分析》，《经济问题探索》2015 年第 9 期；Makridou, G., et al., "Measuring the Efficiency of Energy-intensive Industries across European Countries", *Energy Policy*, 88, 2016: 573-583.

② 李世祥、成金华：《中国能源效率评价及其影响因素分析》，《统计研究》2008 年第 10 期。

③ 杨远、李林：《中国能源效率的地区差距——基于泰尔熵指数的综合评价》，《统计与决策》2009 年第 17 期。

④ 马晓明、闫柯旭：《"十二五"期间我国省际能源效率综合评价及影响因素分析》，《科技管理研究》2018 年第 23 期。

⑤ 关峻、张晓文：《低碳背景下中国区域能源效率综合评价研究——基于 DEA 的非均一化灰色关联分析法》，《生态经济》2016 年第 6 期。

⑥ Greene, D. L., "Measuring Energy Security: Can the United States Achieve Oil Independence", *Energy Policy*, 38 (4), 2010: 1614-1621.

⑦ 李云鹤、肖建忠、黎明：《中国天然气能源安全评价研究》，《华中师范大学学报》（自然科学版）2020 年第 2 期。

1990—2010 年的电力供应可持续性与安全性。①

（2）评价对象

从评价区域来看，学者从国家层面、省际层面、城市层面对能源安全进行了研究。屈秋实等应用 2000—2014 年中、蒙、俄 3 个国家的能源与环境数据，运用结合窗口模型的超效率 DEA 模型测度包含碳排放约束的三国全要素能源效率。② 胡剑波等应用 PSR 模型，从压力、状态以及响应 3 个方面建立能源安全指标体系并对 2001—2012 年中国的能源安全状况进行评价。③ 张艳等基于 DPSIR 评价方法，从驱动力、压力、状态、影响以及响应 5 个方面建立评价指标集与能源安全综合评价模型，定量分析了 1998—2008 年广东能源安全状况。④ 方国斌和宋国君提出了一个考虑不可控因素的地区分类的能源效率比较新方法 PS-kNN，且应用该方法对一些城市的能源效率进行了评价。⑤

从评价产业来看，学者分析了制造业、物流业、旅游业、住宿业等行业的能源效率。Mukherjee 从生产理论的角度探讨了美国制造业能源利用效率的衡量方法，并利用 DEA 方法考察了 1970—2001 年制造业总体以及 6 个能耗最大行业的能源效率。⑥ 刘勇基于 DEA 模型计算了 2006—2010 年中国物流业全要素能源效率。⑦ 贺腊梅等利用考虑坏产出的方向性距离函数，建立可用于旅游业的 Biennial Malmquist-Luenberger（BML）效率指数，实证分析了 2005—2013 年我国 30 个省份旅游业的能源效率。⑧ 还有的学者以住宿业的五星级酒店为对象开展研究，如 Oenuet 和

---

① Ren, J. and Dong, L., "Evaluation of Electricity Supply Sustainability and Security: Multi-criteria Decision Analysis Approach", *Journal of Cleaner Production*, 172, 2018: 438-453.

② 屈秋实等：《低碳约束下中、蒙、俄 3 国能源效率评价》，《科技导报》2018 年第 3 期。

③ 胡剑波、吴杭剑、胡潇：《基于 PSR 模型的我国能源安全评价指标体系构建》，《统计与决策》2016 年第 8 期。

④ 张艳、沈镭、汪浡：《基于 DPSIR 模型的区域能源安全评价：以广东省为例》，《中国矿业》2014 年第 7 期。

⑤ 方国斌、宋国君：《城市能源效率的 PS-kNN 分类综合评价》，《统计与信息论坛》2014 年第 9 期。

⑥ Mukherjee, K., "Energy Use Efficiency in U. S. Manufacturing: A Nonparametric Analysis", *Energy Economics*, 30 (1), 2008: 76-96.

⑦ 刘勇：《物流业全要素能源效率评价及其影响因素分析》，《统计与决策》2014 年第 1 期。

⑧ 贺腊梅、于萌、查建平：《基于 BML 生产率指数的中国旅游业能源效率评价与影响因素研究》，《长江流域资源与环境》2017 年第 12 期。

Soner 采用 DEA 方法（CCR 模型）对土耳其安塔利亚地区 32 家五星级酒店的能源效率进行了评价。①

（3）评价方法

在评价方法上，少数学者利用主观赋权法分配指标权重，如层次分析法（AHP）。② 林延捷等从能源消费、政治经济、运输以及环境方面设立东南沿海地区天然气能源安全测度指标体系，采用层次分析法对福建天然气能源安全进行评价。③ 李根等基于新常态与 WSR 系统方法论构建能源安全测度指标体系，并利用 DEMATEL 法、AHP-FCE 法研究上海能源安全状况。④ 此类方法受主观因素的影响比较大。

因此，更多学者应用客观赋权法。其中，不少学者使用同等赋权法（Equal Weights）⑤ 确定指标权重，该方法简单易行。然而，同等赋权法无法准确衡量不同指标的重要性。因此，很多研究者基于原始数据计算指标权重，采用燃料消耗或燃料进口份额法（Fuel Consumption or Fuel Import Share）⑥、主成分分析法（PCA）⑦、数据包络分析方法（DEA 方法）⑧、熵

---

① Oenuet, S. and Soner, S., "Energy Efficiency Assessment for the Antalya Region Hotels in Turkey", *Energy and Buildings*, 38 (8), 2006: 964-971.

② Wu, G., et al., "Climate Protection and China's Energy Security: Win-win or Tradeoff", *Applied Energy*, 97, 2012: 157-163.

③ 林延捷等:《东南沿海区域天然气能源安全评价研究》,《环境科学与技术》2013 年第 S1 期。

④ 李根等:《基于改进 AHP-FCE 的新常态下中国能源安全评价》,《生态经济》2016 年第 10 期。

⑤ Angelis-Dimakis, A., Arampatzis, G. and Assimacopoulos, D., "Monitoring the Sustainability of the Greek Energy System", *Energy for Sustainable Development*, 16 (1), 2012: 51-56; Neelawela, U. D., Selvanathan, E. A. and Wagner, L. D., "Global Measure of Electricity Security: A Composite Index Approach", *Energy Economics*, 81, 2019: 433-453.

⑥ Le Coq, C. and Paltseva, E., "Measuring the Security of External Energy Supply in the European Union", *Energy Policy*, 37 (11), 2009: 4474-4481; Cohen, G., Joutz, F. and Loungani, P., "Measuring Energy Security: Trends in the Diversification of Oil and Natural Gas Supplies", *Energy Policy*, 39 (9), 2011: 4860-4869.

⑦ Gupta, E., "Oil Vulnerability Index of Oil-importing Countries", *Energy Policy*, 36 (3), 2008: 1195-1211; Ediger, V. Ş. and Berk, I., "Crude Oil Import Policy of Turkey: Historical Analysis of Determinants and Implications since 1968", *Energy Policy*, 39 (4), 2011: 2132-2142.

⑧ Zhang, H. Y., Ji, Q. and Fan, Y., "An Evaluation Framework for Oil Import Security Based on the Supply Chain with a Case Study Focused on China", *Energy Economics*, 38, 2013: 87-95.

权法①、因子分析法②、灰色关联 TOPSIS 法③、线性加权法和模糊综合评价法④等。如孙涵等从能源供应、使用、经济以及环境安全 4 个维度设立区域能源安全测度指标体系,并基于熵权 TOPSIS 法对中国区域能源安全予以测度。⑤ 王强和陈爱娇从能源供应安全性、能源服务普惠性以及能源使用安全性 3 个层面构建区域能源安全测度指标体系,并利用主成分分析法对福建能源安全进行测度。⑥

(二) 能源产业发展影响因素

1. 能源因素

影响能源产业发展的因素众多,根据这些影响因素与能源的关系,将其分为能源因素和非能源因素两类。其中,影响能源产业发展的能源因素主要可以归纳为供应因素、消费因素以及环境因素等。供应因素是影响能源安全最主要的因素⑦,没有能源的供给就没有能源的消费,也就没有能源消费的环境危害。

能源供应因素主要分为能源生产、能源进口、能源战略储备和能源价格四个方面。⑧ 其中,能源自给能力最为关键,而能源外部依赖程度越高,对能源安全的威胁越大。⑨ 李品基于因子分析、岭回归法,应用我国 1995—2014 年的相关数据定量分析各影响因子对能源供给安全的作用大小。结果显示,能源自给率影响能源供给安全的程度最深,技术进步与

---

① 陈兆荣、雷勋平:《基于熵权可拓的我国能源安全评价模型》,《系统工程》2015 年第 7 期。
② 王忠诚等:《基于因子分析方法的江苏省能源安全系统评价》,《中国农学通报》2011 年第 17 期。
③ 李红、智硕楠:《新常态下中国能源安全动态研究——基于灰色关联 TOPSIS 模型》,《生态经济》2020 年第 8 期。
④ 常军乾:《我国能源安全评价体系及对策研究》,博士学位论文,中国地质大学,2010 年。
⑤ 孙涵、聂飞飞、胡雪原:《基于熵权 TOPSIS 法的中国区域能源安全评价及差异分析》,《资源科学》2018 年第 3 期。
⑥ 王强、陈爱娇:《福建省能源安全评价及特征分析》,《福建师范大学学报》(自然科学版) 2016 年第 5 期。
⑦ 国际能源署:《世界能源展望 (2002)》,朱起煌等译,中国石化出版社 2004 年版。
⑧ 党政军:《煤炭清洁化利用对我国能源安全的作用和影响机制》,博士学位论文,中国地质大学,2012 年。
⑨ Shah, S. A. A., et al., "Energy Security and Environmental Sustainability Index of South Asian Countries: A Composite Index Approach", *Ecological Indicators*, 106, 2019: 105-507.

产业结构对其影响较深，经济环境、可再生能源产量对其作用不显著。①

在能源消费因素方面，能源价格、能源消费结构往往会对其产生显著的作用。Thorbecke 研究了油价变化对亚洲经济的影响，结果表明，这些国家的许多行业都受到了油价的影响，并提出了几点建议以帮助亚洲经济体抵御油价变化的影响，从而提高能源安全。② 李爽等应用系统动力学对中国能源安全和能源消费结构之间的作用机制进行了模拟和分析。结果表明，能源消费结构的改善可以显著减少能源消费量，通过这一途径可以有效提升能源安全。③ 刘明辉等从能源供应、能源使用两个安全维度设立能源安全评价指标体系，考察了中国、哈萨克斯坦的能源安全变化情况，并利用回归分析法研究 1992—2013 年两国的能源消费结构和能源安全之间的关系。研究发现，中哈传统能源消费结构对能源安全的贡献呈减小趋势，而煤炭消费对中哈能源使用安全的消极影响最大。④

另外，能源消费产生的环境因素影响也是能源产业发展不容忽视的问题。何雪垒分析了我国能源环境安全的现状，在此基础上从能源赋存、国际贸易以及能源体制三个方面探讨了能源环境安全的制约因素。⑤ 鞠可一等基于回归分析法，利用 1980—2007 年数据考察了我国能源消费结构与能源安全之间的关系。研究发现，新能源对能源安全的积极作用远超过传统能源，中国能源安全状况需要改善，尤其是能源使用给环境带来了极大的消极影响。⑥

2. 非能源因素

除了能源因素会给能源产业发展带来直接的影响，非能源因素对能源产业的发展也有着深远的影响。发达的技术水平可以促进能源产业的发展。Ketteni 等指出，节能技术投资不但能推动效率提升，还涉及短期

---

① 李品：《中国能源供给安全影响因素研究》，《西安科技大学学报》2018 年第 3 期。
② Thorbecke, W., "How Oil Prices Affect East and Southeast Asian Economies: Evidence from Financial Markets and Implications for Energy Security", *Energy Policy*, 128, 2019: 628-638.
③ 李爽、汤嫣嫣、刘倩：《我国能源安全与能源消费结构关联机制的系统动力学建模与仿真》，《华东经济管理》2015 年第 8 期。
④ 刘明辉、袁培、卢飞：《中哈能源消费结构与能源安全关联性对比分析》，《世界地理研究》2016 年第 3 期。
⑤ 何雪垒：《我国能源环境安全制约因素及相关建议》，《环境保护》2018 年第 9 期。
⑥ 鞠可一等：《中国能源消费结构与能源安全关联的实证分析》，《资源科学》2010 年第 9 期。

内的调整成本。实证结果表明，能源投入改善或新能源投入所带来的效率收益不会被其调整成本所抵消。① 周江等基于中国能源产业投入产出数据，采用随机前沿分析法（SFA）测度了我国能源产业效率，并从技术效率变化、技术进步以及规模变化三个方面对各能源行业的全要素生产率变化展开分析。研究发现，能源产业全要素生产率的上升主要来自技术进步与规模效率变化。② 郭立伟和叶峥的研究表明，技术创新水平对新能源产业集群的产生也有正向影响，但并不显著。③

对于能源产业的发展而言，经济发展水平是重要的影响因素之一，同时政府的有效管理也必不可少。邹艳芬将能源安全影响因素归纳为经济因素、能源自身因素以及安全控制力因素等类别，且对安全控制力因素予以细分，从政府控制能力、军事力量和国民素质三个方面展开论述，指出政府管理能力是影响能源安全的主要因素之一。④ 黄光球和徐聪建立了新能源产业多级递阶 ISM 模型，研究其发展的直接与间接影响因素并利用系统动力学对陕西省新能源产业发展的影响因素展开动态仿真分析。研究表明，产业政策、经济发展水平是新能源产业发展的根本影响因素，前者对新能源产业的影响更大。⑤ 吴玲霞等研究发现，政府政策支持对新能源产业发展具有重要影响，应加大政府扶持力度，以促进泰州市新能源产业的持续健康发展。⑥

此外，刘颖探讨了全球气候变化对于我国能源安全的影响，认为气候变化会导致我国能源需求增加，加剧国际能源市场价格波动，引起世界碳排放空间竞争，从而加大中国能源供需矛盾。⑦ 徐君等分别从宏观与微观层面探讨了影响新能源产业安全的因素，宏观因素包含社会文化、政策法规、宏观经济、金融环境、市场环境和对外贸易环境，微观因素

---

① Ketteni, E., Mamuneas, T. and Pashardes, P., "ICT and Energy Use: Patterns of Substitutability and Complementarity in Production", *Cyprus Economic Policy Review*, 7 (1), 2013: 63-86.
② 周江、胡静锋、王波:《中国能源产业效率测量及比较分析》,《经济问题》2018 年第 8 期。
③ 郭立伟、叶峥:《基于 SEM 的新能源产业集群形成影响因素实证研究》,《科技管理研究》2020 年第 9 期。
④ 邹艳芬:《能源安全的安全控制力影响因素分析》,《经济问题探索》2007 年第 7 期。
⑤ 黄光球、徐聪:《低碳视角下新能源产业发展影响因素及其动态仿真分析》,《重庆理工大学学报》（自然科学）2020 年第 12 期。
⑥ 吴玲霞等:《基于因子分析的泰州市新能源产业发展影响因素研究》,《商业经济》2020 年第 6 期。
⑦ 刘颖:《气候变化对我国能源安全的影响》,《特区经济》2010 年第 8 期。

包含国际竞争能力、可持续发展能力、专业人才状况、产业结构、外商直接投资以及技术创新能力。① 而经济增长、城市化、人口增长、基础设施建设以及交通运输业和工业的发展也会通过推动能源需求的增长影响能源产业的发展。②

### 三 数字产业与能源产业关系的研究

目前,关于数字产业与能源产业关系的研究不多,已有研究主要采用定性分析方法。二者关系的研究主要包括能源产业对数字产业的影响研究、数字产业对能源产业的影响研究、数字产业与能源产业融合研究,相比之下,关于数字产业对能源产业的影响研究更多。

(一) 能源产业对数字产业的影响研究

能源产业为数字产业的成长提供了不可或缺的能源保障。数字企业的特点是依赖电子设备,需要完全可靠的电力供应,不能容忍任何电能质量问题,为这些企业提供服务既有电力方面的挑战,也有设备冷却方面的挑战。③ 数字产业的发展离不开硅芯片和集成电路,未来纳米级设备在处理功和热的互转信息时更加依赖 ICT,因此,信息处理和能量管理密切相关。④ 冷却单晶体管的运行环境需要极低的温度,集成电路散热和降噪等也会消耗能量,未来 20 年能源将成为影响硅芯片运行绩效的关键因素。⑤ 受能源高质量供给的限制,硅芯片设计和集成电路生产的"摩尔定律"仅在未来 10—20 年内有效,此后将无法像以前那样高效生产,⑥ 这无疑会阻碍数字产业的发展。随着数据中心发展要求的日益提升,其建设运营已开始应用能源新技术,并且以新技术推动其发展变革的趋势在

---

① 徐君、高厚宾、王育红:《新能源产业安全的影响因素及交互效应》,《资源开发与市场》2015 年第 5 期。

② Kjärstad, J. and Johnsson, F., "Resources and Future Supply of Oil", *Energy Policy*, 37 (2), 2009: 441-464.

③ Key, T. S., *Role for Distributed Energy Resources (DER) in the Digital Economy*, Oak Ridge: Oak Ridge National Laboratory, 2007.

④ Gammaitoni, L., "Sustainable ICT: Micro and Nano Scale Energy Management", *Procedia Computer Science*, 7, 2011: 103-105.

⑤ Borkar, S. and Chien, A. A., "The Future of Microprocessors", *Communications of the ACM*, 54 (5), 2011: 67-77.

⑥ Aktas, A. Z., "Could Energy Hamper Future Developments in Information and Communication Technologies (ICT) and Knowledge Engineering?", *Renewable and Sustainable Energy Reviews*, 82, 2018: 2613-2617.

增强。①

(二) 数字产业对能源产业的影响研究

目前,关于数字产业对能源产业的影响依然没有定论②,结论可归纳为积极作用和消极影响两类。积极作用是指借助数据要素在能源产业的流动实现能源产业数字化、智能化和绿色化,具体表现为实现能源供需的动态平衡③、进行预防性的设备维修提升用户体验④、提升能源效率⑤、降低能源外部依赖⑥、实现供给空间拓展和品种多样化⑦、减少化石能源消耗⑧、建设能源生态圈⑨等。消极影响是指数字产业发展增加了能源消费和节能减排压力,这是因为信息通信技术部门比其他部门能源消费增长更快,能源消费量取决于其直接效应和间接效应⑩,能源效率提升产生的回弹效应使能耗表现不如预期⑪,ICT 设备的生产运营、智能手

---

① 中国信息通信研究院:《数据中心白皮书(2022 年)》,北京:中国信息通信研究院,2022 年 4 月,第 33 页。

② Codagnone, C. and Martens, B., *Scoping the Sharing Economy: Origins, Definitions, Impact and Regulatory Issues*, Seville: Joint Research Centre of the European Commission, 2016.

③ 曾鸣、张晓春、王丽华:《以能源互联网思维推动能源供给侧改革》,《电力建设》2016 年第 4 期。

④ Bressanelli, G., et al., "The Role of Digital Technologies to Overcome Circular Economy Challenges in PSS Business Models: An Exploratory Case Study", *Procedia CIRP*, 73, 2018: 216-221.

⑤ 余家豪:《能源如何 AI?》,《新能源经贸观察》2018 年第 Z1 期; Dabbous, A. and Tarhini, A., "Does Sharing Economy Promote Sustainable Economic Development and Energy Efficiency? Evidence from OECD Countries", *Journal of Innovation and Knowledge*, 6 (1), 2021: 58-68.

⑥ 郭庆方:《能源互联网是能源安全现实需要》,《中国能源报》2015 年 5 月 11 日第 5 版。

⑦ 曾鸣、许彦斌、方程:《数字革命与能源革命》,《中国电力企业管理》2020 年第 10 期。

⑧ Skjelvik, J. M., Erlandsen, A. M. and Haavardsholm, O., *Environmental Impacts and Potential of the Sharing Economy*, Copenhagen: Nordic Council of Ministers, 2017.

⑨ 蔡文璇:《电力产业链的能源生态圈发展路径》,《中国电力企业管理》2019 年第 34 期。

⑩ Sohail, M., Florea, A. and Lastra, J. L. M., "A Case Study of Share of ICT Infrastructure in Energy Consumption of Discrete Manufacturing Facility", paper delivered to the 2014 IEEE 15th Workshop on Control and Modeling for Power Electronics (COMPEL), Santander, June 22-25, 2014; Zia, A., *Measurement of Energy Consumption of ICT Solutions Applied for Improving Energy Efficiency in Transport Sector*, Master dissertation, Tampere University of Technology, 2016.

⑪ Galvin, R., "The ICT/Electronics Question: Structural Change and the Rebound Effect", *Ecological Economics*, 120, 2015: 23-31; Ahmed, K. and Ozturk, I., "What New Technology Means for the Energy Demand in China? A Sustainable Development Perspective", *Environmental Science and Pollution Research*, 25 (29), 2018: 29766-29771.

机的使用会产生更多的碳足迹。① 综合来看，数字产业往往会增加能源消费②，那些旨在消减不同国家间的数字鸿沟政策与节能减排政策相悖③，并且 ICT 部门对能源效率和经济发展的同向促进作用因国家不同而存在差异。④

此外，国内外学者还利用面板数据模型、门槛回归模型以及耦合模型等方法开展了实证研究。汪东芳和曹建华探讨了互联网发展作用于地区全要素能源效率的机理，并基于 2000—2015 年中国省域面板数据，应用面板 Tobit 模型与门槛回归模型定量研究其影响大小和网络效应的情况。⑤ Peng 等基于 2006—2020 年中国省域天然气行业样本数据，使用面板门槛回归模型研究了数字产业化对能源产业供应链的非线性影响和传导机制。研究发现，数字产业化的发展对能源供应链长度存在多重门槛效应，当数字产业化水平提高到或超过临界阈值后，其对天然气供应链长度有积极贡献。⑥ Bernstein 和 Madlener 利用 1991—2005 年欧洲五大制造业部门的数据，采用面板数据模型研究信息通信技术投资和电力消费强度之间的关系。研究发现，信息通信技术在各部门均能产生节电效应，而计算机和软件产生的影响不显著，总体上 ICT 传播对生产用电强度的净影响似乎有利于增强生产中的电力效率。⑦ Sadorsky 基于动态面板需求模型探讨了信息通信技术对新兴经济体电力消费的影响。结果表明，当使用互联网接入、移动电话或个人电脑数量来衡量信息通信技术时，信

---

① Belkhir, L. and Elmeligi, A., "Assessing ICT Global Emissions Footprint: Trends to 2040 and Recommendations", *Journal of Cleaner Production*, 177, 2018: 448-463.

② Lange, S., Santarius, T. and Pohl, J., "Digitalization and Energy Consumption. Does ICT Reduce Energy Demand?", *Ecological Economics*, 176, 2020, 106760.

③ Sadorsky, P., "Information Communication Technology and Electricity Consumption in Emerging Economies", *Energy Policy*, 48, 2012: 130-136.

④ Usman, A., et al., "The Effect of ICT on Energy Consumption and Economic Growth in South Asian Economies: An Empirical Analysis", *Telematics and Informatics*, 58, 2021: 101537.

⑤ 汪东芳、曹建华：《互联网发展对中国全要素能源效率的影响及网络效应研究》，《中国人口·资源与环境》2019 年第 1 期。

⑥ Peng, J., et al., "Impact of Digital Industrialization on the Energy Industry Supply Chain: Evidence from the Natural Gas Industry in China", *Energies*, 16 (4), 2023: 1564.

⑦ Bernstein, R. and Madlener, R., "Impact of Disaggregated ICT Capital on Electricity Intensity in European Manufacturing", *Applied Economics Letters*, 17 (17), 2010: 1691-1695.

息通信技术与电力消耗之间存在显著的正向关系。①

当前,要使国家能源产业可持续发展得到保障、减少碳排放、促进能源低碳发展、优化环境,需要在能源开发生产、输运配送、消费利用等方面开展能源互联网建设。② 能源互联网包含一次能源、二次能源的彼此协调以及电力网、油气网等网络间的统筹规划。③

有的学者从电力能源角度就能源互联网对能源产业可持续发展的影响进行分析。如余贻鑫和栾文鹏认为,智能电网可获得高安全、高可靠、高质量、高效率以及价格合理的电力供应,从而提升国家能源安全、改善环境、推进可持续发展。④ 陈安伟指出,电力安全是中国能源安全的核心,传统电网下的电力系统具有脆弱性,智能电网通过本身强大的自愈功能、多能源互助以及提升电力资源配置能力,增强电网本身的安全性;同时,通过对传统石化能源的替代,降低中国石化能源的对外依存度,保障国家能源安全。⑤ 车丽萍等阐述了基于能源服务的智慧物联商业综合体管理平台建设,打造专业化、体系化以及信息化的智慧商业体能源管理与运营服务体系,增强消费者用电质量、用电安全以及用电管理水平。⑥ Strielkowski 等认为,全面运营和功能齐全的 5G 无线网络很可能会提高经济福祉并助力其向无碳能源系统过渡,从而促进一定范围内可再生能源的部署。智能电网提供了可持续的解决方案,涵盖从能源生产到转化再到最终消费者的整个能源价值链,能够为未来可持续能源系统中的能源生产与能源消费匹配提供基于人工智能的处理方案。⑦

还有学者从化石能源角度研究了能源互联网对能源产业可持续发展的影响。闵剑和屈鲁指出,在传统集中式利用的能源模式下,海量的能源被消耗于一次能源的运输之中,而在能源互联网体系里,能源就地使

---

① Sadorsky, P., "Information Communication Technology and Electricity Consumption in Emerging Economies", *Energy Policy*, 48, 2012: 130–136.

② 贾景姿、曾鸣:《基于 SCOR 模型的能源互联网建设》,《经济研究导刊》2019 年第 5 期。

③ 曾鸣等:《能源互联网及其对油气"十三五"规划的影响》,《国际石油经济》2015 年第 9 期。

④ 余贻鑫、栾文鹏:《智能电网的基本理念》,《天津大学学报》2011 年第 5 期。

⑤ 陈安伟:《智能电网技术经济综合评价研究》,博士学位论文,重庆大学,2012 年。

⑥ 车丽萍、张周生、王浩:《基于能源服务的智慧物联商业综合体管理平台建设》,《农村电气化》2020 年第 2 期。

⑦ Strielkowski, W., et al., "5G Wireless Networks in the Future Renewable Energy Systems", *Frontiers in Energy Research*, 9, 2021: 714803.

用降低了化石能源的消耗。① 宫立新通过数据生态链（业务级）、生态系统（集团级）以及生态圈（行业级）"三步走"，打造以中石油、中石化以及中海油等石油企业为重要成员和油气业务主导的行业数据生态圈，促进能源央企在数字时代的共生和成长，助力能源产业高质量发展。②

（三）数字产业与能源产业融合研究

目前，关于数字产业与能源产业融合的研究很少，且主要为定性分析。李立涅等阐述了智能电网和能源网融合发展的三种可能模式，分析了这些融合模式的形态特征、异同之处，探讨了它们形成的约束条件及其应用场景。③ 张勇军等分析了互联网和能源系统融合的驱动力、基本形态并阐述了二者融合的关键技术。④ 杨永明认为，5G网络与能源的融合形成新业态、新模式，5G技术强化了能源与通信行业的融合发展，电力与通信行业的资源整合，认为共享是大势所趋。⑤ 牟俊从跨行业资源共享、多种能源方式化解5G基站的能耗问题、5G在能源产业的应用三个方面探讨了5G和能源产业的融合发展。⑥ 华东和高洪达指出，应推动电网和数据中心融合发展，其中，电网可为数据中心的运营及其高质量发展供应安全、稳定以及可靠的电力，而数据中心能为电网的数字化转型与新型电力系统建设提供数字平台支撑。⑦ 此外，张胜男利用耦合模型定量测算了中国和代表省份人工智能和能源产业的融合发展水平，采用合成控制法研究了人工智能与能源产业融合发展对能源产业的影响。结果表明，如果地区人工智能和能源产业达到了稳定的耦合发展关系（无须达到协调关系），耦合效应便会促进能源产业综合发展水平的提升。⑧

**四 研究述评**

随着数字产业发展带来的经济社会积极效应不断显现，发挥的作用

---

① 闵剑、屈鲁：《能源互联网化解传统石油石化行业发展难题》，《中国石化》2017年第7期。
② 宫立新：《打造大数据时代能源行业利益共同体——中国油气数据生态圈的构建与思考》，《北京石油管理干部学院学报》2020年第1期。
③ 李立涅等：《智能电网与能源网融合的模式及其发展前景》，《电力系统自动化》2016年第11期。
④ 张勇军等：《互联网与能源系统的融合形态与技术》，《中国工程科学》2018年第2期。
⑤ 杨永明：《未来5G与能源的深度融合研究》，《新能源经贸观察》2018年第7期。
⑥ 牟俊：《5G与能源行业融合发展探讨》，《中国信息化》2021年第7期。
⑦ 华东、高洪达：《推进电网与数据中心融合发展 筑牢能源数字经济发展基础》，《中国电力企业管理》2022年第7期。
⑧ 张胜男：《人工智能与能源产业的融合发展研究》，硕士学位论文，中国矿业大学，2020年。

越来越大，数字产业方面的研究逐渐增多。该领域的研究主要集中在数字产业发展的总体水平测度、发展效率评价、影响因素分析以及产生的效应探讨等方面，采取直接法、间接法从不同视角、多个层面对数字产业发展水平展开测度，应用DEA法、Malmquist指数法等研究数字产业发展效率，从定性、定量两个角度分析影响数字产业发展的因素，并从环境效应、就业效应、创新效应以及产业结构效应等方面研究数字产业发展带来的影响。现有研究成果为本书的研究打下了极好的基础，提供了有益的思路。但是数字产业对能源产业的影响的研究较少，且局限于从个别方面定性分析数字产业影响能源产业的具体表现，或者从某个层面实证检验数字产业对能源产业的影响程度大小与方向。

能源安全在很多国家已上升为国家战略，能源产业方面的研究也越来越多。能源产业发展评价是一国或地区政策制定的基础，现有研究主要从产业发展能力、能源安全水平角度对此进行探讨。能源产业发展的影响因素也是研究的重点，已有研究的考察包括能源因素和非能源因素，但是，能源产业对数字产业的影响的研究依然很少，且主要采取定性分析的方法。关于两大产业关系的研究较为片面，大多孤立地看待二者的关系，即要么是仅关注数字产业对能源产业的影响，要么是侧重于能源产业对数字产业影响的研究，忽视了二者之间的互动关系。这为本书研究提供了一个有价值的研究方向——数字产业与能源产业的融合发展。需要指出的是，这方面的研究更少，并且鲜有开展定量研究。该领域的研究还不深入，如数字产业通过哪些途径影响能源产业发展并不清楚，缺乏二者作用机制的理论分析和实证研究。数字产业与能源产业融合发展水平如何测度，两大产业融合发展的效率怎样以及二者融合发展受到哪些因素的影响等问题还没有得到很好的解答。

基于已有研究的不足，本书将从理论和实证层面对数字产业与能源产业融合发展这一主题进行研究。首先，实证检验数字产业与能源产业发展之间的互动关系；其次，探究数字产业与能源产业融合发展的作用机制，通过构建指标体系对我国两大产业融合发展的水平进行测度并开展时空、行业和国际比较；再次，评价我国数字产业与能源产业融合发展的效率并对两大产业融合发展水平的影响因素开展实证分析；最后，提出相应的对策建议，为推动数字产业与能源产业的融合发展提供借鉴。

## 第三节 研究内容、方法与思路

### 一 研究内容

本书的研究内容主要分为九章。

第一章为绪论。本章对选题背景与研究意义、文献综述、研究内容与方法、研究思路、创新点以及不足之处进行分析。其中，文献综述部分分别从数字产业方面的研究、能源产业方面的研究以及数字产业与能源产业关系的研究进行了文献梳理。

第二章为概念界定与理论基础。本章界定了数字产业、能源产业的概念，阐释了数字产业与能源产业融合的内涵并对本书研究涉及的主要理论进行阐述，以探寻数字产业与能源产业关系的理论支撑。

第三章是数字产业与能源产业融合的作用机制。本章依次从数字产业与能源产业融合的驱动力、内容、方式、效应、演化过程和动态均衡等方面对其作用机制展开论述，探讨了两大产业融合的特征。

第四章为中国数字产业与能源产业融合发展状况。一是分析了中国数字产业发展现状、能源产业发展现状、数字产业与能源产业融合实践。二是在此基础上，从数字基础设施、数字设备普及和数字技术应用三个维度构建了数字产业发展水平评价指标体系并利用熵权 TOPSIS 法对中国数字产业发展水平进行测度。三是构建 VAR 模型，定量分析中国数字产业与能源产业发展之间的动态关系。

第五章为数字产业与能源产业融合发展水平测度指标体系构建。首先，介绍了数字产业与能源产业融合发展水平评价指标体系的设计思路，从融合基础、融合条件、融合力度以及融合绩效四个层面衡量了数字产业与能源产业的融合发展水平，构建了二者融合发展水平的评价指标体系。其次，阐述了编制数字产业、能源产业以及其他产业三大部门[①]投入产出表的产业划分，描述了其基本表式，编制了三大部门 2018 年全国的投入产出表。最后，基于此计算了数字产业、能源产业、其他产业关于融合发展的指标。

---

① 在本书中，"三大部门"是指数字产业部门、能源产业部门以及其他产业部门。

第六章是数字产业与能源产业融合发展水平测度及比较研究，这是本书两大产业融合发展评价的一个方面。为了更加深入地了解中国数字产业与能源产业的融合发展情况，从不同层面与视角着手，分别测算了全国、各区域、各行业以及其他国家数字产业与能源产业的融合发展水平并进行了分析比较。

第七章为中国数字产业与能源产业融合发展效率评价，这是本书两大产业融合发展评价的另一方面。第一，从投入、技术和产出三个层面，建立数字产业与能源产业融合发展效率评价指标体系。第二，介绍传统的 DEA 法，并在此基础上对该方法进行改进，建立考虑评价对象技术进步和坏产出的 DEA 模型。第三，利用改进的 DEA 模型对全国层面、省际层面的数字产业与能源产业融合发展效率予以测度。

第八章是中国数字产业与能源产业融合发展水平影响因素实证分析。本章探讨了数字产业与能源产业融合发展水平的影响因素，构建了关于中国数字产业与能源产业融合发展水平影响因素的面板数据模型并基于省际层面数据对其进行了实证分析。

第九章为研究结论与对策建议。本章对本书的研究进行总结，并据此从政府层面、行业层面以及企业层面提出推进数字产业与能源产业融合发展的对策建议。

## 二　研究方法

### （一）文献分析法

本书首先通过高校图书馆、网络数据资料库等多种途径，对相关的众多文献进行收集与分析，总体掌握目前国内外相关研究进展状况。在此基础上，深入细致地思辨阅读和总结国内外数字产业方面、能源产业方面、数字产业与能源产业关系方面的相关研究和文献资料，对现存的研究成果予以梳理并开展简要评述，探寻本书研究拟解决的关键问题和突破口，厘清研究思路。在研究中借鉴已有文献资料的统计方法、统计数据，在前人研究成果基础之上选择合适的方法和数据进行进一步的研究。所以，大量文献资料的收集、整理和分析是本书研究顺利开展的基本前提，文献分析法为本书研究的深入开展奠定了重要基础。

### （二）比较分析法

本书对一些研究结果采用对比分析的方法，从多个方面展开系统的比较分析。如在中国数字产业发展水平研究中，对不同年份的发展水平进行了比较；在探讨我国数字产业与能源产业融合发展水平时，综合采用分层级（国家级、省级）、分时点（不同年份）、分行业（不同行业）、分国别（不同国家）对比的方法开展剖析。换言之，对中国数字产业与能源产业融合发展水平及其各层面在不同年份进行纵向对比，对数字产业与能源产业融合发展水平在同一年份进行不同区域间的横向对比；对数字产业同能源产业等产业大类之间、数字产业与能源产业子行业之间、数字产业子行业与能源产业之间的融合发展状况予以比较分析；另外，就不同国家自身数字产业与能源产业融合发展的情况在不同国家之间进行对比。

（三）归纳演绎法

本书在数字产业与能源产业融合的作用机制、数字产业与能源产业融合发展水平测度指标体系构建、我国数字产业与能源产业融合发展的挑战、推进数字产业与能源产业深度融合发展的对策建议等部分，采用归纳演绎法，阐述了"它们应该是什么样子"。针对这些内容的分析也很重要，因为只有对涉及问题有一个正确的认识，所开展的研究才具有意义。

（四）实证分析法

本书依次应用熵权 TOPSIS 法、VAR 模型、主成分分析法、Dagum 基尼系数法、聚类分析法、DEA 法、面板数据模型等实证分析方法对研究的相关问题进行分析，描述了"它们实际是何种状态"。具体而言，其一，关于数字产业发展水平、技术水平的度量，本书使用熵权 TOPSIS 法分别计算出衡量数字产业发展水平和技术水平的综合指数。其二，利用 VAR 模型研究中国数字产业与能源产业发展之间的动态关系。其三，应用主成分分析法确定指标权重，测度全国和各省份的数字产业与能源产业融合发展水平。基于 Dagum 基尼系数法分析中国数字产业与能源产业融合发展综合水平的区域差异大小、来源及其变化情况，并对各省份的数字产业与能源产业融合状况进行聚类分析，了解中国数字产业与能源产业融合发展的空间特征。其四，采用改进的 DEA 法测算中国数字产业与能源产业融合发展效率并分析其在时空上的变化情况。其五，构建面板数据模型，探讨数字产业与能源产业融合发展水平的影响因素。

### 三 研究思路

技术路线是否合理至关重要，它关系到研究的效率、质量和成败。本书的研究根据提出问题、剖析问题以及解决问题的思路展开，经认真考虑确定本书研究的总体技术路线如图 1-1 所示。

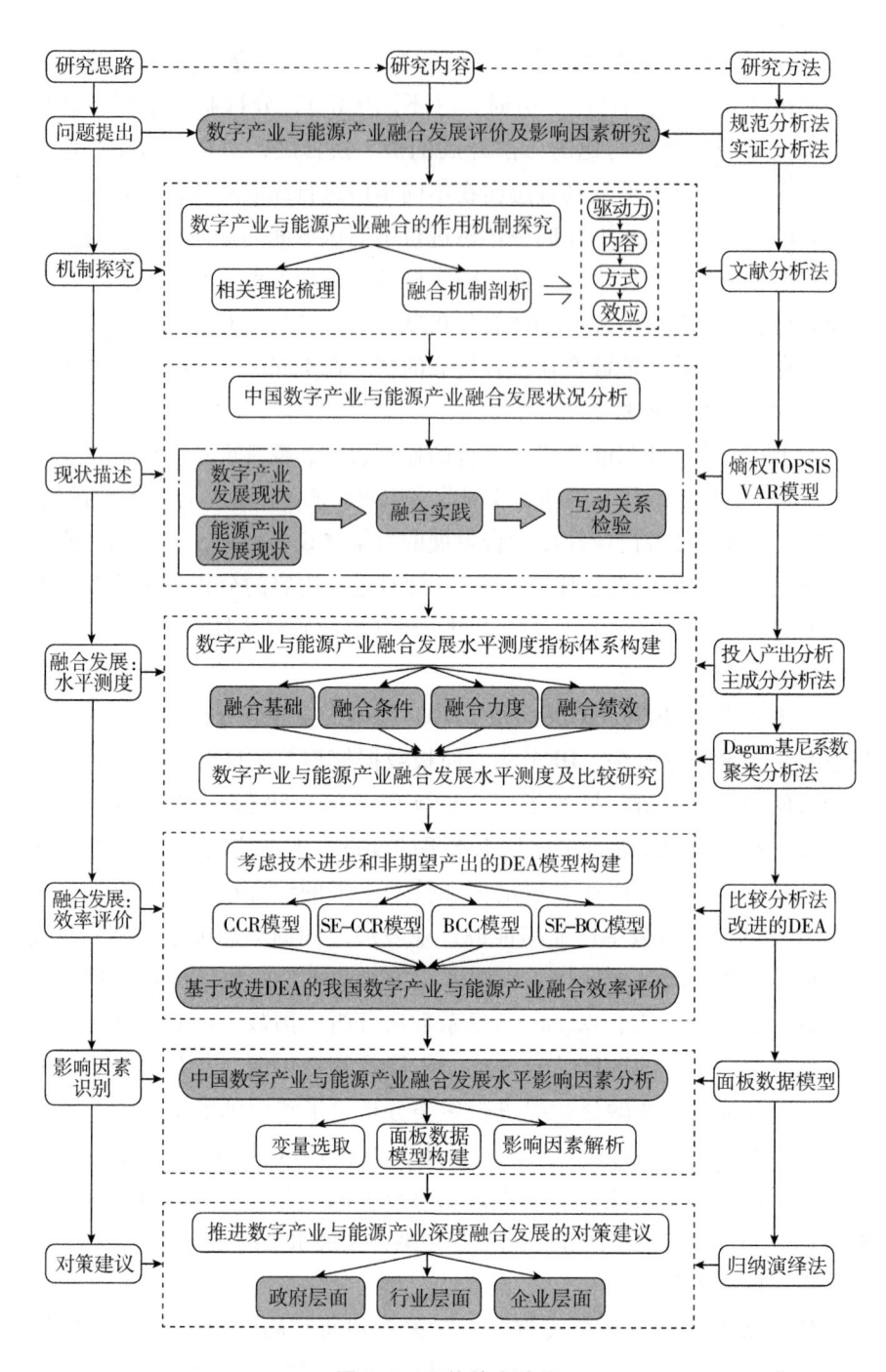

图 1-1　总体技术路线

## 第四节 研究创新与不足

### 一 创新点

本书针对已有研究的薄弱方面，聚焦数字产业与能源产业的关系，重点探讨数字产业与能源产业融合作用机制、融合发展水平测度、融合发展效率评价以及融合发展水平影响因素分析等方面。同已有研究成果相比，本书的创新点主要表现为三个方面。

第一，研究内容创新。一是从数字产业和能源产业融合的驱动力、内容、方式、效应、演化过程以及动态均衡等方面更加系统地分析两大产业融合的作用机制，夯实二者融合发展的理论基础。二是遵循数字产业与能源产业融合发展的递进过程，从融合基础、融合条件、融合力度以及融合绩效等方面构建两大产业融合发展水平测度指标体系，丰富了二者融合发展评价的研究。

第二，研究视角创新。目前关于数字产业与能源产业关系的研究主要集中于数字产业对能源产业的影响，忽视了二者之间的互动关系。本书从能源生产、能源供应、能源消费、能源环境保护状况四个方面入手，分别构建了VAR模型，更全面地定量考察了中国数字产业与能源产业发展之间的互动关系，使本书对两大产业关系的分析更加符合实际情况。

第三，研究方法创新。传统的DEA法将技术进步由评价对象的投入产出测算得到（"内生"），没有充分利用已知信息进一步提升评价的效果。本书对传统DEA法进行了改进，构建考虑评价对象技术进步和非期望产出的DEA模型，并利用该模型对中国数字产业与能源产业融合发展效率进行测度。此模型中技术进步变为由外部给定或测算得到（"外生"），且利用评价对象的其他有用信息，从而克服了已有DEA模型的缺陷，扩大了DEA模型的应用范围，提升了融合效率评价的准确性。

### 二 不足之处

本书从理论与实证两个层面对数字产业与能源产业的融合发展进行研究，努力收集可以获取的相关数据与信息资料，尽可能全面细致地展现两大产业融合发展的真实情况，但由于当前本人知识储备、个人精力和能力等的限制，本书仍然存在一些不足，需要日后继续开展更深入的研究，具体表现为四个方面。

第一，在数字产业与能源产业融合发展水平测度中，区域层面使用的最新数据仅到2017年。这是因为评价中使用的一些指标数据来源于相关年份国家统计局国民经济核算司出版的《中国地区投入产出表》。该书籍每隔5年出版1次，现在最新的版本为2020年7月出版的《中国地区投入产出表（2017）》，而《中国地区投入产出表（2022）》预计到2025年出版。待《中国地区投入产出表（2022）》出版后，将采用最新数据开展进一步研究。

第二，数字产业与能源产业融合发展系统的要素构成及其相互关系还需进一步挖掘。数字产业与能源产业的融合系统是一个包括数字产业子系统、能源产业子系统和两大产业融合子系统的大系统，内含众多的因素。本书重点研究了系统内的主要因素，但未能系统性地描绘出该系统的面貌，也没有深入分析众多因素之间错综复杂的关系。后续将对此进行更为全面系统的分析。

第三，数字产业与能源产业融合发展对实现"双碳"目标的影响有待继续深入研究。虽然本书的研究表明数字产业与能源产业融合发展能够促进"双碳"目标的实现，但没有探讨两大产业融合发展至少要达到什么样的水平，才能保障"双碳"目标的实现；也没有预测在两大产业融合发展的一定水平上，各年份"双碳"目标能够完成的程度。后续可以进一步收集分析相关的资料，构建数字产业与能源产业融合发展的可计算一般均衡模型（Computable General Equilibrium Model），剖析两大产业融合发展对"双碳"目标推进的动态效应。

第四，在数字产业与能源产业融合发展过程中，数字价值网贯穿全过程。数字价值网包括价值链、创新链、产品链、其他辅助链等链条，它们以数字技术为载体相互联系在一起共同构成一个价值创造网络。本书未对此展开研究，后续可以收集当前世界各国或地区数字产业与能源产业融合发展的典型案例资料。总结这些案例的共性与特殊性，分析数字价值网中各个链条的特点及其彼此关联，探寻数字价值网规律，从而利用数字价值网识别区域、产业、企业自身的竞争优势和劣势，帮助它们将有限的资源集中于薄弱领域或者环节，选择合适的方法重点突破"卡脖子"或者短板问题。

# 第二章 概念界定与理论基础

数字产业和能源产业融合发展是一国或地区经济社会发展到一定程度的必然结果，也具有自身的发展规律。本章分为两节，第一节对数字产业、能源产业的概念进行界定，阐述数字产业与能源产业融合的内涵，为本书的研究确定基本的范围；第二节是理论溯源，重点介绍与本书研究关系密切的理论，并对这些理论进行简要述评，说明这些理论与本书研究的关系，揭示数字产业与能源产业之间的内在逻辑。

## 第一节 概念界定

### 一 数字产业概念界定

数字产业的有关概念经历了由"信息产业"到"信息通信产业"，再到"数字产业"的演变过程。电子计算机的出现把人类带入一个全新的信息时代，也迎来了信息产业的大发展。王行刚和陈厚云指出，信息产业是随着电子计算机的发展，在社会不断计算机化的过程中所形成的一种新的事业，包含电子计算机工业与信息处理产业两个方面。[1]

在以信息技术为主导的信息产业成长过程中，通信技术也获得了较好的发展，基于通信技术的行业同样被纳入信息产业的范畴。李立群把信息产业定义为向社会提供信息产品以及信息服务的产业集合，包含信息设备制造业与信息服务业；前者包含计算机设备、视听设备、办公自动化设备以及通信设备等制造业，后者包含软件业、信息服务系统以及公共信息传播系统等。[2] Liu 指出，信息产业是面向经济发展与公众需要

---

[1] 王行刚、陈厚云：《日本信息产业是怎样力争后来居上的?》，《自然辩证法通讯》1980年第4期。

[2] 李立群：《信息产业的界定与科技信息机构的发展对策》，《科学与管理》1994年第3期。

的信息技术研究、开发和应用以及信息服务等综合性生产活动与基础设施，分成信息技术与设备制造、信息服务业两大类，且纳入通信技术及其相关的设备与服务。① 1997年北美产业分类系统（NAICS）把信息产业明确为一种产业类目并将其界定成把信息转变成商品的产业，包括出版业、电影与录音业、广播与电信业、信息服务与数据处理服务业；该定义几乎把信息设备制造业从信息产业中删除，仅保留信息产品与信息服务业，这表明信息设备制造业已独立构成一个工业部门。② 随着信息技术的快速发展，人们对信息产业的认识逐渐深化，信息产业概念的产业范围随之不断扩大。唐万能认为，信息产业具有高收益与知识密集型特征，可划分为信息工业、信息服务业以及信息开发业。③

信息技术与通信技术的融合不断推进，到一定阶段便形成了新的产业。此时，信息产业的概念已不能很好地囊括新兴业态。随着人们对该领域的了解不断加深，信息通信产业的概念应运而生。Gruber指出，在一个技术融合的世界中，信息技术部门与电信部门正在完全融合，因此，它们经常被统称为"信息通信技术"（ICT）部门；其中，信息技术部门包括半导体、计算机与相关设备以及软件。④ 早在1998年OECD成员国就同意将信息通信技术部门定义为制造业和服务业的结合，其产品以电子方式捕获、传输或者显示数据和信息；此后，OECD对信息通信产业的定义和分类不断进行修改完善，2006年将信息通信产业划分为ICT服务业、ICT贸易业以及ICT制造业。⑤

随着数字技术的不断革新，出现了一些新的业态，信息通信产业的概念也不能很好地对此进行阐释，数字产业的概念越来越受到青睐。目前，关于数字产业的定义还没有达成普遍共识，但大多数学者认为，它是依赖于数字技术的一种产业形态。张嫚提出，数字产业是其产品能够

---

① Liu, Z., "Considerations on the Development of China's Information Industry", *Aslib Proceedings*, 46 (2), 1994: 49-54.
② 许晶华：《信息产业分类体系的比较研究》，《情报学报》2001年第5期。
③ 唐万能：《信息产业与图书馆的发展浅议》，《现代情报》1999年第6期。
④ Gruber, H., "The Diffusion of Information Technology in Europe", *Info*, 3 (5), 2001: 419-434.
⑤ Organisation for Economic Co-operation and Development (OECD), *OECD Guide to Measuring the Information Society* 2011, Paris: OECD, 2011.

压缩为数字形式或者电子符号的那些产业①，这是对数字产业概念比较早的界定，但没有明确具体包括哪些行业。中国信息通信研究院明确数字产业就是信息通信产业，包括软件服务业、信息通信业以及电子信息制造业等具体形态。此定义也将基于数字技术的广泛融合渗透而形成的新兴产业纳入此范畴。该机构在次年的报告中指出，数字产业即信息通信产业，包含软件和信息技术服务业、电信业、电子信息制造业以及互联网行业等具体形态，且包括大数据、云计算等新兴行业。这是对数字产业概念的进一步完善，受到很多学者与机构的认同。李海舰和张璟龙也认为，数字产业就是信息通信产业。② 曾刚和李重阳认为，数字产业囊括软件服务业、信息通信业和电子信息制造业等信息产业，还有基于数字技术的新业态。③ 此外，中国信息通信研究院的度量方法已被收进 G20《数字经济测算工具箱》中。④

也有少数学者将数字产业理解为广义数字经济的含义，或者直接把"数字产业"一词与"数字经济"（广义）进行同义替换。如黄新焕和张宝英认为，数字技术产业、数字商务产业、数字创意产业、数字民生产业以及电子政务产业是全球数字产业发展的重点领域。⑤ 李沫采用 2016 年 G20 杭州峰会通过的《二十国集团数字经济发展与合作倡议》里的数字经济定义进行财税政策研究。⑥ 此类数字产业范围界定为诸如数字产业与其他产业融合等领域时，难以严格区分数字产业、所研究的其他产业的范围，因此较少被采用。在现有研究中，数字产业一般更多地被视为数字经济的基础部分，即代表数字产业化部分。在此情况下，采取将"数字产业"等同于广义"数字经济"的范围界定方式也不利于研究成果的传播与交流。

数字产业这一概念通常被认为是一个只在中国学界与业界使用的名

---

① 张嫚：《论数字产业对传统反垄断理论与实践的启示》，《经济评论》2002 年第 4 期。
② 李海舰、张璟龙：《关于数字经济界定的若干认识》，《企业经济》2021 年第 7 期。
③ 曾刚、李重阳：《商业银行数字化转型的难点与路径》，《银行家》2020 年第 1 期。
④ 郭晗、廉玉妍：《数字经济与中国未来经济新动能培育》，《西北大学学报》（哲学社会科学版）2020 年第 1 期。
⑤ 黄新焕、张宝英：《全球数字产业的发展趋势和重点领域》，《经济研究参考》2018 年第 51 期。
⑥ 李沫：《财税政策激励对数字产业发展影响研究》，博士学位论文，东北财经大学，2021 年。

词，国外对此很少提及，也没有统一的定论。① Walwyn 和 Cloete 指出，数字产业描述的是这样一类企业，其活动主要依赖数据挖掘和数字智能来进行复杂的过程，这些过程是语言处理、电子商务、自动驾驶汽车、图像识别、机器人和深度学习技术的基础。② 上述将数字产业界定成信息产业或信息通信产业的定义，事实上多涵盖基于数字技术形成的新的产业形态。在这种情况下，将数字产业界定为信息产业、信息通信产业已变得不够准确，不利于现实中数字产业的统计监测。此现象也说明人们对数字产业的认识还不清晰，这便不难理解为何尚未建立起顺应数字产业发展趋势的经济统计监测体系。

为了更好地促进数字产业的发展，推动其与其他产业的深度融合，迫切需要转变中国的经济统计监测体系，以满足数字产业以及产业数字化的统计监测需要。国家统计局于 2021 年 5 月发布了《数字经济及其核心产业统计分类（2021）》（以下简称为《分类》），在数字产业统计上迈出了重要一步。《分类》提出，数字经济包含数字产业化与产业数字化两个部分，它的核心产业是数字产业化部分，此乃数字经济发展的基础。③ 数字产业化部分形成的就是数字产业，也就是狭义的数字经济。④《分类》将数字产业定义成"为产业数字化发展提供数字技术、产品、服务、基础设施和解决方案以及完全依赖于数字技术、数据要素的各类经济活动"，包含数字产品制造业、数字产品服务业、数字技术应用业以及数字要素驱动业四种类型。这是中国官方首次正式对数字产业的概念进行界定，且明确了所涉及的具体行业类别。

本书的数字产业表示的是数字产业化部分，即狭义的数字经济。《分类》中对数字产业的定义突出了"数字"属性，表述更加准确，更能体现数字产业的特点，并且据此进行的产业类别划分更为科学合理。因此，

---

① 王俊豪、周晟佳：《中国数字产业发展的现状、特征及其溢出效应》，《数量经济技术经济研究》2021 年第 3 期。

② Walwyn, D. and Cloete, L., "Policy Mix to Support Digital Industry in Developing Countries: Do We Need New Instruments or Can Traditional Policies Suffice?", Paper Delivered to the International Association for Management of Technology 2020 Conference, Cairo, September 29, 2020.

③ 国家统计局：《数字经济及其核心产业统计分类（2021）》, http://www.stats.gov.cn/tjgz/tzgb/202106/t20210603_1818129.html.

④ 刘金河、姚庚君：《新趋势：从广义数字经济到数字经济核心产业》, https://mp.weixin.qq.com/s/UNRpluFZrRbSKdNIrBBcPg.

根据现有研究以及国家统计局发布的《分类》标准，本书认为，数字产业是指依赖于数字技术与数字要素的数字产品制造、数字产品服务、数字技术应用以及数字要素驱动等各类经济活动。

### 二 能源产业概念界定

能源指的是大自然里可以向人类供应某一形式能量的物质资源。[①] 它乃人类生存与发展的物质基础，关系着一国的经济发展、社会进步以及国家安全。能源的形式各样，主要有煤炭、天然气、石油、太阳能、生物质能、核能、风能、水能以及地热能等。能源的种类众多，基于不同的标准可以有多种分类，包括但不限于以下几种分类：按照能源产生方式分成一次能源（天然能源）、二次能源（人工能源），根据能源性质分成燃料型能源、非燃料型能源；根据使用类型分成常规能源、新型能源；一次能源按照是否能再生分成可再生能源、不可再生能源。[②]

能源相关的经济活动的产业化发展逐渐催生了能源产业。能源产业的概念有狭义与广义之分，前者是指直接为消费者供应能源产品、提供能源服务的这类企业的集合，包含煤炭、电力、天然气、石油以及新能源等企业；后者还包含上游的供应企业与下游的最终用户。[③] 任静指出，能源产业是采掘、采集与开发大自然中的能源资源，或者把自然资源加工转换成燃料与动力的产业，是为国民经济各部门、人们生活供应各种能量的产业。[④] 冯卓认为，能源产业是与能源资源的勘探、开发、加工、转换、储存、分配以及利用等环节有着直接联系的企业所组成的群体网络。[⑤]

目前学术界对能源产业概念的界定更多的是从广义角度出发，阐述的是涵盖能源资源从勘探到最终使用所有环节的相关经济活动。根据中国 2017 年发布的《国民经济行业分类》（GB/T 4754-2017）这一新标准，广义上能源产业主要包括 B06 煤炭开采与洗选业，B07 石油与天然气

---

[①] 张海斌：《能源统计的现状、缺失与改进分析》，《统计与决策》2016 年第 23 期。
[②] 王海荣：《中国新能源产业融资生态与融资效率的协同进化研究》，博士学位论文，南京航空航天大学，2019 年。
[③] 汤杰：《能源产业投资对我国区域经济增长的溢出效应研究》，博士学位论文，哈尔滨工业大学，2014 年。
[④] 任静：《中部地区能源产业发展研究》，博士学位论文，武汉大学，2011 年。
[⑤] 冯卓：《基于 SCP 框架的中国能源产业环境规制政策效应研究》，博士学位论文，辽宁大学，2013 年。

开采业，C25 石油、煤炭及其他燃料加工业，D44 电力、热力生产与供应业以及 D45 燃气生产与供应业等。

本书提出的"数字产业与能源产业融合"中的能源产业亦为广义的概念，定义为能源的勘探、开采、生产、加工处理、储运、销售以及利用等经济活动。需要特别指出的是，在本书中能源产业的范畴也包含整个能源系统的能源消费行为以及能源从勘探到最终使用各环节产生的环境影响。

### 三 数字产业与能源产业融合的内涵

产业融合是伴随着技术不断进步到一定阶段所形成的一种经济现象，它正渐渐变成产业发展的一大趋势。产业融合最初产生于电信、广播电视以及出版业部门，此后向其他产业拓展。[①] Lei 指出，当一个行业商业化的进步或创新开始显著影响或改变其他行业的产品开发、竞争和价值创造过程的性质时，就会出现技术融合，这可能会使某一行业的产品或服务越来越多地与另一行业扩大的产品或服务相联系、吸收或融合；反过来，融合导致行业之间明显的边界被不断侵蚀，开始共享更相似的竞争、市场和技术特征。[②] 然而，技术融合只是产业融合的开端。Gambardella 和 Torrisi 研究发现，不同产业的技术融合并非意味着市场融合，产业融合需朝着市场融合的方向发展。[③]

人们对产业融合的认识不断深化。植草益表示，产业融合是通过技术革新与放宽限制减少行业之间的壁垒，强化各个行业企业之间的竞争合作关系。[④] 马健把产业融合定义成因为技术进步与放松管制出现于产业边界与交叉处的技术融合，引发原有产业产品的特征与市场需求的改变，造成企业之间的竞争合作关系产生变化，带来产业界限的模糊化乃至重构。[⑤] 聂子龙和李浩提出，产业融合是不同产业或者同一产业内部不同行业彼此渗透、交叉，最后融为一体形成新产业的过程，此过程还会出现

---

[①] 周振华：《产业融合：产业发展及经济增长的新动力》，《中国工业经济》2003 年第 4 期。

[②] Lei, D. T., "Industry Evolution and Competence Development: The Imperatives of Technological Convergence", *International Journal of Technology Management*, 19 (7/8), 2000: 699-738.

[③] Gambardella, A. and Torrisi, S., "Does Technological Convergence Imply Convergence in Markets? Evidence from the Electronics Industry", *Research Policy*, 27 (4), 1998: 445-463.

[④] 植草益：《信息通讯业的产业融合》，《中国工业经济》2001 年第 2 期。

[⑤] 马健：《产业融合理论研究评述》，《经济学动态》2002 年第 5 期。

原有产业的退化、萎缩或者消失的情形。① Lind 指出，产业融合的一个方面是重新定义市场或者行业边界，甚至创造新的、更加专业化的子行业。②

伴随着数字技术的不断革新，数字产业与其他产业的融合已屡见不鲜，它与能源产业的融合也日益深化。数字产业与能源产业的融合是两大产业相互渗透、双向融合的一体化发展进程。参考上述研究，本书认为，数字产业与能源产业融合是数字产业与实体经济融合的一种表现，由于数字技术的发展、政府管制的放松，孕育了数字产业与能源产业之间的技术融合，使两大产业的资源配置、产品特征、业务模式、人员安排以及市场需求发生变化，调整了数字产业企业、能源产业企业之间的竞争合作关系，进而模糊化或重构了两大产业的边界，乃至形成新产业的一种新的经济现象。

数字产业与能源产业的融合具体来说主要包含四个方面的含义。一是数字产业与能源产业融合的起始触发点是数字技术的发展与政府管制的放松相结合。数字技术的创新发展是数字产业和能源产业融合的源泉，也是其内在原因，而政府管制的放松使市场准入更加自由便利，这是数字产业和能源产业融合的外部条件。二是数字产业与能源产业融合的位置可能处于两大产业的边界与重叠区域，也可能是两大产业的其他地方。但最初的融合位置更常见于数字产业与能源产业的边界与重叠区域，因为此时此处具备的条件更加适宜，更容易满足要求，待时机成熟后往往才会在其他区域发生融合。三是数字产业与能源产业融合调整了企业之间的竞合关系。变化后的市场中企业数量增加了，竞争自然加剧。③ 该市场中原来没有竞争关系的一些企业之间形成了竞争关系，同时，原来不存在合作关系的一些企业为了生存和发展也开始了产业内、产业间的合作。四是数字产业与能源产业融合过程体现了技术、资源、产品、业务、人员以及市场的变化。

---

① 聂子龙、李浩：《产业融合中的企业战略思考》，《软科学》2003 年第 2 期。

② Lind, J., "Ubiquitous Convergence: Market Redefinitions Generated by Technological Change and the Industry Life Cycle", Paper Delivered to the DRUID Academy Winter 2005 Conference, New York, January 27-29, 2005.

③ 胡汉辉、邢华：《产业融合理论以及对我国发展信息产业的启示》，《中国工业经济》2003 年第 2 期。

## 第二节 理论溯源

### 一 产业共生理论

共生的概念最初产生于生物学领域,最早是由德国植物学家德巴里(De Bary)提出,表示两个不同的有机体共同生存。[①] 共生关系在生物界普遍存在。共生囊括了共生单元、共生模式以及共生环境三个要素,它们之间相互作用。其中,共生单元表示共生系统的基本能量生产与交换单位;共生模式表示共生单元彼此作用的方式,即共生组织模式与共生行为模式;共生环境则由除共生单元之外的全部因素的总和构成。[②]

按照不同共生主体之间利益分配的差异,可把共生主体间的共生模式分为三种,分别是互惠共生、偏利共生以及寄生共生。[③] 其中,互惠共生是共生主体均从中得到利益,即狭义的共生定义;偏利共生是共生系统中一方得到利益,而另一方几乎未受到影响;寄生共生则是某个共生主体得到利益,而另一个受损。共生是生物在长久的进化历程中,渐渐地和其他生物进行联结,一同适应复杂多变环境的一种不同生物之间的相互关系。适应环境是共生须遵循的生物进化规律,它不仅规定了生物个体的进化路线,还影响着共生系统演化的方向。[④]

随着共生理论的发展,其在经济、社会等非生物学领域也得到了广泛应用。[⑤] 其中,产业共生理论是生物学共生理论在产业经济领域的演化,它是共生理论和产业经济理论相结合的结果,为一些经济行为与经济现象的分析提供了新的视角。[⑥] 产业共生指的是企业或部门等独立经济主体为了实现互惠互利,采用一定的资源交换模式形成的共栖空间和互

---

[①] Sapp, J., *Evolution by Association*: *A History of Symbiosis*, New York: Oxford University Press, 1994;马小茹:《"共生理念"的提出及其概念界定》,《经济研究导刊》2011年第4期。

[②] 杨琛丽:《基于共生理论的城乡休闲产业协调发展研究》,硕士学位论文,山西财经大学,2010年。

[③] 袁纯清:《共生理论——兼论小型经济》,经济科学出版社1998年版。

[④] 孙军、戴锡玲、史屹峰:《共生之谜》,《自然杂志》2001年第3期。

[⑤] 杨仕健:《关于"生物共生"的概念分析》,《自然辩证法通讯》2019年第6期。

[⑥] 孙晓华、秦川:《基于共生理论的产业链纵向关系治理模式——美国、欧洲和日本汽车产业的比较及借鉴》,《经济学家》2012年第3期。

动关系。① 这方面的研究逐渐增多,研究的广度和深度不断加强。

学者对产业共生理论进行了进一步研究,并利用不同方法对同一产业内部以及不同产业之间的相互融合进行了深入分析。胡晓鹏剖析了产业共生的理论内涵、基本特征、行为模式、系统类型以及基本问题,分析了其资源互换与运行机理。② 吴勇民等考察了金融产业和高新技术产业间的共生演化关系,建立了其共生演化发展的 Logistic 模型并基于中国 1995—2012 年的时序数据实证研究了它们之间的共生演化关系。结果显示,中国两大产业间存在非对称性的互惠共生关系。③ 魏凤从双主体平衡角度入手,建立了共生耦合模型并基于离差赋权法研究了电商和物流产业链的共生耦合性。结果表明,电商物流产业中单个主体链条有序度升高,无法提升共生耦合度;而当双主体链条有序度都处在较高水平的时候,才能很好地增强产业间的共生耦合性。④ 张笑楠构建了战略性新兴产业创新生态系统共生演化模型,就不同共生模式下演变过程进行仿真,揭示了其共生演变规律。⑤ 产业共生理论为数字产业与能源产业融合发展研究提供了重要的理论支撑。

产业共生理论阐释了不同产业之间可能具有的共生关系,它们的共生关系反映为物质、能量和信息等要素的供求关系。数字产业与能源产业的融合是共生关系的体现,互惠共生、共生进化是其本质。它是经济系统的一种自组织现象,两大产业的共生往往也能产生"1+1>2"的效果,从而提高两大产业的竞争力。数字产业与能源产业相互依赖,数字产业可以为能源产业提供数字要素,能源产业能够为数字产业提供能源要素,特别是高质量的能源供给。除了更好地保障数字产业、能源产业原来的正常发展,两大产业的融合也促进了它们的"进化",形成新的产业。

---

① 吴钊:《数字出版产业研究的生态学维度——基于共生理论》,《出版发行研究》2015 年第 7 期。

② 胡晓鹏:《产业共生:理论界定及其内在机理》,《中国工业经济》2008 年第 9 期。

③ 吴勇民、纪玉山、吕永刚:《金融产业与高新技术产业的共生演化研究——来自中国的经验证据》,《经济学家》2014 年第 7 期。

④ 魏凤:《基于双主体平衡的电商物流产业链共生耦合分析》,《商业经济研究》2021 年第 19 期。

⑤ 张笑楠:《战略性新兴产业创新生态系统共生演化仿真研究》,《系统科学学报》2021 年第 2 期。

## 二 价值链理论

美国哈佛大学商学院教授迈克尔·波特（Michael E. Porter）于1985年在其撰写的《竞争优势：创造和保持卓越绩效》一书中第一次提出了价值链理论。[1] 波特把企业的价值创造活动分为直接创造价值的基本活动与间接创造价值的支持活动两个维度，后者为前者提供条件并提升其绩效，它们在企业价值创造过程中相互联系而形成的价值创造行为链条被称为价值链。[2] 该理论揭示了企业竞争力并不是局限于某一环节的较量，而是来源于全价值链体系的综合竞争力。

随后，科格特在《设计全球战略：比较和竞争的增值链》一文中采用价值增值链来研究国际战略优势。他认为，价值增值链是将技术与原料、劳动力投入相结合，然后将投入加工品进行组装、营销和分销的价值形成过程。在这一价值创造链条上，单一企业可能仅仅参与了其中的某个环节，抑或是把整个价值增值链中的各环节进行了广泛的整合。[3] 科格特的见解比波特的主张更加可以体现价值链的垂直分离与全球空间再分配间的关系。此后，价值链理论的研究不断深入，其演进可以分为五个发展阶段，分别为上述传统的企业价值链理论、产业价值链理论、全球商品链理论、全球价值链理论以及创新价值链理论。[4]

在价值链理论的研究对象从特定的企业变为某个产业时，就产生了产业价值链理论。潘成云表示，产业价值链是以某项核心技术或者工艺作为基础，追求满足消费者某种需求的效用系统且彼此相互联系的企业集合。[5] 卢明华和李国平认为，产业价值链指的是企业内部以及不同企业间为了满足客户特定需求或者开展特定产品生产（或服务提供），在原材料采购、生产、销售和服务等环节所从事的全部价值增值活动。此外，

---

[1] Porter, M. E., *Competitive Advantage: Creating and Sustaining Superior Performance*, New York: The Free Press, 1985.

[2] 李广凯、杨旭、王庆红：《基于波特价值链理论的企业竞争力量化评价》，《企业管理》2017年第12期。

[3] Kogut, B., "Designing Global Strategies: Comparative and Competitive Value-added Chains", *Sloan Management Review*, 26 (4), 1985: 15-28.

[4] 余长春：《基于价值链的服务模块化价值创造机理研究》，博士学位论文，江西财经大学，2012年。

[5] 潘成云：《解读产业价值链——兼析我国新兴产业价值链基本特征》，《当代财经》2001年第9期。

还分析了产业价值链的特征。①

在20世纪90年代世界商品贸易蓬勃发展的背景下，格雷米（Gereffi）提出了全球商品链的概念。②他认为，首先，全球商品链指的是全球范围内产品的设计、生产以及营销所涉及的全部活动，包含买方驱动和生产者驱动的商品链；其次，参与全球商品链是产业升级的必要步骤，因为它使企业与经济体位于潜在的动态学习曲线上；最后，不仅需要了解全球商品链中产业升级的原因，还需要清楚它是如何发生的。③

2001年，Gereffi在全球商品链基础上又阐述了全球价值链的概念，用于研究跨国企业的全球化生产经营活动，分析价值的创造主体、价值在哪里创造及其应当怎样分配等问题。④ Kaplinsky和Morris认为，全球价值链是产品或者服务实现全过程所涉及的各项活动，包括设计、生产、营销、消费及回收等各个环节。⑤ 联合国工业发展组织指出，价值链是企业和工人为将产品从概念带到最终用途而进行的全方位活动，包括设计、生产、营销、分销以及对最终消费者的支持。当企业位于不同的经济体时，价值链被认为是全球性的。⑥ Rizos等认为，来自电子设备、网络和互联网连接设备的数据可以为企业提供关于如何使用其资源以及如何改进其产品和服务设计等方面的见解。⑦

创新价值链的提出是技术创新理论和价值链理论相结合产生的成果，是一个涵盖知识性与价值性的新的理论边缘概念。通常认为，创新价值链的概念来源于汉森和伯金肖2007年在《哈佛商业评论》期刊上发表的

---

① 卢明华、李国平：《全球电子信息产业价值链及对我国的启示》，《北京大学学报》（哲学社会科学版）2004年第4期。

② 周崇阳：《全球价值链背景下对外直接投资知识溢出效应研究》，博士学位论文，中国科学技术大学，2021年。

③ Gereffi, G., "International Trade and Industrial Upgrading in the Apparel Commodity Chain", *Journal of International Economics*, 48 (1), 1999: 37-70.

④ 刘志虹：《全球价值链下制造企业国际市场势力形成机理研究》，博士学位论文，江西财经大学，2021年。

⑤ Kaplinsky, R. and Morris, M., *A Handbook for Value Chain Research*, Ottawa: IDRC, 2001.

⑥ United Nations Industrial Development Organization (UNIDO), *Industrial Development Report 2020: Industrializing in the Digital Age*, Vienna: UNIDO, 2019.

⑦ Rizos, V., et al., *The Role of Business in the Circular Economy: Markets, Processes and Enabling Policies*, Brussels: Centre for European Policy Studies, 2018.

《创新价值链》一文。① 汉森与伯金肖将创新分为三个阶段（创意产生、转化以及传播）和六项关键活动（部门内部获取、跨部门获取、企业外部获取、创意选择、创意开发、创意传播）。他们认为，创新价值链为实现"根据需要调整创新最佳实践以解决不足"的目标提供了一个全面的框架：创新价值链有助于管理者认识到，将太多资源集中于已感知的创新优势上会进一步削弱该链条中最薄弱部分以及企业整体的创新能力；管理者可以利用创新价值链识别公司的劣势，从而能够对实施哪些创新工具与方法进行更好的选择。②

价值链理论从企业、产业、全球、创新等视角看待整个产品生产或者服务供应活动中价值增值的分布与变化。因此，应关注整个产业及其相关企业的价值链条，优化企业价值链，提升企业在其产业价值链、全球价值链以及创新价值链中的地位和话语权。数字产业与能源产业的融合会对两大产业的价值链产生极大影响，有助于优化企业价值链、产业价值链乃至提高两大产业参与世界竞争的能力。创新（尤其是技术创新）是产业链再造与价值链提升的重要途径，同样也是数字产业与能源产业融合的重要驱动力。

### 三 资源稀缺理论

资源是对于人类来说有用或者具有使用价值的某种东西，狭义上通常是指自然资源。自然资源乃生产资料、生活资料的天然来源，是可以提供给人类使用的源于大自然的一切物质与能量的总称。③ 由于人类欲望是无限的，而满足欲望的物品和用于生产经济物品的资源是有限的，所以相对于欲望来说，资源总是不充足的，稀缺性便成为经济学研究的逻辑起点。④

资源稀缺性即资源的有限性，描述的是人和物之间的关系。理论上，资源的稀缺性大致可分为物质稀缺性与经济稀缺性两类。前者是由于自然资源的绝对数量不够，难以满足人类长期需要导致的稀缺性；后者是

---

① 王伟光、张钟元、侯军利：《创新价值链及其结构：一个理论框架》，《科技进步与对策》2019 年第 1 期。

② Hansen, M. T. and Birkinshaw, J., "The Innovation Value Chain", *Harvard Business Review*, 85 (6), 2007: 121-130.

③ 王俊：《全面认识自然资源的价值决定——从劳动价值论、稀缺性理论到可持续发展理论的融合与发展》，《中国物价》2007 年第 4 期。

④ 邓柏盛：《国土规模、自然资源和产业发展战略》，北京大学出版社 2019 年版。

自然资源的绝对数量能够满足人类长期的需要，但自然资源的获取需要成本，并且单位成本获取的自然资源有限造成供不应求所引发的稀缺性。① 如果一种资源可以满足人的某种需要并要付出努力才可获得，那么该资源便拥有价值；而若一种资源取之不尽、用之不竭，那么便没有稀缺性，不具有价值。②

关于资源稀缺性的研究可以追溯到18世纪，斯密、马尔萨斯等古典经济学家对资源的稀缺性进行了大量研究。斯密认为，资源的相对稀缺性在产品的市场价格中得到了体现，并且经济发展的停滞究其根源为相对稀缺资源的分配。③ 马尔萨斯指出，土地的有限性对食物消费增长造成了绝对的稀缺性限制，只有在人均食物消费量超过最低生存水平之前，人口才能增长。此后，人口不得不急剧下降，而且只会在一个明显无止境的恶性循环中再次增长并受到绝对稀缺约束。④ 与绝对稀缺相比，土地可用性更像是一个相对稀缺问题，因为土地是一种异质资源，通过增加投入可以从质量越来越低的每英亩土地中获得同样数量的营养。⑤ Jevons认为，煤炭作为一种能源将会面临枯竭，基于此，对煤炭开采成本上升对经济增长和英国工业竞争力的不利影响表示担忧。⑥

以马歇尔与索罗为代表的新古典经济学派对土地资源稀缺比较乐观，认为技术进步能够弥补土地资源稀缺，进而推动经济不断增长。⑦ Neumayer指出，虽然古典经济学家都相信增长是有限的，但新古典经济学的显著特点是对自然资源的可用性持乐观态度。资源乐观主义主要表现在以下三个方面。第一，一种资源价格的上涨引发该资源被另一种更丰富的资源替代并导致该资源密集型产品被替代。第二，资源价格的上涨使

---

① 韩玥：《可耗竭资源的稀缺性分析》，《科技经济市场》2009年第12期。
② 蔡宁、葛朝阳：《关于环境资源稀缺与经济发展约束理论的评述》，《浙江大学学报》（社会科学版）1997年第2期。
③ 蔡宁、郭斌：《从环境资源稀缺性到可持续发展：西方环境经济理论的发展变迁》，《经济科学》1996年第6期。
④ Malthus, T. R., *An Essay on the Principle of Population*, London: Johnson J., 1798.
⑤ Ricardo, D., *On the Principles of Political Economy and Taxation*, London: John Murray, 1817.
⑥ Jevons, W. D., *The Coal Question: An Inquiry Concerning the Progress of the Nation and the Probable Exhaustion of Our Coal Mines* (2nd Edition), London: Macmillan and Co., 1866.
⑦ 李鑫等：《建设用地二三产业增长贡献及空间相关性研究》，《中国人口·资源与环境》2011年第9期。

资源的循环利用增加并导致低质量矿石的勘探和开采。第三，人造资本能够代替自然资源。第四，技术进步提高了资源利用效率，使低质量矿石的开采变得经济。他认为，虽然自然资源永远不会制约未来经济增长的推测在逻辑上是可以想象的，但无法知道在实践中是否有可能克服任何资源制约。[1] 此外，在本地资源稀缺的情况下，产业间将按照彼此的关系分享当地资源：有着竞争关系的产业间将会相互争夺资源，而互补的产业间将形成一种动态均衡。[2]

资源稀缺理论介绍了资源的稀缺性并说明了在此背景下如何更好地利用资源以及解决资源短缺问题。根据该理论，数字技术的普及、应用与创新为提高资源利用效率、缓解资源短缺创造了可能。数字产业和能源产业的融合可以有效利用数字技术的优势，用数字要素替代能源等生产要素，促进资源的科学合理配置和高效利用，提高能源资源利用效率（即增加第一来源）[3]，还能够减少由此产生的环境污染。

### 四　可持续发展理论

工业革命至今的两百多年里，世界各个国家的科学技术发展迅速，工业化、信息化、数字化、智能化不断推进，经济社会飞快发展，人们的生活水平得到了极大的改善。然而，人类在改造自然、征服自然和追求物质文明、精神文明、政治文明、社会文明的同时，也带来了严重的环境污染问题以及资源的大量浪费，并且人类也常常遭受大自然的惩罚。人类生存环境的恶化使各国人民开始觉醒，节约资源、保护环境逐渐成为全球共识。

1972年6月，第一次联合国人类环境会议于瑞典都城斯德哥尔摩召开，该会议通过了影响深远的《联合国人类环境会议的宣言》（《斯德哥尔摩宣言》），这是通过全球监管来保护环境的首次尝试。[4] 1987年，世界环境与发展委员会（WCED）发表的报告《我们共同的未来》（*Our*

---

[1] Neumayer, E., "Scarce or Abundant? The Economics of Natural Resource Availability", *Journal of Economic Surveys*, 14 (3), 2000: 307-335.

[2] 徐强、陈甬军：《产业集聚形成机理的理论研究——一种基于资源稀缺前提下的解释》，《产业经济评论》2004年第2期。

[3] 2013年国际能源署在《能源效率：市场报告（2013）》中，将能源效率由最初的"隐藏储备"提升为"头号来源"。

[4] United Nations General Assembly, *Declaration of the United Nations Conference on the Human Environment*, Stockholm: United Nations Environment Programme, 1972.

Common Future）第一次就可持续发展的概念进行了界定，即在不损害子孙后代满足自身需求能力的情形下，满足当前需要的发展。可持续发展概念意味着限制——它不是绝对的限制，而是技术与社会组织的现状对环境资源和生物圈消纳人类活动影响的能力所施加的限制活动。但技术与社会组织能够获得管理与改进，为新的经济增长时代让路。可持续发展要求满足全部人的基本需要并为全部人提供机会，以达成人们过上更美好生活的愿望。一个贫穷盛行的世界总是容易发生生态灾难和其他灾难。① 1992 年 6 月，在里约热内卢召开的联合国环境与发展会议议定了《关于环境与发展的里约宣言》②，它是一个规定了国家权利和义务的宣言，并且也通过了《气候变化框架公约》《森林原则声明》以及《生物多样性公约》，这是国际环境法发展的一个重要里程碑。③

　　进入 21 世纪，国际环境法得到了进一步完善，世界各国在资源环境保护方面的交流与合作也不断深入。2000 年 9 月，在美国纽约举行的联合国首脑会议中，189 个国家签署通过了《联合国千年宣言》，呼吁尊重人权、维护和平、消除贫困，承诺护卫我们共同的环境："我们必须竭尽全力地使全人类，特别是我们的子孙后代，摆脱生活在一个被人类活动破坏得无可挽回、其资源不再足以满足其需要的星球上的威胁。"④ 2012 年 11 月，党的十八大报告正式发起了"人类命运共同体"意识的倡导，即在追求本国利益时兼顾他国合理关切，在谋求本国发展中促进各国共同发展，建立更加平等均衡的新型全球发展伙伴关系，同舟共济，权责共担，增进人类共同利益。⑤ 2017 年 10 月，党的十九大报告进一步指出了"构建人类命运共同体"，倡议"各国人民同心协力，构建人类命运共同体，建设持久和平、普遍安全、共同繁荣、开放包容、清洁美丽

---

① Bruntland, G. H., *Our Common Future*, Oslo: World Commission on Environment and Development (WCED), 1987.

② The United Nations Conference on Environment and Development (UNCED), *The Rio Declaration on Environment and Development*, Rio de Janeiro: UNCED, 1992.

③ 王维军：《火力发电企业可持续发展评价理论及实证研究》，博士学位论文，华北电力大学，2009 年。

④ Millennium Summit, *United Nations Millennium Declaration*, New York: Millennium Summit, 2000.

⑤ 胡锦涛：《坚定不移沿着中国特色社会主义道路前进　为全面建成小康社会而奋斗——在中国共产党第十八次全国代表大会上的报告》，人民出版社 2012 年版，第 47 页。

的世界"。① 2020年9月，中国在第75届联合国会议上向全球庄严承诺，努力争取在2030年前实现碳达峰、2060年前实现碳中和。②

可持续发展理论阐明了保护生态环境的重要性，界定了可持续发展的概念，也提出了相应的要求，促进各国政府积极采取科学的政策措施推动可持续发展。这也为产业的发展指明了道路，数字产业与能源产业融合应沿着这一方向发展，并且两大产业的融合也具备推进可持续发展的特质。如两大产业的融合可以助力清洁能源产业的发展，提高清洁能源生产和消费占比，降低污染物排放。

综上所述，产业共生理论、价值链理论、资源稀缺理论以及可持续发展理论有助于理解数字产业与能源产业之间的互动关系以及二者融合的必要性、驱动力、方式、效应、特征和水平测度等。

## 本章小结

本章对研究涉及的重要概念进行界定并为数字产业与能源产业融合发展探寻理论支撑。第一节介绍了数字产业概念的演变，界定了能源产业的范围并阐释了数字产业与能源产业融合的内涵。第二节首先从产业共生理论、价值链理论两个方面介绍了产业融合的相关理论，从共生视角看待不同产业之间的关系，从价值链角度理解产业发展的核心领域、企业竞争力的关键环节或重点业务，展现了数字产业与能源产业融合发展的可能性、科学性和必要性，为两大产业的融合发展指明了方向；其次，介绍了资源稀缺理论和可持续发展理论，增进对数字产业与能源产业融合发展时代要求和历史必然性的理解；最后，对列出的相关理论进行了简要述评，描述了这些理论对本书研究的支撑作用。

基于上述理论，本章认为，随着数字产业的快速发展，数字技术、能源技术等技术创新层出不穷，生产要素的构成和配置发生了巨大变化；数据要素发挥着越来越重要的作用，数字产业与能源产业的共生关系不

---

① 习近平：《决胜全面建成小康社会　夺取新时代中国特色社会主义伟大胜利——在中国共产党第十九次全国代表大会上的报告》，人民出版社2017年版，第58—59页。

② 王震、孔盈皓、李伟：《"碳中和"背景下中国天然气产业发展综述》，《天然气工业》2021年第8期。

断强化，助推两大产业的融合发展，有效提升能源效率和环保水平，很好地助力经济社会的可持续发展；在此过程中，将会出现新一轮的技术创新或变革，再次推进数字产业与能源产业的融合，助力能源系统全方位的优化和重构，进一步推动经济社会的可持续发展，如此循环往复，形成发展的良性循环。

# 第三章　数字产业与能源产业融合的作用机制*

本章在前文理论溯源基础上，进一步从理论视角对数字产业与能源产业融合发展的作用机制进行分析，旨在为后续研究提供一个基本的理论框架支持。本章第一节从经济驱动、创新驱动、政策驱动和社会驱动四方面探究数字产业与能源产业融合的驱动力，这是两大产业融合作用机制的起点。第二节剖析数字产业与能源产业融合的核心，即融合内容、方式及其效应。第三节将数字产业与能源产业融合的驱动力、内容、方式及其效应置于同一框架内，研究两大产业融合的演化过程与动态均衡。第四节分析了数字产业与能源产业融合的特征，进一步剖析数字产业在促进能源产业发展方面的优势。综上所述，本章从纵向与横向两个维度、静态与动态两个视角深入剖析数字产业与能源产业融合的作用机制。

## 第一节　数字产业与能源产业融合的驱动力

### 一　经济驱动是原始与直接动力

数字产业与能源产业的融合是经济进步、产业结构升级、两大产业发展到一定阶段的历史必然。数字产业与能源产业从相互渗透、剥离、分化到新一轮融合的这一过程，均和经济的发展密切相关。经济不断向前发展，要求产业结构不断调整优化，即产业结构向合理化、高级化演进。产业结构的优化升级是经济发展的表现，也会进一步推动经济的发展。数字产业和能源产业的融合是数字产业、能源产业发展从低级到高级逐渐演进的过程，推动了产业结构的转型升级。同样地，产业结构的向前演化也将进一步推进数字产业与能源产业的融合。由于一定时期的产

---

\* 本章主要内容已发表于《当代经济》。

业结构水平代表着该时期不同产业的关联状态，这种关联程度既反映了一国或地区各个产业间的发展协调水平，也意味着进一步向前发展的基础。因此，当前的产业结构水平决定着当期数字产业与能源产业融合水平的高低，也决定了两大产业短期内的融合方向和所能达到的融合层次。

早期经济不发达，产业结构水平不高，此时数字产业发展薄弱，相对独立于能源产业的发展，二者的联系并不密切。随着数字产业的快速发展，其与能源产业的发展协调性不断增强，数字技术和数字产品逐步向能源产业渗透，后来在能源产业领域得到普及和应用。此时，对于能源企业来说，为了将有限的资源发挥最大效用，选择将一些自身不具有优势的、与数字技术相关的服务环节剥离出去，从而产生服务于能源产业领域的数字技术服务部门，或形成独立的数字技术服务企业。全新开发的数字能源产品也会向数字产业渗透，促进数字产业的高质量发展。随着数字产业与能源产业一次又一次由低级向高级融合演化，将形成两大产业"你中有我，我中有你，密不可分"的融合发展状态，并由此催生出一个个新的产业形态。因此，从产业层面来看，经济发展是数字产业和能源产业融合的原始动力，产业结构状况是其表现形式。

另外，就企业层面而言，经济发展仍是数字产业与能源产业融合的直接动力，企业的优胜劣汰是其表现形式。在市场经济中，市场是起决定性作用且最有效的资源配置方式。来自数字产业、能源产业的市场力量是它们融合发展的直接动力。哪里有需求，哪里往往就会产生市场。人们对便捷、高效、环保的能源产品的要求与热爱，也就是数字企业、能源企业等的经营方向和追求的目标。数字企业、能源企业等为了能够在激烈的竞争中生存下来，抑或是为了追求高额利润，它们往往将顺应经济发展规律，不断增强企业及其产品的市场竞争力。例如，数字企业将产业链向能源产业延伸——拓展业务；能源企业努力提升数字化水平，提高生产经营效益；数字企业与能源企业合作谋求共同利益；市场中催生出新领域的数字能源企业。

**二　创新驱动是根本动力**

王小波认为，创新驱动作为产业融合发展的新动力，其核心内容分别体现在知识创新、技术创新以及制度创新三个方面。[①] 创新驱动是推动

---

① 王小波：《生产性服务业与制造业融合发展研究》，博士学位论文，湘潭大学，2016年。

数字产业与能源产业融合发展的引擎，它通过数字要素、能源要素、知识要素、人力资本要素的重新配置，嫁接起数字产业、能源产业之间联系的桥梁，扫除它们融合发展的障碍。数字产业的发展、能源产业的发展关键在于技术创新，而二者的融合发展关键在于技术创新与知识创新的协同共进。此外，制度创新是加快两大产业融合发展进程的催化剂：知识的生产、加工以及应用有助于解开产业融合发展的谜团或困惑，能够为数字产业与能源产业的融合发展指明突破的方向；技术的开发、普及和应用有助于冲破束缚产业融合发展的桎梏，能为两大产业的融合发展提供实施的手段；制度的保障和激励有助于扫除产业融合发展过程中要素流动的制度性障碍，降低创新发展的成本，为数字产业与能源产业的融合发展提供良好的环境。

数字产业与能源产业的融合具有很大的发展空间，蕴含着巨大的市场潜力。在政府层面，为了推进两大产业的融合，在合适的时机政府将开展相应的体制、机制和制度创新，为它们的发展松绑，其中有些创新将具有开创性。在企业层面，众多数字企业、能源企业都想在这一片蓝海里占据一席之地，不断扩大自己的市场份额，乃至成为该领域的"领头羊"。为此，它们将纷纷加大数字技术、能源技术的研发投入，乃至以市场需求为导向共同建立协同创新网络，加快两大技术的发展、融合与演变。随着这一进程的推进，技术创新、知识创新、组织创新或者商业模式创新等层出不穷，待到一定阶段，该领域将会出现突破性的创新。如此往复，一次次的创新将数字产业与能源产业的融合一步步地推向更高水平。综上所述，创新驱动是数字产业与能源产业融合发展的力量源泉，为其提供根本动力。

### 三 政策驱动是外在推动力

数字产业与能源产业的融合发展需要政府政策的大力支持。从国家层面来看，各个国家为了使其经济发展不落后于其他国家，或者在国际竞争中占有一席之地，便不遗余力地发展数字产业、能源产业等战略性产业，抢占发展先机。比如，出台相应的扶持与优惠政策促进数字产业高质量发展、能源产业数字化以及数字能源的发展，它们将间接推动数字产业和能源产业的融合发展。此外，随着经济社会的进步，人们的生活水平有了很大的改善，对环境保护的要求越来越高。面对已长期存在的严重的环境污染或者为了避免产生严重的环境污染，政府也会顺应民意适时出台一系列环境规制政策。此类政策的实施对数字产业、能源产业来说，既是一种挑战，也是一种机遇。这将引领和倒逼数字企业、能源企业的跨界合作与经营，进一步驱动数字产业与能源产业的融合发展。因此，与数字产业、能源产业相关的有利政策是它们融合发展的外在推动力。

**四　社会驱动是外在拉动力**

数字产业、能源产业的发展置身于社会大环境中，它们的融合发展必然受到社会环境的影响。社会环境复杂多变，其中，城市化为各国或地区现代化发展必须经历的阶段，它表示一个从农业占据主导地位的传统社会逐步转向以工业与服务业等为主的现代社会的历史过程。城市化进程的推进有利于生产力的发展、科技的进步、要素配置的优化以及产业结构的升级等，为数字产业与能源产业的融合创造了良好的条件，对其有着较强的拉动作用。同时，城市化也可能带来能源资源消费的更大增长，为了应对能源资源有限、消费需求日益增长的困境，数字产业与能源产业的融合是一个很好的解决途径。城市化的正向拉动和负向倒逼作用将会促进两大产业的融合。所以，以城市化为代表的社会驱动是数字产业和能源产业融合发展的外在拉动力。

## 第二节　数字产业与能源产业融合的内容、方式与效应

**一　数字产业与能源产业融合的内容**

数字产业与能源产业融合的内容可以分为技术、资源、产品、业务、人员和市场六个方面的融合。它们在数字产业与能源产业融合的不同阶段可能仅存在技术融合，也可能处于某些方面融合共存的状态。

第一，技术融合是指数字技术向能源技术、能源装备的渗透交融，推动生产运营装备的自动化、智能化，促进生产力的提升；而能源产业面向数字产业的技术融合表现在能源产业发展需求催生数字新技术的研发，或者能源技术创新发展并应用于数字产业，推进数字产业高端化、绿色化发展。

第二，资源融合主要是指数字产业以数据资源的形式融入能源产业，

生成能源数据这一资源，促进能源的科学管理，提升能源效率，使能源数据成为"新"能源。

第三，产品融合包含三个方面，一是数字产品渗透到能源设备中，优化能源的生产、配送和使用等环节，提升能源产品的性能、质量及其附加值，如数字供电；① 二是将能源开采、生产、使用、管理等过程的流程架构融入软件系统等数字产品中，形成能源产业发展的数字化解决方案；三是把数字要素、能源要素结合起来开发出兼具二者特性的新产品，如共享充电宝。

第四，业务融合一方面是指数字技术与能源的开采、生产、加工处理、储运、销售和利用等业务链条各环节的融合，数据流伴随着能源流，促进能源企业业务流程重构与企业管理优化；另一方面，将能源企业的能源生产、能源技术开发等业务更好地与数字企业业务相结合，为数字企业的发展提供所需的高质量能源。

第五，人员融合是指数字企业员工与能源企业员工进行合作交流，解决企业现实问题。这既包括数字企业员工为能源企业提供服务，也包括能源企业员工为数字企业提供服务，还包括数字企业与能源企业形成的战略联盟或者合并后的新企业内员工之间积极协作配合，通过优势互补共同完成工作任务。

第六，市场融合是指在数字产业与能源产业技术、资源、产品、业务、人员融合的基础上，促进对新产品或服务的需求，进而催生一些新兴产业，形成新兴业态，如智慧能源服务平台。市场融合为数字产业与能源产业融合的高级阶段。

## 二 数字产业与能源产业融合的方式

### （一）数字产业助力能源产业数字化

为了应对油价下跌或政府监管日益复杂的挑战，能源企业正在寻求数字化转型。② 数字革命和物联网刺激了产品/服务系统的发展，使其更

---

① 数字供电是利用数字芯片管理整个模拟电路，相较于模拟供电性能更好、功耗更低以及转换效率更高。

② Baird, S., "Compelling Quintet: Five Ways Digital Transformation Impacts the Energy Industry", *PowerGrid International*, 21（10），2016：28-29.

加一体化。① 能源产业的数字化转型升级就是数字产业和能源产业融合的方式之一。随着数字产业的飞速发展，政府为了促进能源产业的健康发展，确保能源安全，出台有利于能源产业数字化发展的政策措施，加大能源产业的数字基础设施建设，提升能源产业竞争力。在此发展过程中，越来越多的数字企业将会抢抓机遇与能源企业进行跨界合作，开发标准化、优性能以及定制化的应用平台，帮助能源企业提高运维效率，提升业务的拓展性、可靠性和安全性。

众多能源企业也会积极地适应数字时代的发展要求，更好地发挥数字生产力的作用。能源企业将致力于引进新技术、新理念，实施智慧化运营，从刚开始的数字化升级至网络化，再发展到智能化。为了实现数据化、信息化、智能化运营管理，能源企业便利用5G、物联网、大数据以及人工智能等数字技术改进能源的生产、配送、交易以及消费环节；能源企业从能源生产者向产消者角色转变，能源生产模式由以前的单向流动生产向双向、互动以及协作的能源互联网生态转变；提升能源设备在数据获取、存储和分析方面的效率，充分发掘能源全产业链条的数据价值，增强其资源配置、智能互动和安全保障能力。从而，通过新的数字渠道提高能源资源的使用效率，改善客户的消费体验，增强能源企业的效益，促进能源产业的高质量发展。

例如，能源企业可以通过内置人工智能模块的无人机开展输电线路的远程监控，当出现异常情况时无人机便会自动识别出来并将该问题相关的图像信息反馈给运维人员；工作人员便可据此高效识别存在的设备故障，及时介入处理。换言之，借助数字技术，能源企业可以大大缩短巡检时间，快速开展线路检修，从而减少由此带来的损失。同样地，数字企业自身在能源应用方面也能够享受到类似的便利和好处。

（二）能源产业保障数字产业的可持续发展

能源乃整个数字宇宙的底座，在数字产业的发展进程中扮演着重要角色。它作为数字产业的重要生产要素之一，已然是数字基础设施运行极为关键的环节，影响着数字产业的竞争力。数字产业的可持续发展需要高质量能源体系的支撑，可以通过突破能源约束不断提升其竞争力。

---

① Struckell, E., et al., "Ecological Determinants of Smart Home Ecosystems: A Coopetition Framework", *Technological Forecasting and Social Change*, 173, 2021: 121-147.

能源产业主要通过将能源技术应用于数字产业或者以能源技术和数字技术融合的方式，更好地从四个方面保障数字产业的发展。一是为数字产业提供足够能源以供其消费。数字产业发展的众多方面都需要用到能源，如数字产品的生产、数字设备的使用以及数字基础设施的运行等。如果没有充足的能源供应，数字产业的发展将面临停滞。二是提升能源供应的稳定性。数字产业的发展不仅需要数量充足的能源，还需要稳定供给能源的保障。这种稳定既包含同等或更高质量能源产品的供应，不以次充好；也意味着供应时间分布的均匀性，根据数字产业的发展规律在不同时间提供相应数量的能源产品；还表示供应的持续性，在数字企业、能源企业生产经营活动进行时，电力等能源的供应必须持续，不能频繁出现断供。三是提高能源利用的效率、经济性与环保水平。随着数字产业的蓬勃发展，它对能源的需求也日益增长，数字产业的可持续发展对能源使用提出了更高的要求：高效利用能源，降低用能成本，减少污染物排放。如可以借助储能技术达到"削峰填谷"，从而有效降低数据中心的电力成本。四是开发适应数字产业发展的能源产品。随着数字产业的发展，其对能源产品的需求呈现多样化、高端化特点。能源企业需主动对接市场需求，可选择与数字企业合作，研发适销对路的能源新产品。

（三）两大产业融合衍生出新兴产业

"双碳"目标下，能源产业的转型升级迫在眉睫，数字产业与能源产业融合是大势所趋。随着数字产业与能源产业融合水平的不断提升，数字产业节能化、能源产业数字化深入发展，由此引发的全新领域的产品创新、服务创新、技术创新以及商业模式创新陆续出现。此类创新逐渐发展，越来越成熟，并逐渐得到普及和应用。由此拓展的业务从初始的次要辅助业务变为主要核心业务，技术、人才、资本以及企业等有效融合，乃至实现其产业化发展，从而衍生出一个又一个新兴产业。

此时，数字产业与能源产业融合从最初的技术融合发展为涵盖技术融合、资源融合、产品融合、业务融合、人员融合和市场融合的全方位融合，催生出数字能源产业。[①] 如共享充电桩、共享充电宝、分布式能源以及综合能源服务等是数字产业和能源产业融合发展所形成的新业态。

---

① 本书将数字能源产业定义为数字产业与能源产业融合所衍生的新兴产业，该产业生产的产品或提供的服务兼具"数字"属性与"能源"属性。

数字能源产业是数字产业与能源产业融合发展的重要方向，是实现数字产业、能源产业可持续发展的重要突破口，也是实现"双碳"目标的有效途径。

### 三 数字产业与能源产业融合的效应

数字产业的蓬勃发展推动了数字技术的创新及其在能源产业的普及和应用，促进了数字产业与能源产业的融合发展。同时，两大产业的融合发展会驱动数字技术的不断革新，进而助推数字产业、能源产业的进一步发展。数字产业与能源产业融合的效应主要体现在五个方面。

（一）促进能源生产

科学技术是第一生产力，数字技术在能源领域的渗透、融合能够促进能源生产的潜力挖掘以及效益提升，能够帮助能源企业提高生产效率，降低运维成本，保障运营安全。一方面，建立于云计算基础上的传感器、超级计算机、数据分析以及人工智能等的应用能够通过优化勘探、开采、加工等环节，助力化石能源的有效开发，准确掌握地质建模信息，增强煤矿、石油以及天然气等能源的勘探效率；科学研判化石能源位置和储量，提升化石能源开采的成功率，降低开采成本；增进化石能源生产全过程的监控管理水平，促进重大风险的防范、预警与化解。

另一方面，数字技术的发展可以推进劳动力、资本和数据等生产要素的科学配置，提高劳动生产率、资本生产率、数据利用率，从而降低生产成本以及提升能源产业产出水平。例如，数字化促进分布式能源的发展，使分散的可再生能源系统得以整合，公众往往也能参与能源生产，形成新的能源生产结构。[1] 数字产业与能源产业的融合发展将带动能源产业转型升级，使其产业结构朝着合理化、高级化、绿色化方向不断优化。

（二）优化能源供应

数字技术可以提高能源部门形势分析和预测的效率并提升基于大数据处理的决策效率，从而实现能源市场的灵活管理。[2] 随着物联网技术的发展，可以建立涵盖生产、储备、配送和使用等环节的智慧能源系统。

---

[1] Gährs, S., et al., "Digitalizing the Energy System in a Sustainable Way", *Ökologisches Wirtschaften*, 36 (1), 2021: 28-32.

[2] Resniova, E., "Experience in the Use of Intelligent Systems and Digital Technologies in the Energy Sector of Emerging Economies", Paper Delivered to the International Conference on Digital Technologies in Logistics and Infrastructure (ICDTLI), St. Petersburg, April 4-5, 2019.

各个能源信息采集系统之间互联互通与智能联动的实现可以实时了解各种能源产品的需求、生产、储备、配送和使用情况，有效整合能源数据源。

通过对能源系统全流程的实时远程立体化、可视化监控，可以优化整个业务流程，提升能源供应链的弹性和供应精准度。一是根据智慧能源系统反馈的能源生产和需求情况，在大范围内进行统筹协调、合理调度，从现有的能源供应点就近配送能源，实现能源的优化配置和高效利用。[1] 二是根据智慧能源系统反馈的能源短缺信息，有序引导能源企业加大生产力度，促进能源生产与消费的有效匹配，就地生产，就近消纳，多能互补。三是借助智能算法技术对能源配送进行监控，开展智能巡检和预防性维护，保障能源的持续稳定供应；同时，降低能源损耗，提高能源配送效率。四是分布式能源以及区块链技术的发展使社区居民可以开展点对点能源交易，允许用户借助智能能源表实时获得能源生产、能源消费等相关数据并通过区块链系统平台购买或销售能源。

（三）降低能源消耗

在能源利用环节，大数据、自动化以及人工智能等数字技术使能源消费方式发生了巨大变化，促进各行各业节能增效，减少能源的消费需求。第一，数字技术的应用使终端能源消费的智能化、高效化水平得以全方位增强，智能家居、智能交通以及智能物流的推广将促进智慧能源城市的创建。第二，基于网络的能源消费交易市场，实现用能权、碳排放权等的在线交易，促进能源共享经济的发展。第三，能源消费新理念的形成，强化能源的供需互动，发挥出需求侧响应的灵活性。这助力以往的能源消费主体从单纯的"消费者"角色向"产消者"角色转变，提高能源利用效率，从而通过各种各样的方式直接或者间接地驱动能源消费总量与强度的下降。

（四）减少能源污染

数字技术也能够通过多种方式减少能源相关的环境污染。一是数字

---

[1] Liu, P. and Lu, C., "Strategic Analysis and Development Plan Design on Digital Transformation in the Energy Industry: A Global Perspective", *International Journal of Energy Research*, 45 (14), 2021: 19657-19670.

技术推进产业结构转型升级，优化能源结构。① 它有助于提高太阳能、风能、水能、生物能等清洁能源的生产和消费占比，从源头减少 $SO_2$、$CO_2$ 等污染物的排放。二是建立能源数字化安全运行体系，利用物联网技术监测能源环境污染状况。通过各个能源相关子系统的互联互通，实现能源污染的实时有效监管。一旦出现能源污染情况能够及时介入处理，避免污染情况进一步恶化。三是借助大数据、数据分析等技术研判需要重点关注的环节和对象，对可能出现的问题做好预警，及时开展能源污染防治。中国致力于在2030年前实现碳达峰、2060年前实现碳中和，数字产业与能源产业融合发展有利于"双碳"目标的达成，促进可持续发展。②

（五）助力数字产业快速发展

数字产业与能源产业融合发展在促进能源产业可持续发展的同时，也将推动数字产业更大范围、更深层次的发展。一方面，能源产业为数字产业提供发展所需的能源产品并通过能源新技术的应用支撑数字产业的持续健康发展。其中，能源基础设施为数字基础设施的高效、稳定运转提供基本保障，是数字基础设施的关键环节。它需要不断发展完善并通过数字化转型为数字产业的发展提供更优质的能源产品。另一方面，能源产业为数字产业的发展提供更加广阔的市场，能源产业数字化的不断推进延伸了数字产业的发展边界，拓展了数字企业的业务领域。此外，数字产业与能源产业融合发展也会引发技术创新和新产品需求，有助于衍生出新兴产业，从而带动数字产业的深度发展。

## 第三节　数字产业与能源产业融合演化与均衡分析

通过前文数字产业与能源产业融合的内涵、驱动力、内容、方式以及效应的分析，可以更好地理解数字产业与能源产业融合主要涉及的要

---

① Wang, L., et al., "Will Researching Digital Technology Really Empower Green Development?", *Technology in Society*, 66, 2021: 101-638.

② Zhang, W., et al., "Digital Economy and Carbon Emission Performance: Evidence at China's City Level", *Energy Policy*, 165, 2022: 112-927.

素及其关系。本节从数字产业与能源产业融合的演化过程、动态均衡两个角度探讨两大产业融合的机理。

## 一 两大产业融合演化过程

根据上述分析可知，数字产业与能源产业融合的要素包括经济发展、创新水平、政策环境、社会发展、数字产业发展、能源产业发展、能源产业的数字化、数字产业的能源保障、融合衍生的新产业、能源生产、能源供应、能源消耗以及能源污染等。两大产业融合演化过程如图3-1所示。

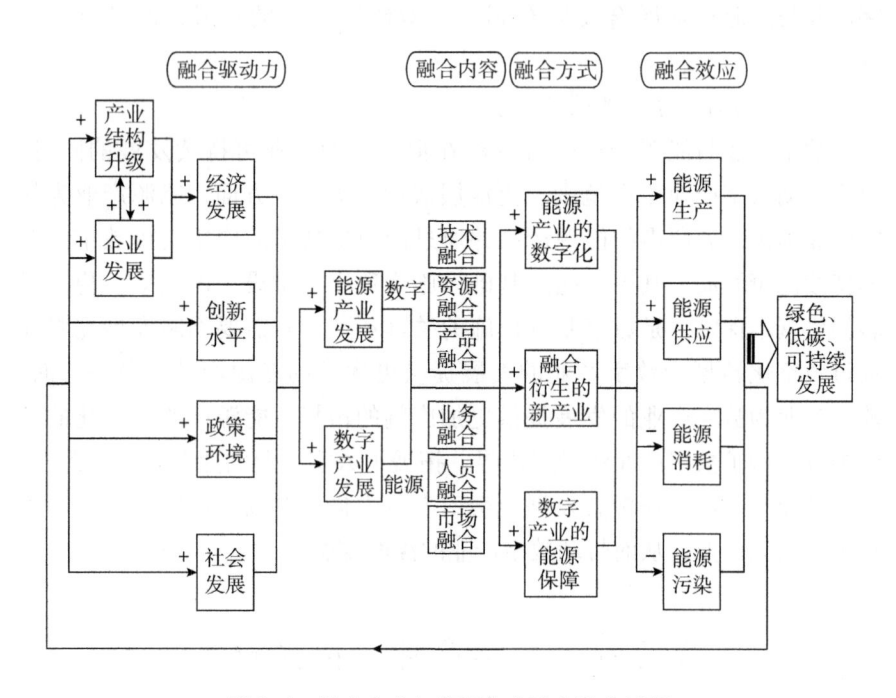

**图 3-1 数字产业与能源产业融合演化过程**

以产业结构升级、企业发展为特征的经济发展、创新水平的提升、政策环境的改善以及社会的发展，驱动着数字产业与能源产业的发展，使两大产业在各自发展的基础上不断地向对方渗透，彼此促进，逐步进行深度融合。此时，融合的内容从最初的技术融合向市场融合迈进，其间形成的资源融合、产品融合、业务融合以及人员融合也日益深入。在这一过程中，能源等传统要素与数字要素相结合，数字要素投入日益增多，资源配置不断得到优化，推动产业的变革。一是能源产业在数字要素这一媒介作用下，逐渐迈向能源产业的数字化；二是数字产业利用自身优势，使其自身发展实现高质量的能源供给和能源的高效利用，从而获得更好的能源保障；三是数字要素、能源要素的另类结合，带来了新的产品需求和供给，催生了具有"数字"与"能源"属性的新兴产业。上述产业变革促进了能源系统的绿色低碳可持续发展，即有助于改进能源生产、优化能源供应、降低能源消耗以及减轻能源污染。

数字产业与能源产业融合进程可以分为萌芽期、扩张期、稳定期以及衰退期。在萌芽期，数字产业与能源产业之间开始出现技术融合，此时融合范围窄、融合深度浅、融合成本高。随着数字产业与能源产业融合成效逐渐得到社会的认可，融合的需求增大，两大产业融合进入扩张期，二者在技术、资源、产品、业务和人员方面融合的广度和深度持续拓展，融合绩效显现。随后，市场需求进一步延伸并得到响应，催生了新兴产业，新业态、新企业涌现且不断发展壮大，幸存的新兴产业日益成熟，进入融合发展稳定期。随着数字技术、能源技术的变革以及市场的变迁，众多新产品、替代品的产生使原有产业市场需求、产品或服务的销售大幅下降，利润减少、竞争力变弱，数字产业与能源产业原有领域的融合发展进入衰退期。此时，数字产业与能源产业融合的新领域往往也已出现，开启了新一轮的融合进程。

从图3-1中不难看出，要推进数字产业与能源产业融合发展有许多不同的路径。"通过经济发展助力数字产业与能源产业的技术融合，增强能源产业的数字化水平，改进能源生产状况"为其中的一种路径。融合驱动力主要有4个，融合内容有6项，融合方式主要有3种，融合效应有4类，那么，至少可得到288（4×6×3×4）条发展路径。因此，在数字产业与能源产业融合发展过程中，应充分利用现有的资源和优势，出台具有针对性的政策，采取有效的措施提升数字产业与能源产业的融合水平。

## 二 两大产业融合动态均衡

如图3-2所示，横轴表示能源产业的数字要素需求（或实际供给）数量，纵轴表示数字产业与能源产业的融合效益。[①] AS、$A_1S_1$是供给线，表示数字产业在向能源产业供应既定的数字要素数量下两大产业的融合效

---

① 此处的能源产业既可以是狭义的，也可以是广义的。同时，企业层面也具有类似的规律。

益。CD、$C_1D_1$ 是需求线，表示能源产业在既定的数字要素需求下两大产业的融合效益。在现实中，数字产业向能源产业供应的数字要素数量与能源产业的数字要素所需数量往往并不一致。当二者数量一致时，数字产业与能源产业的融合达到该时期的最优状态，数字要素充分发挥作用。

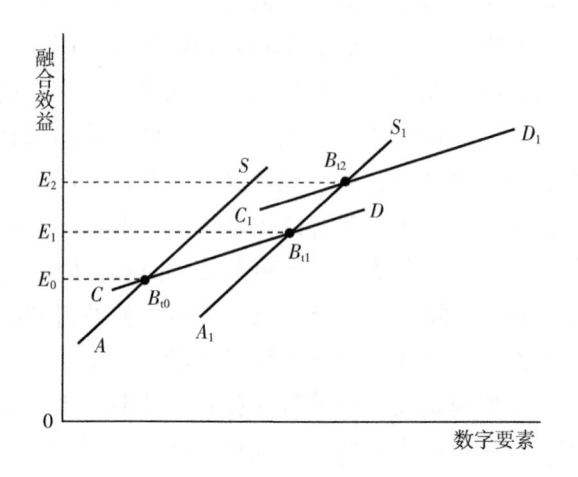

**图 3-2　数字产业与能源产业融合动态均衡**

在 t0 时期，供给线 AS 与需求线 CD 相交于 $B_{t0}$ 点，在该点，数字产业向能源产业供应的数字要素数量等于能源产业的数字要素所需数量。此时达到该时期的最佳融合水平，处于均衡状态，所对应的两大产业融合效益为 $E_0$。在 $B_{t0}$ 点左侧的需求线 $CB_{t0}$ 位于供给线 $AB_{t0}$ 上方，随着数字要素投入的增加，数字产业与能源产业的融合效益不断提高，但无法在既定的数字要素投入下达到需求线 $CB_{t0}$ 所对应的融合效益；这是因为数字要素供给不足，供给线 $AB_{t0}$ 所对应的融合效益已是该条件下所能达到的最大融合效益。在 $B_{t0}$ 点右侧的供给线 $B_{t0}S$ 位于需求线 $B_{t0}D$ 上方，随着数字要素投入的增加，能源产业在现有条件下难以消化更多的数字要素，数字要素投入的冗余量不断上升；由于受到成本等因素的影响，在既定的数字要素投入下，数字产业与能源产业的融合效益往往达不到需求线 $B_{t0}D$ 所对应的融合效益。该时期数字产业与能源产业的融合效益为 $AB_{t0}D$ 右下方的部分（含 $AB_{t0}$，一般不含 $B_{t0}D$）。

随着发展的推进，数字产业能够向能源产业供应的数字要素数量、质量和种类更多，能够更好地满足能源产业的数字要素需求，供给线产生了变化，变为 $A_1S_1$。此时，t1 时期新的均衡点为 $B_{t1}$，其对应的两大产业融合效益是 $E_1$。随着技术创新、要素结构变化等因素的影响，能源产业内部发生了更大的变革，此时能源产业对数字要素的需求发生质的改变，需求线发生了变化，变为 $C_1D_1$。此时，t2 时期新的均衡点为 $B_{t2}$，其对应的两大产业融合效益达到 $E_2$。数字产业与能源产业的融合发展就是一个在既定时期向融合均衡状态不断靠近、向后续时期更加高级的融合均衡状态演进且融合效益不断提升的过程。

## 第四节 数字产业与能源产业融合的特征

### 一 优化资源的配置：数字要素贡献加大

数字要素、能源要素以及其他要素的重新配置是数字产业与能源产业融合的重要特征。两大产业的融合过程，其实就是一个各类要素的配置不断得到优化的过程。在这一融合过程中，数字要素的投入逐渐增加，并且它的作用逐渐释放出来，效果日益凸显。在数字时代，数字要素是特别关键的生产要素，如大数据是重要的战略性生产资料。其中，能源数据资源是数字产业与能源产业融合所产生的新型资源，在能源领域的潜力广阔，具有极大的价值。

数字要素是其他要素的有效补充，有助于激活其他要素，乃至能够在很大程度上替代它们；数字技术能够优化组合生产资料，提升生产力。数字产业与能源产业的融合改变了人们的生产方式、生活方式，重塑了数字产业、能源产业的生产关系。数字要素成为推动商业模式创新与发展的重要力量，数字资产化步伐加速。通过搭建"能源云"数字平台，建设范围更广的物联网系统、能源大数据体系，可以将能源生产、销售、利用等各环节能源数据深度融合，借助能源大数据共享实现能源流、数据流、信息流的闭环联动，促进数字产业、能源产业向更高阶层发展，推动数字能源产业的形成和发展。

### 二 促进产业链延拓：突破各自产业边界

数字化变革极大地转变了能源产业的生产与服务方式。数字产业、能源产业的边界逐渐模糊，二者的固有界限已被突破，数字企业、能源企业跨界经营并不稀奇。数字企业的业务范畴开始扩大至能源领域，能源企业的业务范围也不断向数字产业拓展。这些领域有的是原有业务的转型升级，有的是开辟的全新业务。数字产业与能源产业的融合促进了各自产业链的延拓，既包括产业链的纵向延伸，又包括产业链的横向拓展。

例如，伴随5G技术与物联网的成熟应用，能源产业便可建立起庞大的能源设备与终端互联互通、快速实时传送的工业物联网；5G技术和新型储能技术的融合应用能够促进分散式可再生能源发电问题的解决，推动微电网、虚拟电厂更好地发展。当前，世界各国均采取各种措施推动能源产业的数字化升级，纷纷在能源生产、配送、交易、消费、监管等众多环节应用大数据分析、区块链以及云计算等数字技术。未来，随着数字技术和能源技术的融合变革，能源产业将加速向数字化、网络化以及智能化转型，能源产业与数字产业的产业链延拓将继续深化。

### 三 推动价值链跃升：提高产品的附加值

数字产业、能源产业分工的日益专业化，使其价值链形成越来越多的增值环节，结构也变得越发复杂。数字产业与能源产业融合的核心内涵包括两大产业的价值链向中高端攀升，提高它们参与全球价值链的广度以及深度。当数字产业、能源产业的某些价值链环节抽离出来可以独立存在的时候，它们原来的部分非核心的辅助性业务便可从一些价值创造环节中剥离出来。

此时，数字企业、能源企业就能够按照当前与未来的市场需求变化，对不同的价值链环节予以高效整合。从中剥离出自身不具备优势的非核心辅助性业务，保留较为重要的战略性价值链环节，打造生成新的价值链。各个价值链环节的战略地位和价值生成并不相同，非核心的辅助性业务在这两个方面相对不强。它们被分离出来后往往不会损害企业的核心竞争优势，反而会因为专业化水平的提升增强其竞争力，提高产品的附加值。

### 四 释放普惠性红利：产品与服务大众化

数字产业与能源产业的融合进一步深化了数字技术的普及和应用，数字普惠化程度逐步扩大，增进了人们的数字技能与素养，推动两大产业消费者能力的不断升级。① 随着时间的推移，将会有越来越多的消费者开始接受数字能源产品或服务，并能较好地利用它们。虽然这需要一个过程，但消费者对数字化资源的认识、获取、加工以及利用能力在日益提升，对数字能源产品的应用或数字能源服务的享用将变得更加容易。

与此同时，在数字产业与能源产业的融合过程中，数字企业、能源企业的竞争重点正由技术、产品、供应链方面的竞争渐渐转向平台化、共享化以及普惠化的生态体系的角逐。其消费市场不断下沉，用户基数日益扩大，用户群体由高知人群为主向人民大众转变。数字能源产品或服务的消费变得越来越方便、快捷、经济、环保，产品服务大众化成为数字产业与能源产业融合发展的必然趋势以及相关企业的目标追求，人们将享受到普惠化带来的福利。

## 本章小结

数字产业和能源产业的融合发展有其自身独特的规律性。本章首先研究了数字产业和能源产业融合的驱动力因素。数字产业与能源产业融合的驱动力包含经济、创新、政策、社会四个层面，其中，经济驱动是两大产业融合发展的原始动力和直接动力，创新驱动是其根本动力，政策驱动是其外在推动力，社会驱动是其外在拉动力。

其次，从融合的内容、融合的方式、融合的效应、融合的演化过程以及融合的动态均衡等方面，进一步探讨了数字产业与能源产业融合的作用机制。数字产业与能源产业融合的内容可以分为技术融合、资源融合、产品融合、业务融合、人员融合以及市场融合。从产业关系角度，将数字产业与能源产业融合的方式分为三种，分别是数字产业助力能源产业数字化、能源产业保障数字产业的可持续发展以及两大产业融合衍生出新兴产业。它们的融合将会改善数字产业、能源产业的发展生态，促进能源生产，优化能源供应，降低能源消耗，减少能源污染，助力数字产业快速健康发展。

---

① 中国数字经济百人会：《全球数字经济十大发展趋势》，http://zt.cqrb.cn/content/2018-08/24/content_164819.htm.

最后，探讨了数字产业和能源产业融合的特征。一是加大数字要素的贡献，优化数字产业与能源产业中各类资源要素的配置；二是突破数字产业与能源产业各自的产业边界，促进产业链的延伸和拓展；三是提高数字产品、能源产品的附加值，推动数字产业与能源产业的价值链跃升；四是推进数字产业与能源产业的产品与服务大众化，让企业和个人享受到两大产业融合带来的普惠性红利。

# 第四章　中国数字产业与能源产业融合发展状况

中国数字产业的发展虽然起步晚，但发展迅速，产业规模日益扩大，极大地促进了中国经济社会的进步。数字产业化、产业数字化规模持续增长，2008年产业数字化规模就已超过数字产业化规模，二者规模的总和已连续多年位居全球第二。我国数字产业和其他产业的融合日益深入，其与能源产业的融合发展也正在持续推进。那么，当前两大产业各自的发展情况以及它们的融合发展基本情况如何？只有把这些弄明白了，才能透过现象看清楚两大产业融合发展的深层关系。

本章共有三节，第一节介绍了中国数字产业与能源产业的发展现状。第二节描述了中国两大产业的融合实践。第三节在评价中国数字产业发展水平基础上，应用VAR模型实证检验了中国数字产业与能源产业之间的互动关系。本章为后续的研究提供了现实基础与思路启发。

## 第一节　中国数字产业与能源产业的发展现状

### 一　中国数字产业发展现状

1876年世界第一部电话诞生，1925年第一台电视问世，1946年发明第一台电子数字计算机，1969年互联网降生，1979年第一代无线通信技术标准（1G）正式发布，2013年5G网络研发成功等，这些都是世界数字产业发展历程中的重要时刻。特别是互联网的出现，开辟了数字新时代，开启了数字产业的蓬勃发展之路。1997年12月，中国互联网络信息中心发布了第1次《中国互联网络发展状况统计报告》。数据显示，1997年10月我国上网计算机是29.9万台，上网用户为62万人，国际线路总容量仅为25.408Mbps。从1994年全功能接入国际互联网至今，中国互联网发展活力不断释放，给数字产业的发展带来了无限生机。截至

2022 年 12 月，中国网民规模已达到 10.67 亿人，线上办公用户规模为 5.40 亿人，5G 基站总数已有 231 万个。①

近 20 年来中国数字产业得到了蓬勃发展，其产业规模得到了持续快速增长（见图 4-1）。2002 年中国数字产业增加值仅有 0.6146 万亿元，但此后保持不断增长的势头；2021 年中国数字产业的规模已经达到了 8.4 万亿元，相比于 2020 年名义增长了 11.9%，在 GDP 中的占比是 7.3%。② 就省际层面而言，2020 年一共有 14 个省份的数字产业增加值大于 1000 亿元，其中，广东、江苏的数字产业增加值都已经高于 1.5 万亿元，大大高于其他省份；就占 GDP 比重而言，北京、江苏以及广东的数字产业占比皆高于 15%，天津、上海占比高于 10%。③ 中国数字产业发展正在从量的快速增长转向质的有效提升，服务化趋势稳步地推进。

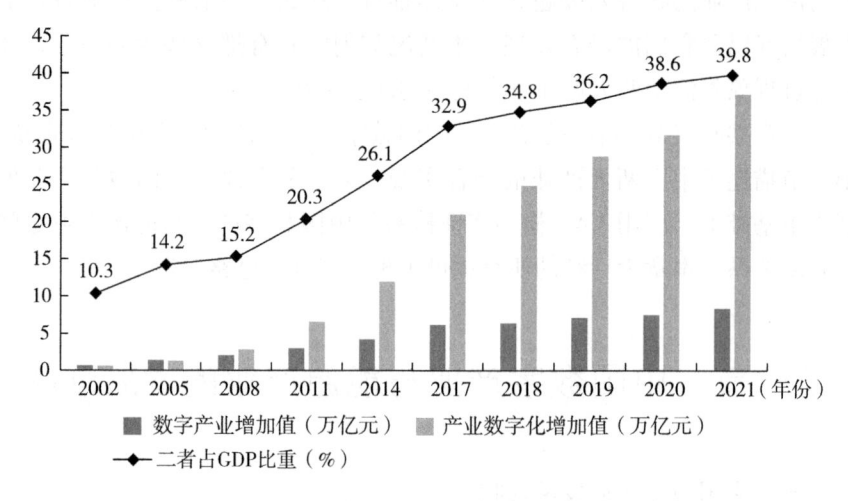

**图 4-1　我国数字产业与产业数字化规模**

资料来源：根据 2015—2022 年中国信息通信研究院发布的系列数字经济报告中的数据绘制。

中国数字产业的迅速发展也带动了产业数字化的发展，数字产业与其他产业的融合不断深化，使其对国民经济的引擎作用日益凸显。

---

① 资料来源于中国互联网络信息中心发布的第 51 次《中国互联网络发展状况统计报告》。
② 资料来源于中国信息通信研究院发布的《2015 年中国信息经济研究报告》《2022 年中国数字经济发展报告》。
③ 资料来源于中国信息通信研究院发布的《2021 年中国数字经济发展白皮书》。

2002年中国产业数字化增加值为0.6074万亿元①，之后其规模迅速扩大。2008年产业数字化增加值已超过数字产业增加值，并且这一差值在不断扩大，产业数字化在中国经济增长中发挥了越来越重要的作用。数字产业与产业数字化的增加值之和在GDP中的占比已从2002年的10.3%升高至2021年的39.8%②，它们已成为促增长、稳就业和保民生的重要支柱。即使在新冠疫情期间，它们也逆势增长，很好地支撑了新冠疫情防控以及经济社会发展。

从全球来看，各国数字产业与产业数字化发展情况差异较大，中美欧形成三极格局。在规模上，2021年美国数字产业与产业数字化的增加值之和达到了15.3万亿美元，中国为7.1万亿美元（排名第二位），德国为2.9万亿美元（排名第三位），此外，日本、英国和法国也均超过1万亿美元；在占比上，2021年德国、英国和美国数字产业与产业数字化规模之和占GDP比重排名世界前三位，均超过了65%，大大高于中国。③ 本节依次从数字基础设施、数字设备普及和数字技术应用三个层面进一步介绍中国数字产业的发展情况。

（一）数字基础设施

数字基础设施乃支撑数字产业发展的关键。2002年中国的光缆线路长度是225.26万千米，其中，长途光缆线路长度为48.77万千米；当时的移动电话交换机容量、互联网宽带接入用户、移动电话基站以及互联网国际出口带宽分别是27400.30万户、325.30万户④、7.40万个⑤以及9380Mbps⑥。2021年中国的光缆线路长度为5480.82万千米，其中长途光缆线路长度是112.08万千米；移动电话交换机容量、互联网宽带接入用户、移动电话基站、互联网国际出口带宽分别达到了275690.8万户、53578.7万户、996.3万个、13839969Mbps。⑦ 由此可见，经过近20年的快速发展，中国在这些方面的数字基础设施建设已经有了极大的改善。

---

① 资料来源于中国信息通信研究院发布的《2015年中国信息经济研究报告》。
② 资料来源于中国信息通信研究院发布的《2015年中国信息经济研究报告》《2022年中国数字经济发展报告》。
③ 资料来源于中国信息通信研究院发布的《2022年全球数字经济白皮书》。
④ 资料来源于国家统计局网站。
⑤ 资料来源于《中国统计年鉴（2014）》。
⑥ 资料来源于CNNIC第11次《中国互联网络发展状况调查统计报告》。
⑦ 资料来源于《中国统计年鉴（2022）》。

此外，中国在新型数字基础设施建设上也进行了谋篇布局，努力推进5G、大数据、云计算、物联网、人工智能、区块链等领域的基础设施建设。

### （二）数字设备普及

数字设备的占有情况能够体现出人们使用数字技术的可能性和便捷程度，也反映了数字技术的普及状况。2002年中国城镇居民平均每百户彩色电视机拥有量是126.38台，先上升后下降，2010年上升到137.43台，到2021年下降为120.3台。[①] 这是因为随着其他数字设备的普及，人们对彩色电视机的需求下降了。从电话（包括移动电话和固定电话）的普及情况来看，2002年中国的电话普及率是33.67部/百人，2021年已达到129.09部/百人；其中，移动电话普及率从2002年的16.14部/百人增长到2021年的116.30部/百人。[②] 移动电话和电脑是互联网的重要设备。就电脑的普及情况而言，2002年城镇居民平均每百户计算机拥有量是20.63台，2012年达到87.03台；随着移动互联网的发展，此后出现波动下降，2021年降为63.2台。[③] 从互联网的普及率来看，2002年仅有4.6%，此后逐年增长，到2021年已上升为73.0%。[④]

### （三）数字技术应用

数字技术应用反映了企事业单位和个人使用数字技术的广度与深度。数字技术的普及和应用推动了数字产业的快速发展，而数字产业的发展也进一步促进了数字技术的普及与应用。2002年中国的网站是37.16万个，2021年增长到418万个；2002年网民平均每周的上网时长是9.8小时，2021年已高达28.5小时。[⑤] 移动短信业务量、移动电话通话时长也分别从2002年的583.3亿条、4184亿分钟增加到2021年的17619.46亿条、45592.03亿分钟。[⑥] 随着数字产业的蓬勃发展，2020年中国信息传输、软件与信息技术服务业的增加值已经达到38244.1亿元，同年，信息传输、软件与信息技术服务业的城镇单位就业人员已有519.2万人。[⑦]

---

[①] 资料来源于《中国统计年鉴（2002）》《中国统计年鉴（2011）》《中国统计年鉴（2022）》。
[②] 资料来源于国家统计局网站。
[③] 资料来源于《中国统计年鉴（2003）》《中国统计年鉴（2022）》。
[④] 资料来源于国家统计局网站。
[⑤] 资料来源于CNNIC第11次和第49次的《中国互联网络发展状况调查统计报告》。
[⑥] 资料来源于国家统计局网站。
[⑦] 资料来源于《中国统计年鉴（2022）》。

## 二 中国能源产业发展现状

中国是全球最大的能源消费国,也是第一大能源生产国,能源产业的发展关系到国家的能源安全以及经济社会的持续健康发展。2002年中国的能源消费总量为169577万吨标准煤,经济的快速增长带来了能源消费的大量增加,2021年中国的能源消费总量已达到524000万吨标准煤(见图4-2)。其中,煤炭消费占据主导地位,石油消费次之。

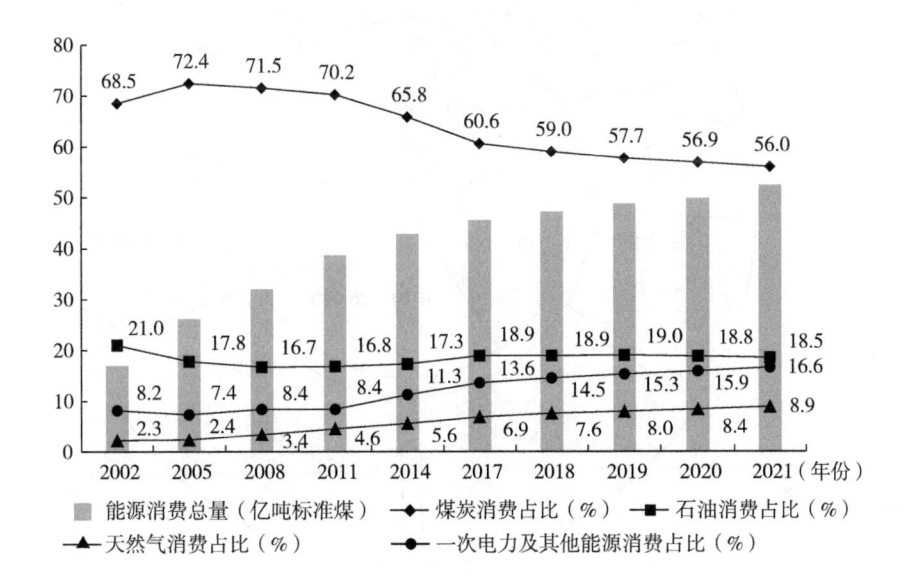

图4-2 我国能源消费总量及其构成

资料来源:根据从国家统计局网站获取的数据绘制。

从图4-2可以看出,近20年来我国能源消费结构不断优化,煤炭消费占比减少较多,天然气、一次电力及其他能源消费占比总体上有了较大提高,预计将继续保持这一上升趋势:煤炭消费占比从2002年的68.5%降至2021年的56.0%,天然气、一次电力及其他能源消费占比从2002年的10.5%提升至2021年的25.5%,石油消费占比总体变化不大。

从世界范围来看,2021年全球能源消费总量是595.15艾焦(EJ),同比增长5.52%,较2019年增长1.31%,超过了新冠疫情前的消费水平,并且大部分国家的能源消费呈现增长的态势。图4-3描述了2021年全球十大能源消费国的能源消费情况,其中,外环为这10个国家的能源消费

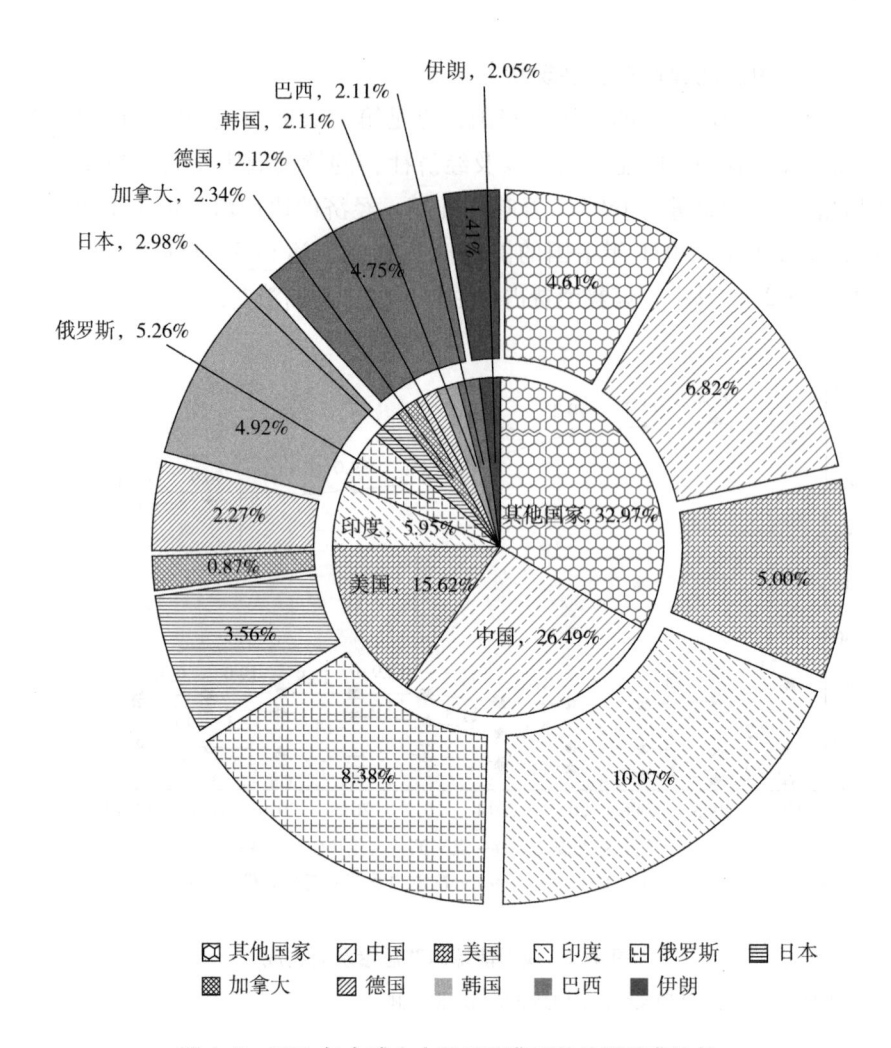

**图 4-3　2021 年全球十大能源消费国的能源消费比较**

资料来源：根据 BP Statistical Review of World Energy 2002 中获取的数据整理绘制。

量同比增长率，内环为其能源消费量全球占比。2021 年能源消费量位列前十的国家依次是中国、美国、印度、俄罗斯、日本、加拿大、德国、韩国、巴西以及伊朗，其中，中国占全球能源消费总量的 26.49%，美国、印度、俄罗斯占比依次是 15.62%、5.95%、5.26%，其他 6 个国家这一比重介于 2%—3%；在上述 10 个国家中，2021 年能源消费量同比增长率最高的是印度，为 10.07%；俄罗斯、中国、美国分别以 8.38%、6.82%、5.00%，排在第 2—4 位。中国是二氧化碳排放量最多的国家，

2021年排放了120.40亿吨二氧化碳当量，世界占比达到30.89%，其中，源自能源使用的二氧化碳排放量是105.23亿吨。

中国能源产业发展的重点已由此前的提高产能、保障能源供给转向技术创新、结构调整以及大力发展可再生能源、新能源的新阶段。本节从能源产业投资、能源产业人才以及能源产业产量与效益三个方面进一步阐述中国能源产业的发展状况。

（一）能源产业投资

2002年中国能源工业投资总额是4261.94亿元，在国内生产总值中的占比为3.50%。其中，中国国有经济能源工业固定资产投资为2626.17亿元，占固定资产投资总额的6.04%。此后，中国的能源工业投资总额波动上升、国有经济能源工业固定资产投资先上升后下降。这是中国调控煤电等能源产品产能、推动能源产业高质量发展的结果。2021年中国能源工业投资已超过3.59万亿元，在国内生产总值中的占比约为3.13%。其中，2021年中国国有经济能源工业固定资产投资为9883.51亿元，约占固定资产投资总额的1.79%。[①] 中国能源行业投资结构更加合理，产业结构不断优化，清洁能源所占比重不断提升。

（二）能源产业人才

人才同样是能源产业发展不可或缺的重要资源。就从业人数而言，2002年中国城镇非私营单位电力、热力、燃气生产和供应业[②]从业人数是241.90万，此后至2013年其从业人数波动上升，2013年达到347.60万；随后逐渐下降，到2019年从业人数为308.11万，2020年、2021年分别增长至310.89万、311.91万。从就业人员受教育程度来说，2002年电力、燃气及水生产和供应业从业人员中大专及以上教育水平占比是18.5%，2021年电力、热力、燃气及水生产和供应业从业人员中大专及以上教育水平占比已增至46.70%。[③] 从平均工资来看，2003年电力、热力、燃气及水生产和供应业城镇非私营单位就业人员的平均工资是18574元，2021年提高到了125332元，该工资水平在19个行业大类里排名第5；2021年电力、热力、燃气及水生产和供应业城镇私营单位就业人

---

① 资料来源于《中国能源统计年鉴（2022）》和国家统计局网站。
② 电力、热力、燃气生产和供应业是能源产业的重要组成部分，由于数据获取原因，该行业表述略有不同。其他行业情况类似。
③ 资料来源于《中国劳动统计年鉴（2003）》《中国劳动统计年鉴（2022）》。

员的平均工资为 59271 元，该工资水平在除公共管理、社会保障和社会组织行业外的 18 个行业大类里位列第 10。① 由此可见，中国能源产业从业人员数量更加合理，人才素质有了较大提升，非私营单位就业人员平均工资水平较高。

（三）能源产业产量与效益

能源产业的产量与效益情况是其发展状况的直观表现。在能源产品产量方面，2002 年中国一次能源生产总量是 156277 万吨标准煤，之后波动上升，2021 年已达到 433000 万吨标准煤。在能源产业效益方面，2002 年中国能源产业增加值是 9684.19 亿元，人均能源产业增加值为 753.91 元；2020 年能源产业增加值增长至 52623.39 亿元，人均能源产业增加值也提高到了 3726.55 元，分别是 2002 年的 5.43 倍、4.94 倍。② 综上所述，无论是从能源产业增加值、人均能源产业增加值，还是从一次能源生产量来看，中国能源产业的发展均稳中向好。

## 第二节  中国数字产业与能源产业融合实践

### 一 能源产业数字化情况

（一）能源企业的数字技术应用

随着数字产业的迅猛发展，数字技术在能源企业的生产经营活动中逐渐得到普及与应用。2013 年中国电力、热力、燃气及水生产和供应业共有 8427 家企业，使用计算机 1776050 台，平均每百人使用计算机 51 台，在 16 个产业大类中排名第 5；企业拥有的网站共计 4755 个，平均每百家企业拥有 56 个网站；开展电子商务交易活动的企业为 189 个，占比为 2.2%；其电子商务交易额是 5626.8 亿元，其中，电子商务销售额为

---

① 资料来源于《中国人口和就业统计年鉴（2022）》，19 个行业大类指的是农、林、牧、渔业，采矿业，制造业，电力、热力、燃气及水生产和供应业，建筑业，批发和零售业，交通运输、仓储和邮政业，住宿和餐饮业，信息传输、软件和信息技术服务业，金融业，房地产业，租赁和商务服务业，科学研究和技术服务业，水利、环境和公共设施管理业，居民服务、修理和其他服务业，教育，卫生和社会工作，文化、体育和娱乐业，公共管理、社会保障和社会组织行业。

② 资料来源于国家统计局网站。

2986.5亿元，电子商务采购额为2640.3亿元。①

经过此后八年的发展，能源产业企业的数字化水平有了进一步的提升。2021年中国电力、热力、燃气及水生产和供应业企业共有16918家，使用计算机2552788台，平均每百人使用计算机71台，在16个产业大类中排名第4；企业拥有网站共计7853个，平均每百家企业拥有46个网站；开展电子商务交易活动企业为1152个，占比为6.8%，在16个产业大类中排名第12；其电子商务交易额是3610.7亿元，其中，电子商务销售额为1799.7亿元，电子商务采购额为1811.0亿元。② 由此可见，虽然能源产业企业平均每百人使用计算机数在各产业大类中排名靠前，但其应用效果相对较差。

（二）数字产业对能源产业的中间投入

2002年数字产业对能源产业的中间投入为200.80亿元，其中，通信设备、计算机制造业，电子元器件制造业，其他电子设备制造业，信息传输服务业，计算机服务和软件业对能源产业的中间投入分别为40.78亿元、28.62亿元、6.53亿元、99.81亿元、25.07亿元。2020年数字产业对能源产业的中间投入为787.14亿元，是2002年的3.92倍。其中，通信设备、计算机制造业，电子元器件制造业，其他电子设备制造业，信息传输服务业，计算机服务和软件业对能源产业的中间投入分别为14.13亿元、13.51亿元、175.24亿元、162.45亿元、421.81亿元。③ 其中，最后两个服务类数字产业对能源产业的中间投入相较于数字产业整体（对能源产业的中间投入）的占比大幅提升，数字产业与能源产业的融合不断向更高水平迈进。

## 二 能源产业保障数字产业可持续发展情况

（一）数字产业可持续发展的能源技术支撑

能源也是数字产业发展非常重要的资源，它是数字基础设施、数字设备或者数字产品高效与可靠运行的保证。大数据中心、服务器以及电

---

① 资料来源于《中国统计年鉴（2014）》，16个产业大类指的是采矿业，制造业，电力、热力、燃气及水生产和供应业，建筑业，批发和零售业，交通运输、仓储和邮政业，住宿和餐饮业，信息传输、软件和信息技术服务业，房地产业，租赁和商务服务业，科学研究和技术服务业，水利、环境和公共设施管理业，居民服务、修理和其他服务业，教育，卫生和社会工作，文化、体育和娱乐业。
② 资料来源于国家统计局网站。
③ 资料来源于国家统计局网站。

脑等都要靠电能才可实现运转。在 2018 年美国举办的国际消费电子展览会上，由于遭遇罕见暴雨造成展览会场馆意外停电，全部电子设备瞬间失去光彩，成为摆设。① 如果举办方此前能够应用能源技术解决该问题，抑或做好预案，或许意外停电的情况可以避免或者停电后也能够立即供电。能源产业保障数字产业的可持续发展不仅在于是否可以提供充足的能源，还在于能否实现高质量的能源供应。特别是在"双碳"背景下，中国数字产业的低碳发展对绿色能源的需求迫切，而这也需要将能源技术应用于"数字"场景，满足其特定要求。

以作为物理底座承载云计算、大数据等各种数字技术应用的数据中心为例，中国数据中心产业正由快速发展迈向高质量发展。随着我国数字技术广泛应用带来算力要求变高，数据中心的规模与密度迅速扩大，大型数据中心总量大幅增加。服务器等设备的正常运行需要将温度维持在特定的范围内。就大型数据中心而言，环境温度的细微变化皆可能对能耗产生明显影响。数据中心能耗高，且很大一部分是用于服务器的制冷，高能耗、散热难等是其可持续发展需要重点解决的问题。液冷、高压直流、储能、蓄冷以及智能运维等技术的创新大力推进了数据中心的大型化、智能化与绿色化发展。

中国互联网龙头企业、第三方服务商努力进行节能减排技术实践，其建立运维的数据中心绿色低碳水平已世界领先。如百度云计算（阳泉）中心、秦淮数据环首都数据中心以及中金数据昆山一号数据中心在保证正常运转的基础上，通过应用节能技术等方式极大地提高了节能减排效果，其中，中金数据昆山一号数据中心甚至可以实现碳中和目标。此外，阿里巴巴、华为、腾讯以及百度等数字企业已对液冷技术进行了成功应用，阿里巴巴仁和云计算数据中心使用的是全浸没式液冷服务器，并且成为中国第一个 5A 绿色等级的液冷数据中心。② 为了推动数据中心产业的健康发展，中国及各省份发布了一系列政策。如 2021 年工业和信息化部出台了《新型数据中心发展三年行动计划（2021—2023 年）》，明确提出"鼓励应用高密度集成等高效 IT 设备、液冷等高效制冷系统、

---

① 张阳：《华为加大对数字能源投入，发布数字能源未来十大趋势》，https：//smart.huanqiu.com/article/41KJEvx49mL。

② 中国信息通信研究院：《数据中心白皮书（2022 年）》，北京：中国信息通信研究院，2022 年 4 月，第 33 页。

高压直流等高效供配电系统","鼓励企业探索建设分布式光伏发电、燃气分布式供能等配套系统"。

（二）数字产业的能源消费升级

随着数字产业的发展，能源消费需求不断增长。以数字产品制造业为例，2002 年中国计算机、通信和其他电子设备制造业的能源消费总量为 804.4 万吨标准煤。① 数字产业的飞速发展同样带来了能源消费需求的大量增加。2019 年中国计算机、通信和其他电子设备制造业能源消费总量为 5028 万吨标准煤，是 2002 年的 6.26 倍。其中，电力是其消费最多的能源产品，随后是天然气和煤炭。② 虽然受到新冠疫情的影响，但 2021 年中国计算机、通信和其他电子设备制造业的能源消费总量与 2019 年相比仍有较大增加，即新增 976 万吨标准煤，这主要是因为电力消费量增加了 379.55 亿千瓦小时。③

与此同时，数字产业的纵深发展对能源供应的质量要求也日益提高，需要清洁、稳定和经济的能源供应支持其发展。数字技术与能源技术的融合促进了中国清洁能源产业的发展，提升了清洁能源占比，降低了清洁能源生产成本；增强了能源利用效率和供应稳定性，降低了数字产业能源消费产生的环境污染。能源供应质量的不断提升改善了数字产业的能源消费状况，为数字产业提供了满足其可持续发展所需的能源。

（三）能源产业对数字产业的中间投入

透过能源产业及其子行业对数字产业的中间投入，进一步认识两大产业的融合状况。2002 年能源产业对数字产业的中间投入为 289.66 亿元，其中，煤炭开采与洗选业，石油与天然气开采业，精炼石油与核燃料加工业，炼焦业，电力、热力、燃气生产和供应业对数字产业的中间投入分别为 11.37 亿元、0.38 亿元、31.87 亿元、0.55 亿元、245.50 亿元。2020 年能源产业对数字产业的中间投入为 2185.56 亿元，是 2002 年的 7.55 倍。其中，煤炭开采与洗选业，石油与天然气开采业，精炼石油与核燃料加工业，炼焦业，电力、热力、燃气生产和供应业对数字产业的中间投入分别为 0.0567 亿元、0 亿元、189.17 亿元、0 亿元、1996.33 亿

---

① 资料来源于《中国能源统计年鉴（2004）》。
② 资料来源于《中国能源统计年鉴（2020）》。
③ 资料来源于《中国能源统计年鉴（2022）》。

元。① 不难发现，能源产业对数字产业的中间投入大幅提升，并且主要来源于电力、热力、燃气生产和供应业。随着能源技术的不断发展及其与数字技术融合的日益深化，中国清洁能源发展迅速，一次电力生产在总发电量中的占比不断提升。2002 年中国一次电力生产占总发电量的比重为 18.20%，2021 年这一占比已上升至 32.59%。② 这为数字产业的可持续发展创造了更好的条件。

### 三　数字能源产业发展情况

（一）数字能源产业发展的政策环境

"双碳"背景下，随着数字产业与能源产业融合的不断深入，数字能源产业迎来了重大发展机遇。2022 年 1 月，国家发展改革委、国家能源局出台了《"十四五"现代能源体系规划》，第一次将能源数字化、综合能源服务正式写入中国能源发展五年规划并明确提出"推动构建新型电力系统""积极发展分布式能源"。2022 年 6 月，国家发展改革委、国家能源局等九部门出台了《"十四五"可再生能源发展规划》，明确了可再生能源发展要求，提出"积极推进风电和光伏发电分布式开发"。党的二十大报告也强调，要"加快规划建设新型能源体系"③。除了国家出台的各种政策，各省份也纷纷出台多种政策措施推进能源数字化，大力支持分布式能源与综合能源服务等新业态新模式的发展。

近年来，共享充电宝、天然气分布式能源、分布式光伏发电、分布式风力发电以及综合能源服务等数字能源产业不断发展，数字电网、虚拟电厂的发展也助力了以新能源为主体的新型电力系统的建设。中国两大电网公司——中国南方电网有限责任公司、国家电网有限公司顺应能源产业发展趋势，分别于 2021 年先后发布了《建设新型电力系统行动方案（2021—2030 年）》《构建以新能源为主体的新型电力系统行动方案（2021—2030 年）》，大力推动新型电力系统建设。本节分别以共享充电宝、分布式光伏发电行业为例，具体阐述我国数字能源产业的发展状况。

（二）共享充电宝行业的发展

随着人们收入和消费水平的提升，移动互联网的普及和应用日益深

---

① 资料来源于国家统计局网站。
② 资料来源于《2021 年全国电力工业统计快报一览表》。
③ 习近平：《高举中国特色社会主义伟大旗帜　为全面建设社会主义现代化国家而团结奋斗——在中国共产党第二十次全国代表大会上的报告》，人民出版社 2022 年版，第 52 页。

化。很多人对手机依赖强、使用时间长,并且外出难免会出现手机没电的情况,这便产生了对共享充电宝的需求。共享充电宝广泛渗透于商场、餐厅、机场、火车站、酒店、KTV 以及景区等场所。2016 年我国共享充电宝的市场规模只有 2 亿元,之后得到快速增长,2021 年其市场规模已经提升至 127 亿元,与 2020 年相比,同比增长 47.67%。共享充电宝点位从 2017 年的 30 万个扩大至 2021 年的 380 万个,与 2020 年相比,同比增长 52%。共享充电宝使用人数也从 2017 年的 0.92 亿增长至 2021 年的 3.678 亿,与 2020 年相比,同比增长 26.83%。① 由此可见,共享充电宝行业发展形势良好,市场潜力巨大。

(三) 分布式光伏发电行业的发展

近年来,中国分布式能源获得了快速发展,在能源系统中的占比不断提升,大大促进了能源变革。其中,分布式光伏发电是分布式能源的一种重要形式,其在光伏发电市场的份额不断提高,发展前景广阔。中国光伏发电装机容量已连续多年稳居世界第一位,分布式光伏发电的发展将为中国光伏发电行业带来更多新机遇。2021 年分布式光伏发电、集中式光伏发电新增装机容量分别为 29.3GW、25.6GW,在这方面前者首次超过后者。图 4-4 描述的是 2016—2021 年中国分布式光伏发电累计装机容量的变化趋势。2016 年中国分布式光伏发电累计装机容量为 10.32GW,2021 年已增长至 107.51GW。它在光伏发电累计装机容量中的占比逐步提高,从 2016 年的 13.33% 提高到 2021 年的 35.14%。

如图 4-5 所示,就区域分布而言,中国分布式光伏发电地域差异性显著。其中,83.65% 的分布式光伏发电装机集中于山东、浙江、河北等 10 个省份。特别地,2021 年山东的分布式光伏发电累计装机容量是 23.34GW,排名全国第 1;浙江次之,其分布式光伏发电累计装机容量为 12.65GW。此外,中国 31 个省份中分布式光伏发电累计装机容量超过 3GW 的省份有 9 个,其分布式光伏发电累计装机容量占全国的比重为 81.42%。中国分布式光伏产业的发展潜力无穷,将会为整个光伏产业创造极大的增量空间。

---

① 共享充电宝行业数据来源于华经情报网。

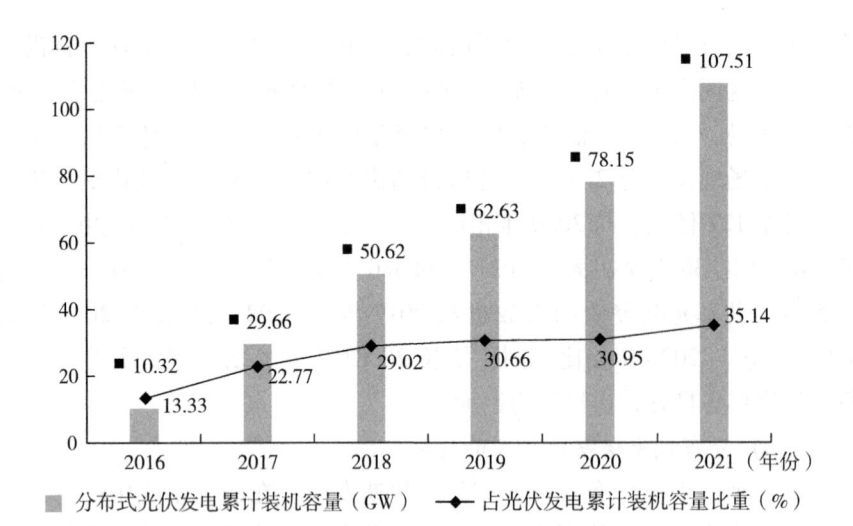

**图 4-4　2016—2021 年中国分布式光伏发电累计装机容量的变化趋势**

资料来源：根据观研报告网相关数据整理绘制。

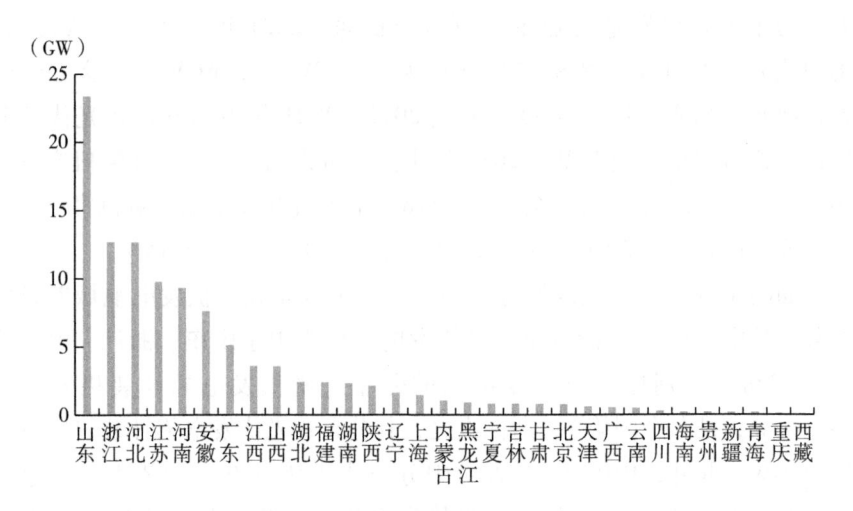

**图 4-5　2021 年中国区域分布式光伏发电累计装机容量比较**

资料来源：根据国家能源局网站获取的数据整理绘制。

## 四　数字产业与能源产业融合发展的挑战

（一）两大产业融合发展的系统性风险防控难度增大

数字技术的不断向前发展促进万物互联，数字产业与能源产业融合发展所开启的庞大网络也意味着网络安全维护范围的扩大。该领域的数据与信息呈现出几何式增长，一旦数字产业与能源产业系统安全防线被突破，其带来的危害巨大。此外，每一轮数字技术的变革在提升数字技术水平的同时，尚未成熟的数字新技术也将带来新的安全隐患，因为它们增加了数字产业与能源产业系统的"网络攻击面"。也就是说，新的数字技术虽然进一步开拓了时间与空间的疆域，但同样也扩大了数字产业与能源产业系统的影响面以及攻击范围。能源产业数字化形成某些新的脆弱性形式，比如能源企业不仅要面对来自同领域企业的激烈竞争，还要面临来自网络范畴的安全威胁。数字产业与能源产业的融合发展使它们的系统性风险变得更加复杂多变，此类风险的预防与控制也越发困难。

（二）两大产业融合发展的技术标准通用性亟待加强

数字产业与能源产业融合发展的持续推进需要有一套合理的、能够实现两大产业无缝对接的、具有广泛适用性的技术标准。数字产业领域、能源产业领域均有各自的技术标准，并且两大产业领域内部的技术标准并不一致。两大产业技术标准通用性的欠缺已然成为其融合发展的新制约。数字产业的迅猛发展提高了对技术标准的更大需求，"一刀切"的技术标准看似容易、省事，实则使问题变得更为复杂，并且实际的适配性差，将会扰乱技术创新与技术发展战略部署。最佳的技术标准需要建立在不同领域、不同主体之间的协同上，而不是"各自为政"造成市场的"碎片化"以及技术标准制定工作的重复与反复。

当前，世界主要国家积极进行工业互联网参考架构的研究，如发达国家德国与美国正在积极合作，谋求突破工业4.0参考架构模型（RAMI 4.0）与工业互联网参考架构（IIRA）的衔接问题，力求实现互补统一。当前，中国能源产业仍然存在数字化基础以及应用层面皆无法实现互联互通的困境，加强该领域的国际合作以及主导国际技术标准制定十分紧迫。中国应加强顶层设计，加快推进国际物联网顶层架构标准制定，统筹协调国内数字产业与能源产业融合发展的相关技术标准；同时，在不同技术标准间搭建相应联系，使其通过某种转换能够形成技术标准的普适性。

（三）两大产业融合发展对体制机制的变革要求更高

制约数字产业与能源产业融合发展的因素不少，其中，市场化改革不到位是重要因素之一。目前，数字产业与能源产业市场准入限制依然存在，健全的企业公平竞争机制还未形成。能源市场的供给与需求、能源资源的稀缺水平不能从能源价格上得到很好的体现。银行、保险等金融服务机构对数字产业以及能源领域的支持力度还不够，中小企业融资难度仍然较大，在新冠疫情影响下生存越发艰难。尤其是数字产业、能源产业领域相关的专精特新中小企业未能给予很好的帮助，导致其发展受到较大的限制。

数字化发展浪潮下，技术更迭速度非常快，技术领域的高频创新造成现代商业竞争的白热化。传统企业的规模优势在迅速而重大的数字变革前瞬间土崩瓦解，甚至成为它们快速转型的累赘。数字企业、能源企业都必须不断地进行自我革新，以应对数字时代习以为常的跨界竞争以及各种风险挑战，因此对组织创新提出了更高的要求，越发需要有能够释放企业潜能的科技创新体制机制。然而，当前中国科技创新体制机制不健全，产权制度落后于市场变化，各类要素配置不合理。数字技术和能源产业协同度有待提升，融合的主要问题没有有效解决。二者融合的关键技术的供需匹配体系有结构性问题，产业链、创新链、政策链、人才链以及资金链没有有效融合。

（四）两大产业融合发展对该领域专业人才需求迫切

人才乃事关数字革命成败的关键要素。在企业数字化过程中，数字化人才短缺已成为数字化转型升级、数字化变革的巨大障碍。而具备数字化思维、掌握数字技能且拥有产业专业技能的通用数字化人才尤为缺乏。数字产业与能源产业的融合发展对该领域企业人才队伍有着更高的要求，特别是非常需要精通两大产业相关知识的产业专家。例如，数字企业、能源企业研发部门工作人员需要具备两大产业领域相应的专业知识，要能够根据市场变化开发符合市场需求的数字能源产品。此外，企业的运维人员也要了解和掌握数字技术的应用，懂得正确使用数字设备并准确、迅速响应需求。这是创新优化人工智能等数字技术、服务数字产业与能源产业融合发展的关键。但目前人们对数字产业与能源产业融合发展的认识仍然有限，同时，数字企业、能源企业在提升员工的认知和能力上做得还远远不够。

## 第三节 中国数字产业与能源产业
## 互动关系检验[*]

### 一 中国数字产业发展水平评价

（一）数字产业发展水平评价指标体系构建

1. 评价指标体系设计思路

数字产业的发展从根本上改变了人们的生产生活方式，极大地促进了许多国家或地区的经济社会发展。然而，就像车辆的行驶需要公路、桥梁等基础设施一样，数字产业的发展也需要数字基础设施的支撑。数字基础设施是顺应数字化、网络化以及智能化的发展要求，为数字技术的普及和应用提供平台和保障。除了数字基础设施，还需要有数字设备这一工具，这样才会使数字技术的推广和应用变成现实。数字技术应用是数字产业发展的目的和动力，为人民生活、企业生产、经济发展、社会治理、生态文明建设翻开了崭新的一页。所以，数字产业发展水平测度指标体系的构建可以从数字基础设施、数字设备普及以及数字技术应用三个方面入手。

目前，通信、互联网获得了很好的发展，已渗入经济社会的各个领域。对于它们的发展来说，电话基础设施与宽带基础设施十分重要。此外，光缆担负着信息传输的重要使命，拥有信息容量大、传输速度快等优点，是最基本的数字基础设施。与数字基础设施相关的是电视、电话、计算机等数字设备，前者与后者相互依存、相互促进。如果缺乏必要的数字基础设施，数字设备的普及将遥不可及；若没有良好的数字设备，数字基础设施的价值将难以充分发挥。同样地，数字技术的高效应用离不开必要的数字基础设施和良好的数字设备。一般而言，数字基础设施越完善，并且数字设备越充足、便捷和高级，数字技术应用的广度和深度往往越强。同时，这通常也会促进数字技术产业化的蓬勃发展。借鉴已有学者的研究，按照上述思路选取合理的指标，构建与之相符的评价

---

[*] 本节部分内容以 Impacts of Digital Technology on Energy Sustainability: China Case Study（《数字技术对中国能源可持续性的影响研究》）为题发表于 Applied Energy 并获得第十六届福建省自然科学优秀学术论文奖。

指标体系，评估并分析中国数字产业的发展状况。

2. 评价指标体系构建原则

数字产业发展水平评价指标体系是由反映评价对象数字产业发展的特性以及彼此联系的多个指标共同构成的有机整体。为了使数字产业发展水平的评价更加准确，指标体系的建立应遵循全面性原则、科学性原则、可行性原则以及可比性原则等。

（1）全面性原则

数字产业发展是一个复杂的系统问题，对数字产业发展水平的测度要从不同层面、不同视角展开，全面呈现该系统的发展状况，选取的各个指标之间也应具有相应的逻辑关系。它们不仅要从不同的层面体现出数字产业系统不同部分的主要特征与状态，还需反映出各个部分及其不同要素之间的内在联系。

（2）科学性原则

数字产业发展水平评价指标体系应遵循经济规律、科技规律、产业发展规律等，坚持用辩证发展的观点认识这一问题。秉持怀疑和批判的精神，继承和发展已有研究成果，应用科学的方法与手段确定一定数量的指标，比较客观、真实地展现数字产业系统的发展演化情况。选取的指标数量要合理，指标太多或者太少均不利于作出准确的评价。

（3）可行性原则

可行性原则是用来衡量选取的指标应当具有可操作性，能够在现有条件下通过调查研究、收集资料等方式获取数字产业发展相关的原始数据并通过一定的方式进行数据处理，使指标数据达到既定的要求。该原则要求主客观条件都须具备，要有开展研究相应的能力、条件和资源，能够在合理的时间成本、支出成本范围内获得所需要的指标数据。

（4）可比性原则

可比性原则指的是建立的数字产业发展水平测度指标体系对不同的评价对象或时期都可适用，能够开展横向比较与纵向比较。它意味着相同指标的数据需要遵循相应的、统一的统计标准，保持口径一致，相互可比。此外，不同指标数据由于属性、量纲等方面存在差异，也要采用一定的方法进行统一处理，使不同指标数据具有可比性。

3. 评价指标选取

按照评价指标体系的设计思路，考虑指标的全面性、科学性以及数据的可得性与可比性，可将评价指标分为三类。

一是数字基础设施类指标，包含光缆基础设施指标、电话基础设施指标和宽带基础设施指标。其中，光缆基础设施指标有光缆线路长度、长途光缆线路长度，依次表征光缆线路建设总体情况、长途光缆线路建设情况。电话基础设施指标有每万人移动电话交换机容量、每万人移动电话基站数，分别表征数字基础设施数量和数字基础设施质量。宽带基础设施指标有每万人互联网宽带接入用户数、每万人互联网国际出口带宽数，分别表征互联网宽带的国内接入情况和国际连接能力。这些指标共同反映了数字产业基础设施的状况，在规模经济情况下投入数量越多、质量越好，数字产业发展越有保障。

二是数字设备普及类指标，包含电视普及指标、电话普及指标、网络普及指标。其中，电视普及指标是城镇居民平均每百户彩色电视机拥有量，表征彩色电视机的普及水平。电话普及指标有电话普及率、移动电话普及率，分别表征电话普及总体情况和移动电话普及水平。网络普及指标有互联网普及率、城镇居民平均每百户计算机拥有量，分别表征网络设备的总体普及状况、计算机的普及水平。在相同的发展环境下，各类数字设备的普及程度越高，数字技术的应用通常越广泛。

三是数字技术应用类指标，可分为电话应用指标、网络应用指标以及产业发展指标。其中，电话应用指标有人均移动短信业务量、人均移动电话通话时长，分别表征移动短信业务、移动电话通话业务的发展状况。网络应用指标有每万人网站数、每周上网时间，分别表征网络应用的广度和深度。产业发展指标有每万人信息传输、软件与信息技术服务业城镇单位就业人员以及人均信息传输、软件与信息技术服务业增加值，分别表征数字技术产业化发展的投入与产出状况。数字技术应用越广泛、越深入，数字技术产业化发展往往越好，从而数字技术的进步通常也将越快。

综上所述，本节建立一个包含1个目标层（数字产业发展水平）、3个维度层（数字基础设施类、数字设备普及类以及数字技术应用类）、17个指标的数字产业发展水平评价指标体系（见表4-1）。其中，各指标均为正向指标。

表 4-1　　数字产业发展水平评价指标体系

| 维度 | 度量 | 指标 | 指标单位 | 指标类型 | 指标含义 |
|---|---|---|---|---|---|
| 数字基础设施类 | 光缆基础设施 | 光缆线路长度 | 万千米 | 正 | $X_1$=拥有的光缆线路总长度 |
| | | 长途光缆线路长度 | 万千米 | 正 | $X_2$=拥有的长途光缆线路长度 |
| | 电话基础设施 | 每万人移动电话交换机容量 | 户/万人 | 正 | $X_3$=移动电话交换机容量/常住人口 |
| | | 每万人移动电话基站数 | 个/万人 | 正 | $X_4$=移动电话基站数/常住人口 |
| | 宽带基础设施 | 每万人互联网宽带接入用户数 | 户/万人 | 正 | $X_5$=互联网宽带接入用户数/常住人口 |
| | | 每万人互联网国际出口带宽数 | Mbps/万人 | 正 | $X_6$=互联网国际出口带宽数/常住人口 |
| 数字设备普及类 | 电视普及 | 城镇居民平均每百户彩色电视机拥有量 | 台/百户 | 正 | $X_7$=城镇居民彩色电视机拥有量/城镇居民户数 |
| | 电话普及 | 电话普及率 | 部/百人 | 正 | $X_8$=电话机总数/常住人口 |
| | | 移动电话普及率 | 部/百人 | 正 | $X_9$=移动电话数/常住人口 |
| | 网络普及 | 互联网普及率 | % | 正 | $X_{10}$=网民数/常住人口 |
| | | 城镇居民平均每百户计算机拥有量 | 台/百户 | 正 | $X_{11}$=城镇居民计算机拥有量/城镇居民户数 |
| 数字技术应用类 | 电话应用 | 人均移动短信业务量 | 条/人 | 正 | $X_{12}$=移动短信业务量/常住人口 |
| | | 人均移动电话通话时长 | 分钟/人 | 正 | $X_{13}$=移动电话通话时长/常住人口 |
| | 网络应用 | 每万人网站数 | 个/万人 | 正 | $X_{14}$=网站数/常住人口 |
| | | 每周上网时间 | 小时/周 | 正 | $X_{15}$=网民人均每周的上网时长 |
| | 产业发展 | 每万人信息传输、软件与信息技术服务业城镇单位就业人员 | 人/万人 | 正 | $X_{16}$=信息传输、软件与信息技术服务业城镇单位就业人员数/常住人口 |
| | | 人均信息传输、软件与信息技术服务业增加值 | 元/人 | 正 | $X_{17}$=信息传输、软件与信息技术服务业增加值/常住人口 |

(二) 中国数字产业发展水平测度

1. 数据来源与标准化

由于指标数据的可获得性，本节选取中国除西藏与港澳台地区外的

30个省份作为研究对象,选择2002—2021年共20年作为研究时间段。研究数据来源于2002—2021年相应年份的《中国统计年鉴》《中国互联网络发展状况统计报告》以及国家统计局网站,通过收集整理得到研究所需的相应数据。为了更准确地衡量中国数字产业发展水平,开展综合评价的价值型数据都以2002年为基期消除不同年份价格差异的影响,如人均信息传输、软件和信息技术服务业增加值。

针对统计资料中缺失的个别数据,本节采用插值法予以补齐。为了尽量减小指标的量纲或者数量级等属性导致的偏差,根据所选指标的性质,对所涉及的数据开展标准化处理,即:

$$s_{ij} = \frac{x_{ij} - \min(x_{ij})}{\max(x_{ij}) - \min(x_{ij})} \tag{4-1}$$

在式(4-1)中,$x_{ij}$是第$i$个评价目标的第$j$个指标的初始值;$\min(x_{ij})$、$\max(x_{ij})$依次为第$j$个指标在所有评价目标中的最小值与最大值;$s_{ij}$是第$i$个评价目标的第$j$个指标的标准化值。据此处理可以得到标准化后的中国数字产业发展水平评价矩阵,即:

$$S = \begin{bmatrix} s_{11} & s_{12} & \cdots & s_{1n} \\ s_{21} & s_{22} & \cdots & s_{2n} \\ \vdots & \vdots & \vdots & \vdots \\ s_{m1} & s_{m2} & \cdots & s_{mn} \end{bmatrix} \tag{4-2}$$

2. 评价方法

多指标变量的信息往往具有重叠性,而人为主观确定权重将不够准确。因此,本节采用熵权TOPSIS方法计算中国的数字产业发展水平,该方法是将熵权法(Entropy Weight Method)和TOPSIS(Technique for Order Preference by Similarity to Ideal Solution)法相结合。其中,熵权法可以基于原始数据信息剖析指标关联度,根据不同指标携带的信息量大小予以赋权,因此,可以使权重的确定更加客观;[1] TOPSIS法是先确定决策问题的正理想解和负理想解,然后通过计算研究目标和理想解之间的贴近度,得到评价的数字产业发展水平。[2] 熵权TOPSIS法计算过程主要分为

---

[1] 王鸣涛、叶春明:《基于熵权TOPSIS的区域工业绿色制造水平评价研究》,《科技管理研究》2020年第17期。

[2] 蔡伟等:《中国战略性新兴产业经济效率的统计测度》,《统计与决策》2021年第7期。

五步。

（1）熵权法确定指标权重

首先，计算第 $j$ 个指标下第 $i$ 个评价目标指标值占该指标全部评价目标指标值之和的比重，即：

$$p_{ij} = \frac{s_{ij}}{\sum_{i=1}^{m} s_{ij}} \tag{4-3}$$

其次，计算第 $j$ 项指标的熵值，即：

$$e_j = -k \sum_{i=1}^{m} p_{ij} \ln(p_{ij}) \tag{4-4}$$

其中，$k = 1/\ln(m)$，$e_j \geq 0$，且当 $p_{ij} = 0$ 时，$p_{ij}\ln(p_{ij}) = 0$。

再次，计算信息熵冗余度，即：

$$d_j = 1 - e_j (j = 1, 2, \cdots, n) \tag{4-5}$$

最后，计算各项指标的权重，即：

$$\mu_j = \frac{d_j}{\sum_{j=1}^{n} d_j} (j = 1, 2, \cdots, n) \tag{4-6}$$

（2）基于熵权的评价矩阵构建

在中国数字产业发展水平标准化评价矩阵 $S$ 基础上，结合熵权 $\mu_j$ 建立基于熵权的规范化评价矩阵 $Q$，可表示为：

$$Q = \begin{bmatrix} q_{11} & q_{12} & \cdots & q_{1n} \\ q_{21} & q_{22} & \cdots & q_{2n} \\ \vdots & \vdots & \vdots & \vdots \\ q_{m1} & q_{m2} & \cdots & q_{mn} \end{bmatrix} = \begin{bmatrix} s_{11} \cdot \mu_1 & s_{12} \cdot \mu_2 & \cdots & s_{1n} \cdot \mu_n \\ s_{21} \cdot \mu_1 & s_{22} \cdot \mu_2 & \cdots & s_{2n} \cdot \mu_n \\ \vdots & \vdots & \vdots & \vdots \\ s_{m1} \cdot \mu_1 & s_{m2} \cdot \mu_2 & \cdots & s_{mn} \cdot \mu_n \end{bmatrix} \tag{4-7}$$

（3）正负理想解确定

设 $q_j^+$ 为评价数据中第 $j$ 个指标在所有评价目标中的最大值，它是正理想解，即可选择的最偏好的方案。$q_j^-$ 为评价数据中第 $j$ 个指标在所有评价目标中的最小值，它是负理想解，即最不偏好的方案。其计算方法分别为：

$$q_j^+ | j = 1, 2, \cdots, n = \{\max(q_{ij}) | i = 1, 2, \cdots, m\} \tag{4-8}$$

$$q_j^- | j = 1, 2, \cdots, n = \{\min(q_{ij}) | i = 1, 2, \cdots, m\} \tag{4-9}$$

（4）距离计算

关于距离的计算，采用欧几里得度量（Euclidean Metric）计算公式。

设 $D_i^+$ 为第 $i$ 个评价目标与 $q_j^+$ 的距离，$D_i^-$ 为第 $i$ 个评价目标与 $q_j^-$ 的距离，计算方法分别为：

$$D_i^+ = \sqrt{\sum_{j=1}^n (q_{ij} - q_j^+)^2} \qquad (4-10)$$

$$D_i^- = \sqrt{\sum_{j=1}^n (q_{ij} - q_j^-)^2} \qquad (4-11)$$

（5）计算评价目标值与理想解的贴近度

设 $DTI_i$ 为第 $i$ 个评价目标数字产业发展水平靠近最优数字产业发展水平的程度，被称为贴近度，其取值范围是 [0，1]。$DTI_i$ 越大，越靠近数字产业发展最优水平。当 $DTI_i = 0$ 时，数字产业发展水平最低。当 $DTI_i = 1$ 时，数字产业发展水平最高。中国数字产业发展水平的高低可通过与理想解的贴近度进行衡量，如果贴近度越大，意味着数字产业发展水平越高；反之，如果贴近度越小，则表示数字产业发展水平越低。计算方法如式（4-12）所示，即：

$$DTI_i = \frac{D_i^-}{D_i^+ + D_i^-} \qquad (4-12)$$

3. 数字产业发展指数计算

在利用式（4-1）对原始数据进行标准化处理得到数字产业发展水平评价矩阵 $S$ 后，由式（4-3）至式（4-6）计算出中国数字产业发展水平评价指标的权重，结果如表4-2所示。

表 4-2　　　　　　数字产业发展水平评价指标权重

| 指标 | $X_1$ | $X_2$ | $X_3$ | $X_4$ | $X_5$ | $X_6$ | $X_7$ | $X_8$ | $X_9$ |
|---|---|---|---|---|---|---|---|---|---|
| 权重 | 0.0960 | 0.0243 | 0.0500 | 0.1009 | 0.0699 | 0.1177 | 0.0510 | 0.0338 | 0.0457 |
| 指标 | $X_{10}$ | $X_{11}$ | $X_{12}$ | $X_{13}$ | $X_{14}$ | $X_{15}$ | $X_{16}$ | $X_{17}$ | |
| 权重 | 0.0579 | 0.0270 | 0.0419 | 0.0400 | 0.0520 | 0.0320 | 0.0781 | 0.0816 | |

依据式（4-7）至式（4-9）确定数字产业发展水平的正、负理想解，然后通过式（4-10）至式（4-11）得出2002—2021年中国数字产业发展水平与正、负理想解的距离。在此基础上，利用式（4-12）计算得到2002—2021年的中国数字产业发展指数（DTI），结果如表4-3所示。

表 4-3　数字产业发展水平与正、负理想解距离以及数字产业发展指数

| 年份 | 与正理想解距离 $D_i^+$ | 与负理想解距离 $D_i^-$ | 数字产业发展指数 $DTI_i$ |
| --- | --- | --- | --- |
| 2002 | 0.26325 | 0.02070 | 0.0729 |
| 2003 | 0.25676 | 0.03317 | 0.1144 |
| 2004 | 0.25125 | 0.04268 | 0.1452 |
| 2005 | 0.24603 | 0.04923 | 0.1667 |
| 2006 | 0.24056 | 0.05880 | 0.1964 |
| 2007 | 0.23103 | 0.06653 | 0.2236 |
| 2008 | 0.22125 | 0.06953 | 0.2391 |
| 2009 | 0.21099 | 0.08416 | 0.2851 |
| 2010 | 0.20565 | 0.08995 | 0.3043 |
| 2011 | 0.19531 | 0.09852 | 0.3353 |
| 2012 | 0.18452 | 0.11010 | 0.3737 |
| 2013 | 0.17192 | 0.11749 | 0.4060 |
| 2014 | 0.15602 | 0.12812 | 0.4509 |
| 2015 | 0.13703 | 0.14388 | 0.5122 |
| 2016 | 0.11941 | 0.15988 | 0.5725 |
| 2017 | 0.10180 | 0.17808 | 0.6363 |
| 2018 | 0.08355 | 0.19761 | 0.7028 |
| 2019 | 0.06777 | 0.21571 | 0.7609 |
| 2020 | 0.04988 | 0.23618 | 0.8256 |
| 2021 | 0.05038 | 0.25675 | 0.8360 |

数据显示，中国 2002 年的数字产业发展指数值为 0.0729，此后每一年的数字产业发展指数值不断提高。2021 年数字产业发展指数值达到 0.8360，约是 2002 年的 11.47 倍，年均增长率约为 13.70%。这说明 2002 年以来中国数字产业取得了飞速的发展。事实上，数字产业的发展对中国经济社会产生了重大影响，极大地促进了中国的高质量发展。

二　中国数字产业与能源产业发展关系实证分析

（一）变量选取与数据描述

能源产业为众多能源系统构成的总体，每个能源系统是由能源开采、生产、储运、销售、利用等环节以及相应服务企业与消费用户形成的有

机整体。① 根据能源系统所包含的内容，本节从能源生产、能源供应、能源消费、能源环境保护状况四个方面入手，研究中国数字产业与能源产业发展之间的关系。相应地，选取能源产业产出水平（enpd）、能源供应损失（enpv）、能源消耗水平（encn）、二氧化碳排放（enco）四个变量度量能源产业发展在上述四个方面的表现，并依次用人均电力、热力、燃气及水生产和供应业增加值（元/人），电力线路损失率（%），单位 GDP 能耗（吨标准煤/万元），单位能耗的 $CO_2$ 排放量（吨/万吨标准煤）等表示，探究它们和数字产业发展之间彼此的影响。数字产业发展水平（dite）作为因变量，以上测算得到的数字产业发展指数用 DTI 表示。

同样地，本节也是选取中国除西藏和港澳台地区外的 30 个省份作为考察对象，选择 2002—2021 年作为研究时间段。其他变量的研究数据来源于 2002—2021 年的《中国统计年鉴》《全国电力工业统计快报数据一览表》《中国电力年鉴》以及国家统计局网站和英国石油公司（BP）网站并进行整理获得所需数据。为了使变量的衡量更为准确，将各个价值型数据以 2002 年为基期消除不同年份价格差异的影响，如人均电力、热力、燃气及水生产和供应业增加值，单位 GDP 能耗等指标数据。同时，对选取的变量进行取对数处理，从而减小变量之间的异方差性。将 enpd、enpv、encn、enco 和 dite 取对数后的变量分别命名为 ENPD、ENPV、ENCN、ENCO 和 DITE。各变量的描述性统计情况如表 4-4 所示。

表 4-4 变量描述性统计结果

| 描述性统计 | DITE | ENPD | ENPV | ENCN | ENCO |
| --- | --- | --- | --- | --- | --- |
| Mean | -1.0980 | 6.3684 | 1.8910 | 0.1836 | 9.9949 |
| Median | -1.0385 | 6.4097 | 1.8961 | 0.2109 | 10.0166 |
| Maximum | -0.1791 | 6.9001 | 2.0425 | 0.4644 | 10.0545 |
| Minimum | -2.6187 | 5.5756 | 1.6601 | -0.1143 | 9.9043 |
| Std. Dev. | 0.6940 | 0.3699 | 0.0932 | 0.1982 | 0.0535 |
| Observations | 20 | 20 | 20 | 20 | 20 |

---

① 芮雪琴：《基于循环经济视角的能源产业技术评价与选择研究——以吉林省为例》，博士学位论文，吉林大学，2008 年；汤杰：《能源产业投资对我国区域经济增长的溢出效应研究》，博士学位论文，哈尔滨工业大学，2014 年。

## (二) VAR 模型构建

### 1. 变量平稳性检验

为了定量研究数字产业与能源产业发展的互动关系，尤其是数字产业对能源产业发展带来了哪些影响，本节建立了相应的 VAR 模型。在这之前，有必要就各变量的平稳性开展检验。若原序列是平稳序列，那么便能够直接建立无约束的 VAR 模型。而倘若原序列为非平稳序列，直接开展回归分析可能会造成虚假回归。此时，需要对非平稳的时间序列进行差分处理，判断其经过一次或者多次差分后是否变成平稳的时间序列。本节采用 ADF 检验法对时间序列 ENPD、ENPV、ENCN、ENCO、DITE 开展平稳性检验，结果如表 4-5 所示。

表 4-5 单位根检验结果

| 变量 | 检验形式 (C, T, K) | ADF 统计量 | 临界值 | | | 结论 |
| --- | --- | --- | --- | --- | --- | --- |
| | | | 1% | 5% | 10% | |
| ENPD | (C, T, 3) | -4.877595*** | -4.667883 | -3.733200 | -3.310349 | 平稳 |
| ENPV | (0, 0, 1) | -2.160198** | -2.699769 | -1.961409 | -1.606610 | 平稳 |
| ENCN | (C, T, 1) | -5.750590*** | -4.571559 | -3.690814 | -3.286909 | 平稳 |
| ENCO | (0, 0, 0) | -2.335301** | -2.692358 | -1.960171 | -1.607051 | 平稳 |
| DITE | (C, T, 0) | -8.374493*** | -4.532598 | -3.673616 | -3.277364 | 平稳 |

注：检验形式（C, T, K）是对是否含截距或趋势项情况分别检验后得到的最优形式，参数 C、T、K 依次为单位根检验方程含截距项、时间趋势和滞后阶数。**、*** 分别表示在 5%、1% 的显著性水平下显著。

由表 4-5 可知，在 ADF 单位根检验中，时间序列 ENPD、ENCN 和 DITE 的 ADF 统计量的值均小于 1% 水平的临界值，即在 1% 的显著水平下都拒绝了零假设；时间序列 ENPV 与 ENCO 的 ADF 统计量的值均小于 5% 水平的临界值，即在 5% 的显著水平下都拒绝了零假设。这说明时间序列 ENPD、ENPV、ENCN、ENCO、DITE 并不存在单位根，均为平稳时间序列。以上检验结果表明，ENPD、ENPV、ENCN 以及 ENCO 可以分别和 DITE 建立 VAR 模型。

## 2. 模型估计

VAR 模型滞后期检验结果如表 4-6 所示，据此依据 LR、FPE、AIC、SC、HQ 等准则进行判定，本节将 VAR (*ENPD*)、VAR (*ENPV*)、VAR (*ENCN*) 以及 VAR (*ENCO*) 模型的滞后阶数均确定为二阶。

表 4-6　　　　　　　　VAR 模型滞后期检验结果

| Model | Lag | LogL | LR | FPE | AIC | SC | HQ |
| --- | --- | --- | --- | --- | --- | --- | --- |
| VAR (*ENPD*) | 0 | 3.843097 | NA | 0.002794 | -0.204789 | -0.105858 | -0.191147 |
| | 1 | 57.425580 | 89.30413* | 0.000011 | -5.713953 | -5.417162* | -5.673030 |
| | 2 | 62.906380 | 7.916719 | 9.89e-06* | -5.878487* | -5.383836 | -5.810281* |
| VAR (*ENPV*) | 0 | 16.672300 | NA | 0.000672 | -1.630255 | -1.531325 | -1.616614 |
| | 1 | 79.100160 | 104.0464* | 0.000001 | -8.122240 | -7.825449* | -8.081317 |
| | 2 | 84.611100 | 7.960243 | 8.87e-07* | -8.290122* | -7.795471 | -8.221916* |
| VAR (*ENCN*) | 0 | 28.977630 | NA | 0.000171 | -2.997515 | -2.898585 | -2.983874 |
| | 1 | 93.221320 | 107.072800 | 0.000000 | -9.691258 | -9.394468 | -9.650335 |
| | 2 | 104.052600 | 15.64519* | 1.02e-07* | -10.45029* | -9.955639* | -10.38208* |
| VAR (*ENCO*) | 0 | 39.35759 | NA | 4.23E-05 | -4.39501 | -4.296985 | -4.385266 |
| | 1 | 98.1423 | 96.82188* | 6.77E-08 | -10.84027 | -10.5462 | -10.81104 |
| | 2 | 104.8513 | 9.471501 | 5.06e-08* | -11.15897* | -10.66885* | -11.11025* |
| | 3 | 106.2912 | 1.694009 | 7.32E-08 | -10.85779 | -10.17161 | -10.78958 |

注：LR、FPE、AIC、SC、HQ 分别代表的是连续修正 LR 检验统计量（在 5% 的显著性水平下显著）、最终预测误差、Akaike 信息准则、Schwarz 信息准则以及 Hannan-Quinn 信息准则，* 表示上述标准各自选择的滞后阶数。

将 *DITE* 分别与 *ENPD*、*ENPV*、*ENCN*、*ENCO* 建立 VAR 模型，这些模型中每个方程的调整后 $R^2$ 均大于 0.9（大多接近于 1）。由此可见，它们的拟合效果较好，得到的 VAR 模型估计式分别为：

$$VAR(ENPD) = \begin{pmatrix} ENPD \\ DITE \end{pmatrix} = \begin{pmatrix} 4.8189 \\ 0.1801 \end{pmatrix} + \begin{pmatrix} 0.5501 & 0.7568 \\ -0.1485 & 1.1872 \end{pmatrix} \times \begin{pmatrix} ENPD \\ DITE \end{pmatrix}_{t-1} +$$

$$\begin{pmatrix} -0.2470 & -0.4048 \\ 0.1289 & -0.2199 \end{pmatrix} \times \begin{pmatrix} ENPD \\ DITE \end{pmatrix}_{t-2} + \begin{pmatrix} \omega_{t1} \\ \omega_{t2} \end{pmatrix} \quad (4-13)$$

$$VAR(ENPV) = \begin{pmatrix} ENPV \\ DITE \end{pmatrix} = \begin{pmatrix} 0.0868 \\ -0.8239 \end{pmatrix} + \begin{pmatrix} 1.4862 & -0.2259 \\ 0.4207 & 1.1006 \end{pmatrix} \times \begin{pmatrix} ENPV \\ DITE \end{pmatrix}_{t-1} +$$

$$\begin{pmatrix} -0.5412 & 0.1962 \\ 0.0681 & -0.0945 \end{pmatrix} \times \begin{pmatrix} ENPV \\ DITE \end{pmatrix}_{t-2} + \begin{pmatrix} \theta_{t1} \\ \theta_{t2} \end{pmatrix} \quad (4-14)$$

$$VAR(ENCN) = \begin{pmatrix} ENCN \\ DITE \end{pmatrix} = \begin{pmatrix} -0.0766 \\ -0.1053 \end{pmatrix} + \begin{pmatrix} 1.0447 & -0.1907 \\ -1.3547 & 0.2076 \end{pmatrix} \times$$

$$\begin{pmatrix} ENCN \\ DITE \end{pmatrix}_{t-1} + \begin{pmatrix} -0.4361 & 0.0575 \\ 0.3447 & 0.3684 \end{pmatrix} \times \begin{pmatrix} ENCN \\ DITE \end{pmatrix}_{t-2} + \begin{pmatrix} \varepsilon_{t1} \\ \varepsilon_{t2} \end{pmatrix}$$

$$(4-15)$$

$$VAR(ENCO) = \begin{pmatrix} ENCO \\ DITE \end{pmatrix} = \begin{pmatrix} 4.4466 \\ 8.4669 \end{pmatrix} + \begin{pmatrix} 0.4421 & -0.1231 \\ -1.9529 & 0.8699 \end{pmatrix} \times$$

$$\begin{pmatrix} ENCO \\ DITE \end{pmatrix}_{t-1} + \begin{pmatrix} 0.1077 & 0.0699 \\ 1.1013 & -0.0105 \end{pmatrix} \times \begin{pmatrix} ENCO \\ DITE \end{pmatrix}_{t-2} + \begin{pmatrix} \delta_{t1} \\ \delta_{t2} \end{pmatrix}$$

$$(4-16)$$

(三) 模型检验

1. 模型稳定性检验

在对 VAR 模型估计的结果开展平稳性检验时,本节应用的是 AR 根估计方法,得到的结果如图 4-6 所示。4 个 VAR 模型各自的 AR 根的倒数皆比 1 小,落在单位圆之内,表明所构建的模型全部是稳定的。可以进一步利用脉冲响应与方差分解来研究数字产业与能源产业发展之间的动态关系。

2. 格兰杰因果检验

本节将 DITE 分别与 ENPD、ENPV、ENCN、ENCO 进行格兰杰(Granger)因果检验,以进一步分析它们之间的相互关系,如一个变量是否受到来自其他变量的滞后影响。检验结果如表 4-7 所示,在 1% 的显著性水平下,DITE 分别是 ENPD、ENCN 以及 ENCO 的格兰杰原因;在 5% 的显著性水平下,DITE 是 ENPV 的格兰杰原因。这表明数字产业的发展对中国的能源生产、能源供应、能源消费以及能源相关的环境保护状况产生了显著影响。此外,在 1% 的显著性水平下,ENCN 也是 DITE 的格兰杰原因,说明能源消费的情况也会显著影响数字产业的发展。

图 4-6　模型 AR 特征多项式逆根

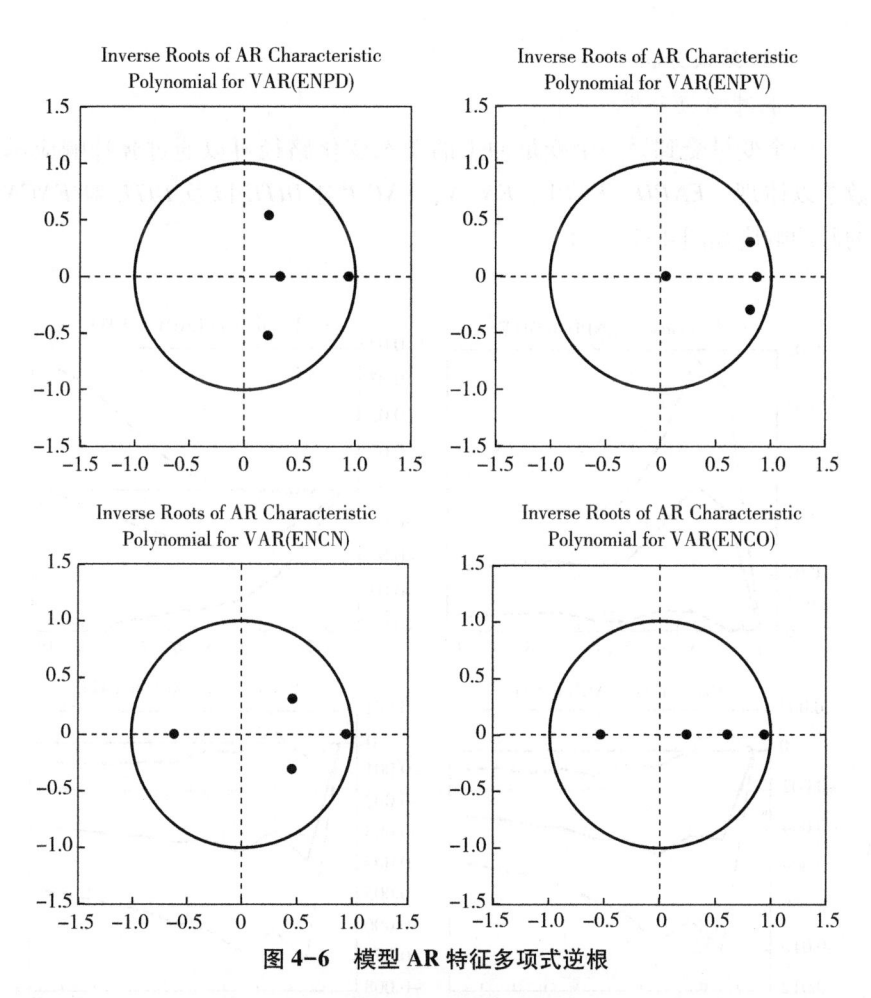

表 4-7　格兰杰因果检验结果

| 方程 | 原假设 | $\chi^2$ 统计量 | P 值 | 结论 |
| --- | --- | --- | --- | --- |
| VAR（ENPD） | DITE does not Granger Cause ENPD | 10.025900*** | 0.0067 | 拒绝 |
|  | ENPD does not Granger Cause DITE | 3.001757 | 0.2229 | 接受 |
| VAR（ENPV） | DITE does not Granger Cause ENPV | 6.195745** | 0.0451 | 拒绝 |
|  | ENPV does not Granger Cause DITE | 2.651073 | 0.2657 | 接受 |
| VAR（ENCN） | DITE does not Granger Cause ENCN | 22.979860*** | 0.0000 | 拒绝 |
|  | ENCN does not Granger Cause DITE | 16.168150*** | 0.0003 | 拒绝 |
| VAR（ENCO） | DITE does not Granger Cause ENCO | 19.114690*** | 0.0001 | 拒绝 |
|  | ENCO does not Granger Cause DITE | 2.259644 | 0.3231 | 接受 |

注：**、***分别表示在 5%、1%的显著性水平下显著。

## （四）结果分析

### 1. 脉冲响应分析

一个变量受到另一个变量冲击的动态变化路径可以通过脉冲响应函数予以体现。*ENPD*、*ENPV*、*ENCN*、*ENCO* 对 *DITE* 以及 *DITE* 对 *ENCN* 的脉冲响应如图 4-7 所示。

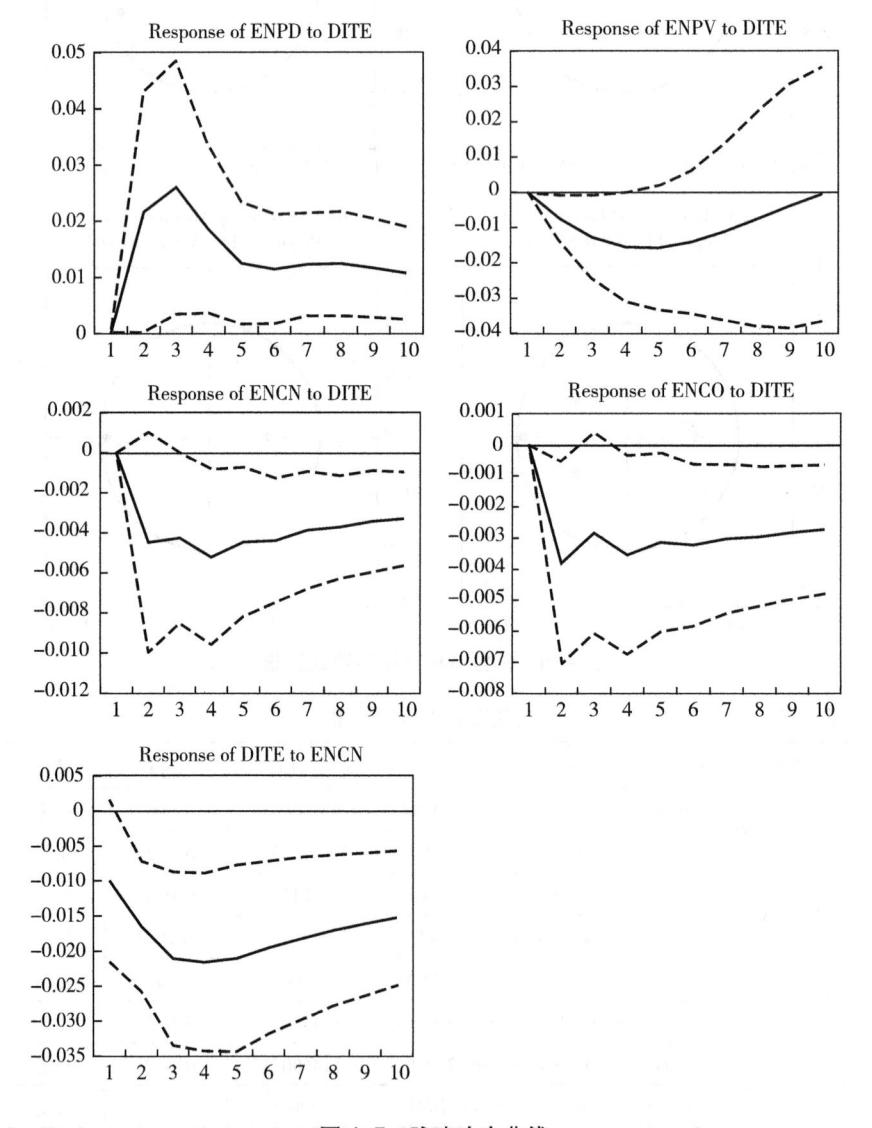

图 4-7 脉冲响应曲线

(1) *ENPD* 对 *DITE* 的脉冲响应

当 *DITE* 对 *ENPD* 产生一个单位标准差的正向冲击后，*ENPD* 首先有一个比较明显的正向效应，此效应在第三期达到最大，随后其影响力在第四期、第五期快速下降。并且，它在第七期、第八期又比上一期有所增强，第九期开始此作用继续保持下降趋势。这说明数字产业的发展至少在短期内对能源产业产出水平具有明显的正向影响。

(2) *ENPV* 对 *DITE* 的脉冲响应

当 *DITE* 对 *ENPV* 产生一个单位标准差的正向冲击后，会对 *ENPV* 产生负向效应，并在第五期达到最大。随后这种负向效应不断地减小，到第十期时已变得很小。由此可见，数字产业的发展至少在短期内有利于降低能源供应损失。

(3) *ENCN* 对 *DITE* 的脉冲响应

当 *DITE* 对 *ENCN* 产生一个单位标准差的正向冲击后，会对 *ENCN* 产生较大的负向影响。这一效应在第四期达到顶峰，随后其影响力迅速降低，并且该作用在第七期之后仍然存在但逐渐地减弱。同样地，数字产业的发展至少在短期内有助于降低能源消耗。

(4) *ENCO* 对 *DITE* 的脉冲响应

当 *DITE* 对 *ENCO* 产生一个单位标准差的正向冲击后，*ENCO* 也受到来自 *DITE* 的反方向影响，其影响力在第二期达到最大，随后便波动下降，到第十期时这种影响仍然显著。由此可见，数字产业的发展也有助于降低温室气体 $CO_2$ 的排放。*DITE* 对 *ENPD*、*ENCN* 和 *ENCO* 作用的持续时间较长，而对 *ENPV* 产生的积极影响时间相对较短。

(5) *DITE* 对 *ENCN* 的脉冲响应

当 *ENCN* 对 *DITE* 产生一个单位标准差的冲击后，*DITE* 受到来自 *ENCN* 较大的负向影响。随后该效应不断增强并在第四期达到最大。之后此作用逐渐减弱，始终保持着下降的趋势，但截至第十期影响依然显著。因此，能源消费状况的改善有助于推动数字产业的发展。

2. 方差分解

方差分解能够反映某个变量的波动有多少是由于自身的影响，还有多少是来自 VAR 模型中其他扰动因素的冲击。分别对 VAR（*ENPD*）、VAR（*ENPV*）、VAR（*ENCN*）、VAR（*ENCO*）模型中相应的 *ENPD*、*ENPV*、*ENCN*、*ENCO* 变量以及 VAR（*ENCN*）模型中的 *DITE* 变量开展方差分解，结果如表4-8所示。数据显示，中国各期的能源生产、能源供应、能源消费状况以及能源环境保护状况的变化除了来自自身的贡献影响，还受到数字产业发展水平不同程度的影响。

表4-8　　　　　　　　　　方差分解结果

| Period | ENPD | | ENPV | | ENCN | | ENCO | | DITE | |
| --- | --- | --- | --- | --- | --- | --- | --- | --- | --- | --- |
| | ENPD | DITE | ENPV | DITE | ENCN | DITE | ENCO | DITE | DITE | ENCN |
| 1 | 100.00 | 0.00 | 100.00 | 0.00 | 100.00 | 0.00 | 100.0 | 0.00 | 100.00 | 0.00 |
| 2 | 95.99 | 4.01 | 96.28 | 3.72 | 93.40 | 6.60 | 82.26 | 17.74 | 81.32 | 18.68 |
| 3 | 90.86 | 9.14 | 91.57 | 8.43 | 91.61 | 8.39 | 80.53 | 19.48 | 78.46 | 21.54 |
| 4 | 88.45 | 11.55 | 86.75 | 13.25 | 88.56 | 11.44 | 75.82 | 24.18 | 71.82 | 28.18 |
| 5 | 87.40 | 12.60 | 82.14 | 17.86 | 86.91 | 13.09 | 73.53 | 26.47 | 70.87 | 29.13 |
| 6 | 86.63 | 13.37 | 78.33 | 21.67 | 85.41 | 14.59 | 71.15 | 28.85 | 69.32 | 30.68 |
| 7 | 85.77 | 14.23 | 76.25 | 23.75 | 84.48 | 15.52 | 69.47 | 30.53 | 69.06 | 30.94 |
| 8 | 84.87 | 15.13 | 76.36 | 23.64 | 83.71 | 16.29 | 68.00 | 32.00 | 68.60 | 31.40 |
| 9 | 84.08 | 15.92 | 78.09 | 21.91 | 83.18 | 16.82 | 66.83 | 33.17 | 68.45 | 31.55 |
| 10 | 83.43 | 16.57 | 80.29 | 19.71 | 82.72 | 17.28 | 65.83 | 34.17 | 68.23 | 31.77 |

注：表4-8中数据表示贡献率，单位为%。

数字产业发展水平对能源供应的贡献率先上升后下降，在第七期达到最大（23.75%），随后开始下降，在第十期其贡献率仍有19.71%，大于该期对能源生产、能源消费的贡献率，但低于该期对能源环保的贡献率。随着期数的增加，数字产业发展水平对能源生产、能源消费的贡献率不断提升。相比之下，能源消费受到数字产业发展水平的影响较深。在第二期，数字产业发展水平对能源消费的贡献率就已超过6%，并在第十期达到17.28%。这表明目前数字产业的发展在促进中国能源生产、优化能源供应以及降低能源消费方面已取得不错的成效。但到了第十期，它对三者的贡献率也均未达到20%，说明目前数字产业发展在能源生产、能源供应、能源消费方面作用的发挥仍然有较大潜力。

与此同时，相较于能源生产、能源供应和能源消费，数字产业的发展对中国能源环境保护状况的影响最大。在第四期，数字产业发展水平对能源环境保护的贡献率更是超过了24%，此后该贡献率仍然不断地提升,并在第十期达到34.17%,说明我国数字产业在促进能源环境保护状况改善方面作用显著。随着中国出台更严格的碳排放规制政策以及实施更有力的碳减排行动,数字产业的发展将会为中国的碳减排作出更大的贡献。

从脉冲响应分析来看,能源消费状况的改善能够促进数字产业的发展。由表4-8可知,随着期数的增加,它对数字产业发展水平的贡献率持续提升。数字产业发展水平在第三期来自能源消费状况改善的贡献率就已超过21%,并且在第十期达到31.77%。这表明能源产业在保障中国数字产业的可持续发展上取得了不错的成绩。

## 本章小结

本章分析了中国数字产业与能源产业融合的发展状况。第一节阐述了中国数字产业与能源产业发展现状。首先,介绍中国数字产业发展规模以及产业数字化的情况,探讨了中国在该领域的国际地位,并从数字基础设施、数字设备普及和数字技术应用三个层面进一步阐述了中国数字产业的发展现状。中国的数字基础设施越来越完善,数字设备得到普及,数字技术应用的广度和深度不断提升。其次,介绍中国能源消费总量、能源消费结构的情况,开展能源消费国际比较,并从能源产业投资、能源产业人才、能源产业产量与效益三个角度进一步阐述中国能源产业的发展现状。中国能源产业投资结构得到优化,从业人员数量更加合理,人才素质有了较大提升,能源产业产量与效益获得较大提升,能源产业的发展总体上稳中向好。

第二节从能源产业数字化情况、能源产业保障数字产业可持续发展情况、数字能源产业发展情况、数字产业与能源产业融合发展的挑战四个方面探讨了中国数字产业与能源产业的融合实践。首先,2021年能源产业企业平均每百人使用计算机数在各产业大类中排名靠前,但其应用效果相对较差;信息传输服务业、计算机服务和软件业对能源产业的中间投入较大。其次,数字产业的可持续发展需以能源技术为支撑,既要提供充足的能源,还要实现高质量的能源供应;数字产业的能源消费升级,电力是我国计算机、通信和其他电子设备制造业消费最多的能源产品；能源产业对数字产业的中间投入主要来源于电力、热力、燃气生产和供应业。再次，近年来数字产业与能源产业融合日益深入，共享充电宝、分布式光伏发电等数字能源产业不断发展。最后，中国数字产业与能源产业融合发展的挑战是两大产业融合发展的系统性风险预防与控制的难度增大，技术标准的通用性亟待强化，对体制机制的变革有着更高要求，此外，对该领域专业人才的需求迫切。

中国作为能源生产与消费大国，保证自身的能源可持续发展异常重要。面对日益增长的能源需求和有限的能源资源之间的矛盾，通过科技手段缓解这一问题是可行的办法。实践证明，数字产业的发展有利于该问题的解决。第三章第二节已探讨了数字产业与能源产业融合对两大产业带来的影响，本章第三节对中国数字产业与能源产业互动关系进行实证研究。为了更准确地衡量中国数字产业的发展水平及其变化情况，本章构建了包含数字基础设施、数字设备普及以及数字技术应用3个维度（共17个指标）的数字产业发展水平测度指标体系。另外，将中国作为研究对象，选择2002—2021年共20年作为研究时间段，应用熵权TOPSIS法测度其数字产业发展水平。结果显示，研究期间中国数字产业发展非常迅速，数字产业发展水平有了很大提高。

在此基础上，构建VAR模型研究中国数字产业与能源产业发展之间的互动关系并得出相关结论。第一，中国数字产业的快速发展较好地推动了能源可持续发展。具体表现为提升了中国能源产业的产出水平，减少了能源供应过程中的损失，提高了能源利用效率，减少了能源消耗以及降低了能源相关的环境污染。其中，前三者的效果仍然相对有限，而最后一方面发挥的作用较为突出。第二，中国数字产业对能源生产、能源消费和能源环境保护作用的持续时间较长，而对能源供应方面产生的积极影响时间相对较短。第三，能源消费状况的改善能够促进数字产业的发展，能源产业在保障中国数字产业可持续发展上取得了不错的成绩。

# 第五章　数字产业与能源产业融合发展水平测度指标体系构建[*]

目前，关于数字产业与能源产业融合发展水平综合评价的研究缺乏，不利于两大产业融合的健康发展。建立两大产业融合发展水平测度指标体系是对其进行有效评价的前提。在前文研究基础上，本章拟遵循两大产业融合的递进过程，从融合基础、融合条件、融合力度以及融合绩效4个层面建立测度指标体系。第一节阐述了测度指标体系的设计思路。第二节选取测度指标并对部分指标做进一步的解释和说明，以准确理解指标的含义与计算过程。第三节以数字产业、能源产业以及其他产业三大部门为例，阐释了基于投入产出表的指标计算，从而更好地认识本书此类指标的计算方法。

## 第一节　测度指标体系设计思路

数字产业与能源产业融合发展有其自身的规律，是一个逐步演化与递进的过程。数字产业与能源产业融合发展水平评价指标体系的构建应能够体现数字产业与能源产业融合发展的真实水平，包括二者融合发展的潜力、直接表现以及取得的成效。融合发展的潜力既是指当前数字产业与能源产业的发展状况对未来二者融合发展的影响，即融合的基础情况；还应包括数字产业、能源产业与各产业相互联系、相互依赖的水平，代表着数字产业、能源产业各自具有的包容性，体现数字产业和能源产业融合的可能性大小、准备就绪程度，即融合的条件情况。二者融合的直接表现就是数字产业与能源产业之间的相互渗透、自身产品在对方的

---

[*] 本章部分内容 2023 年已发表于 *Technological Forecasting & Social Change*。

应用与结合情况，被称为融合力度。此外，数字产业与能源产业的融合绩效就是二者融合能够产生的效益，这种效益可能是针对数字产业或者能源产业自身，抑或是针对二者之外广阔的外部环境所带来的影响。

因此，可以从融合基础、融合条件、融合力度以及融合绩效4个方面衡量数字产业与能源产业融合发展水平。其中，融合基础维度主要反映融合的两大产业当前的发展水平，包括数字产业发展、能源产业发展两个方面。它们就像是"数字产业与能源产业融合"这一高楼大厦的"地基"，而地基的稳固性决定着这座大厦的高度。融合条件维度主要反映数字产业、能源产业与各产业的产品投入、需求等的相互联系，包括中间投入与需求、拉动推动水平两个方面。这两个方面的良好表现将为数字产业、能源产业的发展及其融合创造较好的环境。不同产业的融合程度体现在以投入与产出关系为核心的产业之间的互动关联性上。[①] 融合力度维度主要反映数字产业与能源产业发展水平的协调情况、产品相互需求的匹配状况，包括产出协调水平、投入匹配程度两个方面。产出协调水平、投入匹配程度的提升将推动数字产业与能源产业联系的不断加深和发展的良性互动上，这是两大产业融合的现实折射。融合绩效维度主要反映数字产业和能源产业融合发展的成果，包括要素利用效率、能源产品结构、能源环保水平三个方面。二者融合发展所带来的要素利用效率的提高、能源产品结构的优化、能源环保水平的提升也将进一步促进数字产业与能源产业向更广范围、更深层次融合。因此，评价指标体系的设计应从上述维度着手。

## 第二节 测度指标选取与阐释

### 一 指标选取

根据评价指标体系的设计思路，考虑指标的全面性、科学性以及数据的可得性和可比性，可将数字产业与能源产业融合发展水平评价指标分为四类。

---

[①] 武晓婷、张恪渝：《数字经济产业与制造业融合测度——基于投入产出视角》，《中国流通经济》2021年第11期。

一是融合基础类指标，包括数字产业发展指标、能源产业发展指标。其中，数字产业发展指标有每万平方千米长途光缆线路长度、每万人移动电话交换机容量、电话普及率（含移动电话）、移动电话普及率、城镇居民平均每百户计算机拥有量、互联网普及率、人均数字产业增加值，分别表征长途光缆基础设施建设状况、移动电话交换机基础设施水平、电话占有情况、移动电话拥有状况、计算机拥有数量、网络应用程度、数字产业发展效益。数字产业发展越好，可以为数字产业与能源产业的融合发展提供更加强劲的动力，提高融合的广度和深度，有力推进融合的进程。

能源产业发展指标包含能源工业固定资产投资占比，能源工业投资占比，每万人城镇单位电力、热力、燃气生产和供应业从业人数，人均能源生产量以及人均能源产业增加值，分别表征能源工业固定资产投资状况、能源工业总投资水平、能源产业劳动力投入情况、能源产业产品生产数量、能源产业发展效益。能源产业发展状况是决定数字产业和能源产业融合发展的关键。这些指标从不同方面共同反映了能源产业的发展水平，能源产业越发达，数字产业与能源产业融合的基础越牢靠，促进二者融合的市场力量也越大。

二是融合条件类指标，包括中间投入与需求指标、拉动推动水平指标。其中，中间投入与需求指标有数字产业中间投入率、能源产业中间投入率、数字产业中间需求率以及能源产业中间需求率，分别表征数字产业与各产业在中间投入上的相互联系、能源产业与各产业在中间投入上的相互联系、数字产业与各产业在中间需求方面的相互联系、能源产业与各产业在中间需求方面的相互联系。拉动推动水平指标有数字产业影响力系数、能源产业影响力系数、数字产业感应度系数、能源产业感应度系数，分别表征数字产业对其他部门的带动作用大小、能源产业对其他部门的带动作用大小、数字产业对其他部门发展的敏感程度、能源产业对其他部门发展的敏感程度。一般来说，数字产业、能源产业各自的中间投入与需求、拉动推动水平越高，它们就越具有与其他产业融合的能力，说明数字产业与能源产业融合的条件越好。

三是融合力度类指标包括产出协调水平指标、投入匹配程度指标。其中，产出协调水平指标有产业耦合度、产业协调度，分别表征数字产业与能源产业相互依赖的程度、数字产业与能源产业协调发展状况的好坏。投入匹配程度指标有能源产业主体融合度、数字产业主体融合度、产业互动融合度，分别表征能源产业为主体向数字产业渗透的程度、数字产业为主体向能源产业渗透的程度、数字产业与能源产业双向渗透的综合水平。上述指标体现了数字产业与能源产业当前融合发展最直接的表现。

四是融合绩效类指标，包括要素利用效率指标、能源产品结构指标、能源环保水平指标。其中，要素利用效率指标有单位劳动创造的GDP、单位资本创造的GDP、单位能耗创造的GDP，依次度量劳动要素的使用效率、资本要素的使用效率以及能源要素的使用效率。能源产品结构指标有天然气、电力及其他能源生产占比，天然气、电力及其他能源消费占比以及火力发电占比，依次表征清洁能源生产水平、清洁能源消费水平、火力发电的污染程度。能源环保水平指标有单位能耗的$SO_2$排放量、单位能耗的$CO_2$排放量、单位能耗的废水石油类排放量、单位能耗的废水挥发酚排放量，分别表征能源消耗产生的$SO_2$污染、能源消耗产生的$CO_2$污染、能源消耗产生的废水石油类污染、能源消耗产生的废水挥发酚污染。融合绩效类指标反映了数字产业与能源产业融合发展所取得的效益，是二者融合发展的目标追求。同等条件下，融合力度越大，往往能够带来更高水平的融合绩效。但现实中，融合力度大并不一定意味着数字产业与能源产业融合发展能够取得更好的绩效水平，因为在多重因素的影响下既定融合力度的功能发挥的程度各不相同。

综上所述，本章构建一个包含1个目标层（数字产业与能源产业融合发展水平）、4个维度层（融合基础类、融合条件类、融合力度类以及融合绩效类）、9个度量层共35个指标的数字产业与能源产业融合发展水平评价指标体系（见表5-1）。其中，正向指标30个，逆向指标5个。

表5-1　数字产业与能源产业融合发展水平测度指标体系

| 维度 | 度量 | 指标 | 指标单位 | 指标类型 | 指标含义 |
| --- | --- | --- | --- | --- | --- |
| 融合基础类 | 数字产业发展 | 每万平方千米长途光缆线路长度 | 千米/万平方千米 | 正 | $Y_1$=长途光缆线路长度/土地面积 |
| | | 每万人移动电话交换机容量 | 户/万人 | 正 | $Y_2$=移动电话交换机容量/常住人口 |

续表

| 维度 | 度量 | 指标 | 指标单位 | 指标类型 | 指标含义 |
|---|---|---|---|---|---|
| 融合基础类 | 数字产业发展 | 电话普及率（含移动电话） | 部/百人 | 正 | $Y_3$=电话用户数/常住人口 |
| | | 移动电话普及率 | 部/百人 | 正 | $Y_4$=移动电话用户数/常住人口 |
| | | 城镇居民平均每百户计算机拥有量 | 台/百户 | 正 | $Y_5$=计算机拥有数量/城镇居民家庭户数 |
| | | 互联网普及率 | % | 正 | $Y_6$=互联网上网人数/常住人口 |
| | | 人均数字产业增加值 | 元/人 | 正 | $Y_7$=数字产业增加值/常住人口 |
| | 能源产业发展 | 能源工业固定资产投资占比 | % | 正 | $Y_8$=国有经济能源工业固定资产投资/全社会固定资产投资 |
| | | 能源工业投资占比 | % | 正 | $Y_9$=能源工业投资/GDP |
| | | 每万人城镇单位电力、热力、燃气生产和供应业从业人数 | 人/万人 | 正 | $Y_{10}$=城镇单位电力、热力、燃气生产和供应业从业人数/常住人口 |
| | | 人均能源生产量 | 吨标准煤/人 | 正 | $Y_{11}$=能源生产量/常住人口 |
| | | 人均能源产业增加值 | 元/人 | 正 | $Y_{12}$=能源产业增加值/常住人口 |
| 融合条件类 | 中间投入与需求 | 数字产业中间投入率 | 1 | 正 | $Y_{13}$=数字产业中间投入/数字产业总投入 |
| | | 能源产业中间投入率 | 1 | 正 | $Y_{14}$=能源产业中间投入/能源产业总投入 |
| | | 数字产业中间需求率 | 1 | 正 | $Y_{15}$=数字产业中间使用/（数字产业中间使用+数字产业最终使用） |
| | | 能源产业中间需求率 | 1 | 正 | $Y_{16}$=能源产业中间使用/（能源产业中间使用+能源产业最终使用） |
| | 拉动推动水平 | 数字产业影响力系数 | 1 | 正 | $Y_{17}$=数字产业增加一个单位最终产品时，对其他产业所引发的生产需求波及程度 |
| | | 能源产业影响力系数 | 1 | 正 | $Y_{18}$=能源产业增加一个单位最终产品时，对其他产业所引发的生产需求波及程度 |

续表

| 维度 | 度量 | 指标 | 指标单位 | 指标类型 | 指标含义 |
|---|---|---|---|---|---|
| 融合条件类 | 拉动推动水平 | 数字产业感应度系数 | 1 | 正 | $Y_{19}$ = 各产业每增加一个单位最终使用时,需要数字产业为其生产而提供的产出量 |
| | | 能源产业感应度系数 | 1 | 正 | $Y_{20}$ = 各产业每增加一个单位最终使用时,需要能源产业为其生产而提供的产出量 |
| 融合力度类 | 产出协调水平 | 产业耦合度 | 1 | 正 | $Y_{21}$ = 利用静态耦合模型计算的数字产业与能源产业的耦合度 |
| | | 产业协调度 | 1 | 正 | $Y_{22}$ = 利用静态耦合模型计算的数字产业与能源产业的协调度 |
| | 投入匹配程度 | 能源产业主体融合度 | 1 | 正 | $Y_{23}$ = (能源产业对数字产业的投入率+数字产业被能源产业消耗的需求率)/2 |
| | | 数字产业主体融合度 | 1 | 正 | $Y_{24}$ = (能源产业被数字产业消耗的需求率+数字产业对能源产业的投入率)/2 |
| | | 产业互动融合度 | 1 | 正 | $Y_{25}$ = (能源产业主体融合度+数字产业主体融合度)/2 |
| 融合绩效类 | 要素利用效率 | 单位劳动创造的 GDP | 元/人 | 正 | $Y_{26}$ = GDP/就业人员数 |
| | | 单位资本创造的 GDP | 1 | 正 | $Y_{27}$ = GDP/资本存量 |
| | | 单位能耗创造的 GDP | 元/吨标准煤 | 正 | $Y_{28}$ = GDP/能源消费总量 |
| | 能源产品结构 | 天然气、电力及其他能源生产占比 | % | 正 | $Y_{29}$ = 天然气、电力及其他能源生产量/能源生产总量 |
| | | 天然气、电力及其他能源消费占比 | % | 正 | $Y_{30}$ = 天然气、电力及其他能源消费量/能源消费总量 |
| | | 火力发电占比 | % | 逆 | $Y_{31}$ = 火力发电量/电力消费总量 |
| | 能源环保水平 | 单位能耗的 $SO_2$ 排放量 | 吨/万吨标准煤 | 逆 | $Y_{32}$ = $SO_2$ 排放量/能源消费总量 |
| | | 单位能耗的 $CO_2$ 排放量 | 万吨/万吨标准煤 | 逆 | $Y_{33}$ = $CO_2$ 排放量/能源消费总量 |

续表

| 维度 | 度量 | 指标 | 指标单位 | 指标类型 | 指标含义 |
|---|---|---|---|---|---|
| 融合绩效类 | 能源环保水平 | 单位能耗的废水石油类排放量 | 千克/万吨标准煤 | 逆 | $Y_{34}$=废水石油类排放量/能源消费总量 |
| | | 单位能耗的废水挥发酚排放量 | 千克/万吨标准煤 | 逆 | $Y_{35}$=废水挥发酚排放量/能源消费总量 |

注：在"能源产业发展"中，"能源生产量"代表一次能源生产量（$Y_{11}$）；在"能源产品结构"中，"电力"代表一次电力，"其他能源"是指除煤品、油品、天然气、热力以及电力以外的能源（$Y_{29}$—$Y_{30}$）。

### 二 指标阐释

为了更好地理解指标的含义与计算过程，本节对部分指标做进一步的解释和说明。

1. 中间投入率

中间投入率指的是某个产业部门在一定时期内（通常为一年）的生产过程中中间投入和总投入的比值。那么，数字产业中间投入率表示数字产业生产一个单位产值的产品需向各个产业买入的原料在其中的占比，能源产业中间投入率表示能源产业生产一个单位产值的产品需向各个产业买入的原料在其中的占比。中间投入率的计算方式为：

$$MI_j = \frac{\sum_{i=1}^{n} x_{ij}}{\sum_{i=1}^{n} x_{ij} + V_j}; \quad i,j = 1, 2, \cdots, n \tag{5-1}$$

其中，$MI_j$是第$j$个产业部门的中间投入率，$x_{ij}$表示第$j$个产业部门来自第$i$个产业部门的中间投入的数量，$V_j$是第$j$个产业部门的增加值。

2. 中间需求率

中间需求率指的是某个产业部门的总产品里作为中间产品的有多少，也就是说成为各个产业的原材料被需求的比重。中间需求率越高，意味着此产业部门是越具有原材料性质的产业部门。数字产业中间需求率表示各个产业对数字产业产品的中间需求总量与国民经济对其产品的总需求之比，能源产业中间需求率表示各个产业对能源产业产品的中间需求总量与国民经济对其产品的总需求之比。中间需求率的计算方式为：

$$MD_i = \frac{\sum_{j=1}^{n} x_{ij}}{\sum_{j=1}^{n} x_{ij} + fd_i}; \quad i, j = 1, 2, \cdots, n \tag{5-2}$$

其中，$MD_i$ 代表第 $i$ 个产业部门的中间需求率，$x_{ij}$ 表示第 $i$ 个产业部门向第 $j$ 个产业部门提供的产品中间使用的数量，$fd_i$ 是第 $i$ 个产业部门提供的产品最终使用的数量。

3. 影响力系数

每个产业部门的生产活动都会直接或间接地影响到其他产业部门的生产活动，被称为后向产业关联。它们之间这种相互作用的大小可采用影响力系数来度量。影响力系数表示当某个产业部门新增一个单位的最终使用时所带来的对各个产业部门的生产需求的波及程度。倘若数字产业（能源产业）的影响力系数越高，则意味着它的发展对其他产业部门的拉动作用越大，对它们的影响也越深远。影响力系数的计算方式为：

$$IC_j = \frac{\sum_{i=1}^{n} d_{ij}}{\sum_{j=1}^{n} \sum_{i=1}^{n} d_{ij}/n}; \quad i, j = 1, 2, \cdots, n \tag{5-3}$$

其中，$IC_j$ 是影响力系数，$n$ 是产业部门个数，$d_{ij}$ 是完全消耗系数矩阵 $D$ 第 $i$ 行第 $j$ 列的元素，而完全消耗系数矩阵等于列昂惕夫逆矩阵减去单位阵，即 $D=(I-A)^{-1}-I$。式 5-3 中，$I$ 表示单位阵，$A$ 是直接消耗系数矩阵。后者是直接消耗系数 $a_{ij}$ 所构成的 $n$ 阶矩阵，该系数等于投入产出表中第 $j$ 个产业部门生产经营活动中直接消耗的第 $i$ 个产业部门的产品或者服务的数量 $x_{ij}$ 除以第 $j$ 个产业部门的总投入 $x_j$，即 $a_{ij} = \frac{x_{ij}}{x_j}$；$i, j = 1, 2, \cdots, n$。$IC_j$ 大于 1、等于 1、小于 1 分别反映了第 $j$ 个产业部门对其他产业部门的带动作用高于、等于、低于社会平均影响力水平。

4. 感应度系数

同样地，每个产业部门的生产活动也均会直接或间接地受到来自其他产业部门的影响，被称为前向产业关联。它们之间这种相互作用的大小可采用感应度系数来衡量。感应度系数反映所有产业部门每新增一个单位的最终使用时所引发的某个产业部门对此生产需求的感应程度。如果数字产业（能源产业）的感应度系数越大，就表明它的发展对其他产业部门的变化越敏感，受到其他产业部门的影响越大。感应度系数的计算方式为：

$$SC_i = \frac{\sum_{j=1}^{n} d_{ij}}{\sum_{j=1}^{n}\sum_{i=1}^{n} d_{ij}/n}; \quad i, j = 1, 2, \cdots, n \tag{5-4}$$

其中，$SC_i$ 是感应度系数，$n$ 是产业部门个数，$d_{ij}$ 的含义和计算方法同上。$SC_i$ 大于1、等于1、小于1分别反映第 $i$ 个产业部门受到其他产业的作用程度高于、等于、低于社会平均感应度水平。

5. 产业耦合度与产业协调度

产业耦合度表示不同产业之间相互作用所带来的彼此影响的大小，但无法体现它们的协调发展水平的高低。那么，数字产业与能源产业耦合度是指数字产业与能源产业之间相互影响的程度。而产业协调度可以描述不同产业之间协调发展状况的好坏程度。[①] 同样地，数字产业与能源产业协调度是指数字产业和能源产业之间的协调发展水平。

首先，定义数字产业与能源产业耦合度 $P$ 为：

$$P = \{(m \times n)/(m/2 + n/2)^2\}^k \tag{5-5}$$

其中，$m$、$n$ 分别表示数字产业发展水平和能源产业发展水平，$P \in [0, 1]$，$P$ 值越大，则数字产业与能源产业彼此影响的程度越大。$k$ 是调节系数，通常情况下 $k \geq 2$，参考邹伟进等[②]的做法，本节将 $k$ 取值为2。为了更好地体现数字产业与能源产业协调发展的水平，引入协调度 $Q$，可表示为：

$$Q = \sqrt{P \times S} \tag{5-6}$$

其中，$P$ 为数字产业与能源产业耦合度，$S$ 是协调发展水平综合评价指数，$S \in (0, 1)$，$Q \in (0, 1)$。$S = \alpha \times m + \beta \times n$，$\alpha$、$\beta$ 是待确定的权重，通常认为数字产业与能源产业的发展同样重要。因此，本节中 $\alpha$、$\beta$ 的取值一样，都设定为0.5。

6. 产业融合度

数字产业和能源产业之间的融合方式有单向融合和双向融合。其中，

---

① 刘春林：《耦合度计算的常见错误分析》，《淮阴师范学院学报》（自然科学版）2017年第1期。

② 邹伟进、李旭洋、王向东：《基于耦合理论的产业结构与生态环境协调性研究》，《中国地质大学学报》（社会科学版）2016年第2期。

单向融合包括能源产业主体融合和数字产业主体融合,前者是指以能源产业的企业为融合主体,由能源产业边界向数字产业渗透、延伸,服务于数字产业或者参与数字产业的市场竞争;后者是指以数字产业的企业为融合主体,由数字产业边界向能源产业渗透、延伸,服务于能源产业或者参与能源产业的市场竞争。双向融合是指能源产业的企业由能源产业边界向数字产业渗透、延伸,服务于数字产业或者参与数字产业的市场竞争,同时,数字产业的企业由数字产业边界向能源产业渗透、延伸,服务于能源产业或者参与能源产业的市场竞争。对于一个国家或者地区而言,数字产业与能源产业的融合是双向融合。

借鉴王小波在计算生产性服务业与制造业融合发展水平时的做法,可由4个基本指标计算得到融合度指标。[①] 一是能源产业对数字产业的投入率,被称为 $E_1$,计算方法是数字产业中能源产业的投入与数字产业的中间投入之比,比值越大,说明数字产业对能源产业投入的依赖程度越高;二是能源产业被数字产业消耗的需求率,被称为 $E_2$,计算方法是能源产业被数字产业消耗的部分与各产业对能源产业的中间需求总和之比,比值越大,表明能源产业的发展越依赖于数字产业对它的中间需求;三是数字产业对能源产业的投入率,被称为 $D_1$,计算方法是能源产业中数字产业的投入与能源产业的中间投入之比,比值越大,说明能源产业越依赖数字产业的投入;四是数字产业被能源产业消耗的需求率,被称为 $D_2$,计算方法是数字产业被能源产业消耗的部分与各产业对数字产业的中间需求总和之比,比值越大,说明数字产业的发展越依赖于能源产业对它的中间需求。假定某个国家或地区的数字产业与能源产业已存在融合,可以建立以能源产业为融合主体、以数字产业为融合主体、数字产业与能源产业双向融合三种不同情况下融合水平的评价指标,分别是能源产业主体融合度 $ETD$、数字产业主体融合度 $DTE$、数字产业与能源产业互动融合度 $EDT$。它们的计算公式分别为:

能源产业主体融合度:$ETD=(E_1+D_2)/2$ \hfill (5-7)

数字产业主体融合度:$DTE=(E_2+D_1)/2$ \hfill (5-8)

数字产业与能源产业互动融合度:$EDT=[(E_1+D_1)/2+(E_2+D_2)/2]/2$ \hfill (5-9)

---

[①] 王小波:《生产性服务业与制造业融合发展研究》,博士学位论文,湘潭大学,2016年。

## 第三节 基于投入产出表的指标计算

在关于数字产业与能源产业融合发展的研究中，本书应用中间投入率、中间需求率、影响力系数、感应度系数、主体融合度、互动融合度等指标，涉及基于数字产业和能源产业的不同数量部门的投入产出表编制。鉴于这些指标在本书中的重要性，现以中国《2018 年全国投入产出表》[①] 为基础，对基于数字产业和能源产业的三大部门投入产出表编制以及相关指标的计算进行说明，以便更好地理解上述指标值如何获得。

### 一 投入产出表的产业划分

中国《2018 年全国投入产出表》把国民经济细分成 153 个部门，基于此，产生了 153×153 的投入产出表。本书基于数字产业和能源产业的三大部门投入产出表，将其重新分为三大类别，包括能源产业、数字产业以及其他产业，具体如表 5-2 所示。

表 5-2　　　　　　　三大部门投入产出表产业划分

| 序号 | 分类 | 对应部门 |
| --- | --- | --- |
| 1 | 能源产业 | 煤炭开采和洗选产品、石油和天然气开采产品、精炼石油和核燃料加工品、煤炭加工品、电力热力生产和供应、燃气生产和供应 |
| 2 | 数字产业 | 计算机、电子元器件、视听设备、广播电视设备和雷达及配套设备、通信设备、其他电子设备；电信、广播电视及卫星传输服务、互联网和相关服务、软件服务、信息技术服务 |
| 3 | 其他产业 | 农产品、林产品、畜牧产品、渔产品、农林牧渔服务产品、黑色金属矿采选产品、有色金属矿采选产品、非金属矿采选产品、开采辅助活动和其他采矿产品、谷物磨制品、饲料加工品等（即数字产业、能源产业以外的产品部门） |

### 二 投入产出表编制与指标计算

（一）投入产出表的编制

依照上文对三大部门的分类，基于投入产出表编制结构和规则，重新分类编制三大部门投入产出表的基本表式（见表 5-3）。

---

① 资料来源于国家统计局网站。

表 5-3　　　　　　　　三大部门投入产出表基本表式

| 投入 \ 产出 | | 中间需求 | | | | 最终需求 | 进口 | 总产出 |
|---|---|---|---|---|---|---|---|---|
| | | 能源产业 | 数字产业 | 其他产业 | 合计 | | | |
| 中间投入 | 能源产业 | $x_{11}$ | $x_{12}$ | $x_{13}$ | $\sum_{j=1}^{3} x_{1j}$ | $fd_1$ | $m_1$ | $OY_1$ |
| | 数字产业 | $x_{21}$ | $x_{22}$ | $x_{23}$ | $\sum_{j=1}^{3} x_{2j}$ | $fd_2$ | $m_2$ | $OY_2$ |
| | 其他产业 | $x_{31}$ | $x_{32}$ | $x_{33}$ | $\sum_{j=1}^{3} x_{3j}$ | $fd_3$ | $m_3$ | $OY_3$ |
| | 合计 | $\sum_{i=1}^{3} x_{i1}$ | $\sum_{i=1}^{3} x_{i2}$ | $\sum_{i=1}^{3} x_{i3}$ | $\sum_{i=1}^{3}\sum_{j=1}^{3} x_{ij}$ | $\sum_{i=1}^{3} fd_i$ | $\sum_{i=1}^{3} m_i$ | $\sum_{i=1}^{3} OY_i$ |
| 增加值 | | $V_1$ | $V_2$ | $V_3$ | | | | |
| 总投入 | | $IY_1$ | $IY_2$ | $IY_3$ | | | | |

注：总投入等于相应的总产出，即 $IY_t = OY_t$（$t=1,2,3$）。

依据表 5-3 三大部门投入产出表基本表式以及中国《2018 年全国投入产出表》的数据，通过行列归并编制三大部门投入产出表（见表 5-4）。

表 5-4　　　　　　2018 年全国三大部门投入产出表　　　　　　单位：万元

| 投入 \ 产出 | | 中间需求 | | | | 最终需求 | 进口 | 总产出 |
|---|---|---|---|---|---|---|---|---|
| | | 能源产业 | 数字产业 | 其他产业 | 合计 | | | |
| 中间投入 | 能源产业 | 673508404 | 19768910 | 894012243 | 1587289557 | 159439068 | 227064060 | 1519664565 |
| | 数字产业 | 6007043 | 728103276 | 450033384 | 1184143704 | 893240338 | 347626080 | 1729757962 |
| | 其他产业 | 301487149 | 476384623 | 12185105938 | 12962977710 | 9854234493 | 1111652037 | 21705560166 |
| | 合计 | 981002596 | 1224256809 | 13529151565 | 15734410971 | 10906913899 | 1686342177 | 24954982693 |
| 增加值 | | 538661969 | 505501153 | 8176408601 | | | | |
| 总投入 | | 1519664565 | 1729757962 | 21705560166 | | | | |

注：该表中数值由中国《2018 年全国投入产出表》行列归并求得，数值进行了四舍五入处理，故个别合计数与分项之和存在细微差异。

（二）部分指标计算分析

1. 中间投入率与中间需求率

能源产业的中间投入率和中间需求率分别为：

$$MI_1^E = \frac{\sum_{i=1}^{3} x_{i1}}{\sum_{i=1}^{3} x_{i1} + V_1} = \frac{981002596}{981002596 + 538661969} = 0.64554 \quad (5-10)$$

$$MD_1^E = \frac{\sum_{j=1}^{3} x_{1j}}{\sum_{j=1}^{3} x_{1j} + fd_1} = \frac{1587289557}{1587289557 + 159439068} = 0.90872 \quad (5-11)$$

同理，计算得到的数字产业中间投入率、中间需求率分别是 0.70776、0.57002；"其他产业"中间投入率、中间需求率分别是 0.62330、0.56812。由此可知，2018 年我国数字产业的中间投入率最高，其次是能源产业；而能源产业的中间需求率最高，其次是数字产业。

2. 影响力系数与感应度系数

为了测算三大部门的影响力系数与感应度系数，需要依次求得直接消耗系数矩阵 $A_{3\times 3}$、完全消耗系数矩阵 $D_{3\times 3}$。由 $a_{ij} = \frac{x_{ij}}{x_j}$；$i, j = 1, 2, 3$ 可以得到直接消耗系数矩阵，即：

$$A = \begin{bmatrix} a_{11} & a_{12} & a_{13} \\ a_{21} & a_{22} & a_{23} \\ a_{31} & a_{32} & a_{33} \end{bmatrix} = \begin{bmatrix} 0.443195 & 0.011429 & 0.041188 \\ 0.003953 & 0.420928 & 0.020734 \\ 0.198391 & 0.275405 & 0.561382 \end{bmatrix} \quad (5-12)$$

由 $D = (I-A)^{-1} - I$ 计算得到完全消耗系数矩阵为：

$$D = \begin{bmatrix} d_{11} & d_{12} & d_{13} \\ d_{21} & d_{22} & d_{23} \\ d_{31} & d_{32} & d_{33} \end{bmatrix} = \begin{bmatrix} 0.861169 & 0.122610 & 0.180568 \\ 0.043831 & 0.769504 & 0.087761 \\ 0.869343 & 1.166517 & 1.416664 \end{bmatrix} \quad (5-13)$$

那么，能源产业的影响力系数与感应度系数依次为：

$$IC_1 = \frac{\sum_{i=1}^{n} d_{i1}}{\sum_{j=1}^{3} \sum_{i=1}^{3} d_{i1} / 3} = \frac{1.774344}{1.839323} = 0.96467 \quad (5-14)$$

$$SC_1 = \frac{\sum_{j=1}^{3} d_{1j}}{\sum_{j=1}^{3} \sum_{i=1}^{3} d_{ij} / n} = \frac{1.164347}{1.839323} = 0.63303 \quad (5-15)$$

同理，计算得到的数字产业影响力系数和感应度系数分别是 1.11923、0.48991；"其他产业"影响力系数与感应度系数分别为 0.91609、1.87706。由此可知，2018 年中国数字产业的影响力系数最高，其次是能源产业；而"其他产业"的感应度系数最高，能源产业次之。

3. 产业融合度

首先，根据定义计算能源产业对数字产业的投入率 $E_1$、能源产业被数字产业消耗的需求率 $E_2$、数字产业对能源产业的投入率 $D_1$、数字产业被能源产业消耗的需求率 $D_2$，计算结果分别为 0.016148、0.012455、0.006123、0.005073。其次，利用式（5-16）至式（5-18）计算得出能源产业主体融合度、数字产业主体融合度、数字产业与能源产业互动融合度分别是 0.01061、0.00929、0.00995，即：

$$ETD = (E_1 + D_2)/2 = 0.01061 \tag{5-16}$$

$$DTE = (E_2 + D_1)/2 = 0.00929 \tag{5-17}$$

$$EDT = [(E_1 + D_1)/2 + (E_2 + D_2)/2]/2 = 0.00995 \tag{5-18}$$

# 本章小结

本章第一节阐述了数字产业与能源产业融合发展水平评价指标体系的设计思路，即从融合基础、融合条件、融合力度以及融合绩效 4 个方面衡量数字产业与能源产业融合发展水平。

在第二节中，根据全面性原则、科学性原则、可行性原则、可比性原则选取指标，构建了一个包含 1 个目标层（数字产业与能源产业融合发展水平）、4 个维度层（融合基础、融合条件、融合力度以及融合绩效）、9 个度量层共 35 个指标的数字产业与能源产业融合发展水平评价指标体系。

在第三节里，首先为了更好地理解指标的含义与计算过程，对中间投入率、中间需求率、影响力系数、感应度系数、产业耦合度、产业协调度以及产业融合度等指标的含义和计算公式开展进一步的阐释。其次，介绍了包含数字产业、能源产业以及其他产业三大部门投入产出表的产业划分，描述了三大部门投入产出表的基本表式并以中国《2018 年全国投入产出表》为基础，编制了上述三大部门 2018 年全国的投入产出表。

最后，计算了数字产业、能源产业、其他产业的中间投入率、中间需求率、影响力系数、感应度系数并测度了能源产业主体融合度、数字产业主体融合度、数字产业与能源产业互动融合度。从而更好地认识本书涉及的包含数字产业和能源产业的不同数量部门投入产出表的结构及其与相关指标的联系。

# 第六章  数字产业与能源产业融合发展水平测度及比较研究[*]

第四章已对中国数字产业与能源产业融合发展状况进行了概述,了解了其基本情况。但中国数字产业与能源产业融合发展总体水平如何,不同区域发展是否均衡,子行业的融合情况怎样以及国际竞争力如何等问题还不清楚。这些问题关系到能否对我国数字产业与能源产业融合发展领域进行全面准确的评估,是政府制定两大产业融合发展政策措施的重要依据。数字产业与能源产业融合发展水平测度及比较是本书的重点,也是后续研究的基础。

本章旨在应用投入产出分析、主成分分析等方法,系统地对我国数字产业与能源产业融合发展情况进行评估,本章共分为四节。第一节描述研究对象并对数据进行标准化。第二节基于第五章构建的数字产业与能源产业融合发展水平测度指标体系,利用投入产出分析、主成分分析等方法对全国及30个省份两大产业融合发展水平予以测度并进行时空比较。第三节采用投入产出分析法从行业层面研究了数字产业、能源产业(含二者子行业)之间的融合发展情况。第四节使用投入产出分析方法比较了12个G20国家数字产业与能源产业的融合发展情况,从而更准确地了解中国该领域在国际上所处的位置。

## 第一节  研究对象与数据标准化

为了更好地掌握中国数字产业与能源产业的融合发展情况,本章从不同层面和视角入手,分别对全国、各区域、各行业以及其他国家数字

---

[*] 本章部分内容2023年已发表于 *Technological Forecasting & Social Change*。

产业与能源产业的融合发展水平进行分析比较。由于指标数据的可获得性，全国层面选择 2002—2018 年共 17 年作为研究时间段；区域层面选取中国除西藏与港澳台地区外的 30 个省份作为考察对象，选择 2002 年、2007 年、2012 年以及 2017 年共 4 年作为研究时点；[①] 行业层面选取中国数字产业（含子行业），能源产业（含子行业），农林牧渔业，工业，建筑业，金融业，批发和零售业，住宿和餐饮业，交通运输、仓储和邮政业，房地产业，其他行业作为研究对象，选择 2002 年、2007 年、2012 年、2017 年以及 2020 年共 5 年作为研究时点；国际层面选取加拿大、意大利、法国、英国、德国、日本、美国 7 个发达国家（G7 成员国）以及巴西、俄罗斯、印度、中国、南非 5 个发展中国家（BRICS 成员国）共 12 个 G20 国家作为比较对象，选择 2018 年作为研究时点。

研究数据来源于 2002—2018 年相关年份的《中国能源统计年鉴》《中国环境统计年鉴》《中国环境年鉴》《中国统计年鉴》《中国劳动统计年鉴》《2017 年网宿·中国互联网发展报告》，或者中央人民政府网站、各省份的统计年鉴、国家统计局网站、经济合作与发展组织网站、中国电力企业联合会网站、World Input-Output Database（WIOD 数据库），以及《GB/T 2589-2020 综合能耗计算通则》《省级温室气体清单编制指南（试行）》《2006 年 IPCC 国家温室气体清单指南》，通过收集整理得到研究所需相应数据。其中，天然气、电力及其他能源生产占比，天然气、电力及其他能源消费占比，火力发电占比等指标计算时，有些省份缺少能源产品的标准量数据。本书通过能源产品的实物量数据进行换算得到其标准量数据，换算标准主要采用相关年份《中国能源统计年鉴》里的各种能源折标准煤参考系数。此外，针对统计资料中缺失的个别数据，利用向前（或向后）插值法予以补齐。

为了更准确地衡量数字产业与能源产业融合发展水平，开展综合评价的价值型数据都以 2002 年为基期消除不同年份价格差异的影响，如人均数字产业增加值、人均能源产业增加值、单位劳动创造的 GDP、单位资本创造的 GDP、单位能耗创造的 GDP 等。同时，对所收集的数据进行标准化，以便尽量减小指标的效益（正向）、成本（逆向）、量纲、数量

---

[①] 区域层面使用的数据截至 2017 年，因为一些指标数据来源于国家统计局国民经济核算司出版的《中国地区投入产出表》，该书籍每隔 5 年出版一次，《中国地区投入产出表（2022）》预计到 2025 年才出版。

级等属性导致的偏差。根据所选指标的不同性质,分别对正向指标、逆向指标采用如下公式进行标准化处理。

正向指标:

$$s_{ij} = \frac{x_{ij} - \min(x_{ij})}{\max(x_{ij}) - \min(x_{ij})} \qquad (6-1)$$

逆向指标:

$$s_{ij} = \frac{\max(x_{ij}) - x_{ij}}{\max(x_{ij}) - \min(x_{ij})} \qquad (6-2)$$

其中,$x_{ij}$是第$i$个评价目标的第$j$个指标的初始值;$\min(x_{ij})$、$\max(x_{ij})$依次代表第$j$个指标在所有评价目标中的最小值与最大值;$s_{ij}$是第$i$个评价目标的第$j$个指标的标准化值。

## 第二节 中国数字产业与能源产业融合发展水平综合测度

### 一 方法检验及其计算

主成分分析(Principle Component Analysis,PCA)法是一种应用降维思想将众多指标转变成少量几个指标的多元统计方法。它可以在确保原始数据信息损失较小的前提下,使用少量的主成分代替本来的多维指标变量。在综合评价函数里,各个主成分相应的权重是它们的贡献率,体现了该主成分所携带的原有数据信息量占所有信息量的比重,确定的权重更加客观、合理。PCA是针对样本与指标构成的平面数据表,没有加入时间序列。全局主成分分析(GCPA)法是时序分析与主成分分析法相结合,在经典主成分分析基础上,用一个综合变量代替原有的全局变量。该方法不仅具备经典主成分分析拥有的优点,而且可以从时间上分析研究对象的动态变化情况。

根据对采用的测度指标进行相关分析发现,众多指标之间的相关性较为密切,说明了其信息表达出现了重叠,确实需要对已有信息进行浓缩。因此,本节采用全局主成分分析法在数字产业与能源产业融合发展水平综合测度领域进行尝试性的探讨分析。首先,开展KMO与巴特利特(Bartlett)球形检验,得到的KMO检验系数为0.791>0.5,巴特利特球形

检验 $\chi^2$ 统计值为7293.702,其伴随概率 P 值为0.000<0.05,由此可见适合做主成分分析(见表6-1)。

表6-1　　　　　　　　KMO 与 Bartlett 检验结果

| | | |
|---|---|---|
| 取样足够度的 Kaiser-Meyer-Olkin 度量 | | 0.791 |
| Bartlett 的球形度检验 | 近似卡方 | 7293.702 |
| | df | 595 |
| | Sig. | 0.000 |

其次,测算全局主成分的特征值以及它的贡献率并根据特征值由大到小的顺序进行排列。表6-2给出了前10个主成分和最后1个主成分,以初始特征值大于1为标准确定7个主成分,其累积贡献率达到了77.875%;前3个主成分的方差分别占所有主成分方差的31.642%、16.521%、10.214%(大于10%)。这说明选取前7个主成分便已能够表示全国及各省份数字产业与能源产业融合发展水平了。

表6-2　　　　　　　　　　解释的总方差　　　　　　　　　　单位:%

| 成分 | 初始特征值 | | | 提取平方和载入 | | |
|---|---|---|---|---|---|---|
| | 合计 | 方差的百分比 | 累积百分比 | 合计 | 方差的百分比 | 累积百分比 |
| 1 | 11.075 | 31.642 | 31.642 | 11.075 | 31.642 | 31.642 |
| 2 | 5.782 | 16.521 | 48.163 | 5.782 | 16.521 | 48.163 |
| 3 | 3.575 | 10.214 | 58.377 | 3.575 | 10.214 | 58.377 |
| 4 | 2.449 | 6.998 | 65.375 | 2.449 | 6.998 | 65.375 |
| 5 | 1.962 | 5.607 | 70.983 | 1.962 | 5.607 | 70.983 |
| 6 | 1.408 | 4.024 | 75.006 | 1.408 | 4.024 | 75.006 |
| 7 | 1.004 | 2.869 | 77.875 | 1.004 | 2.869 | 77.875 |
| 8 | 0.952 | 2.719 | 80.594 | | | |
| 9 | 0.923 | 2.638 | 83.232 | | | |
| 10 | 0.790 | 2.257 | 85.488 | | | |
| … | … | … | … | | | |
| 35 | 1.34E-06 | 3.84E-06 | 100.000 | | | |

注:提取方法为主成分分析法。

根据表 6-3 可知，在第一主成分中，电话普及率（含移动电话）、互联网普及率、城镇居民平均每百户计算机拥有量以及移动电话普及率的系数较大，重点体现了数字产业的发展水平。在第二主成分中，能源工业投资占比，人均能源生产量，每万人城镇单位电力、热力、燃气生产和供应业从业人数，人均能源产业增加值的系数较大，主要反映了能源产业的发展水平。第三主成分与能源产业影响力系数、能源产业感应度系数存在较大的正相关，呈现出能源产业的拉动推动水平。在第四主成分中，数字产业主体融合度、产业互动融合度的系数较大，主要展现了数字产业与能源产业的投入匹配程度。根据主成分特征值和成分矩阵，求得主成分矩阵的权重系数，依据线性加权求和公式，测算得到全国层面和区域层面数字产业与能源产业融合发展水平总体得分值（见表 6-4、表 6-9）、各维度得分值（见表 6-5 至表 6-8）。

表 6-3　　成分矩阵

| 指标 | 成分 | | | | | | |
|---|---|---|---|---|---|---|---|
| | 1 | 2 | 3 | 4 | 5 | 6 | 7 |
| 每万平方千米长途光缆线路长度 | 0.641 | -0.229 | 0.051 | 0.231 | -0.389 | 0.096 | -0.149 |
| 每万人移动电话交换机容量 | 0.825 | 0.38 | -0.074 | 0.015 | 0.249 | 0.005 | 0.005 |
| 电话普及率（含移动电话） | 0.932 | 0.277 | -0.019 | 0.093 | 0.044 | 0.011 | 0.033 |
| 移动电话普及率 | 0.906 | 0.335 | -0.03 | 0.052 | 0.167 | 0.037 | 0.005 |
| 城镇居民平均每百户计算机拥有量 | 0.908 | 0.093 | 0.003 | 0.023 | 0.016 | 0.159 | -0.101 |
| 互联网普及率 | 0.906 | 0.267 | -0.057 | 0.035 | 0.191 | 0.07 | -0.045 |
| 人均数字产业增加值 | 0.805 | -0.186 | -0.001 | 0.293 | -0.246 | -0.181 | 0.119 |
| 能源工业固定资产投资占比 | -0.637 | 0.261 | -0.065 | 0.228 | -0.256 | -0.186 | 0.29 |
| 能源工业投资占比 | -0.323 | 0.774 | -0.092 | 0.115 | 0.06 | -0.207 | 0.178 |
| 每万人城镇单位电力、热力、燃气生产和供应业从业人数 | 0.019 | 0.721 | -0.106 | 0.037 | 0.031 | -0.15 | 0.433 |
| 人均能源生产量 | -0.083 | 0.748 | -0.368 | 0.206 | -0.02 | 0.069 | 0.074 |
| 人均能源产业增加值 | 0.269 | 0.698 | -0.4 | 0.214 | -0.031 | -0.085 | -0.009 |

续表

| 指标 | 成分 | | | | | | |
|---|---|---|---|---|---|---|---|
| | 1 | 2 | 3 | 4 | 5 | 6 | 7 |
| 数字产业中间投入率 | 0.548 | -0.497 | -0.54 | -0.078 | -0.121 | 0.105 | 0.067 |
| 能源产业中间投入率 | 0.664 | -0.173 | 0.356 | -0.214 | -0.178 | 0.399 | 0.193 |
| 数字产业中间需求率 | -0.336 | -0.515 | -0.159 | 0.393 | 0.297 | 0.275 | 0.236 |
| 能源产业中间需求率 | -0.286 | -0.598 | 0.06 | -0.028 | 0.24 | 0.092 | 0.215 |
| 数字产业影响力系数 | 0.175 | -0.444 | -0.806 | 0.026 | -0.001 | -0.101 | -0.033 |
| 能源产业影响力系数 | 0.296 | 0.181 | 0.812 | -0.115 | -0.108 | 0.257 | 0.209 |
| 数字产业感应度系数 | 0.455 | -0.451 | -0.489 | 0.242 | 0.081 | 0.028 | 0.163 |
| 能源产业感应度系数 | 0.295 | 0.253 | 0.653 | -0.02 | -0.197 | 0.063 | 0.276 |
| 耦合度 | -0.421 | 0.129 | -0.124 | -0.482 | 0.336 | 0.251 | -0.22 |
| 协调度 | 0.831 | 0.295 | -0.3 | 0.046 | -0.057 | -0.036 | -0.056 |
| 能源产业主体融合度 | -0.5 | 0.54 | 0.216 | 0.448 | 0.003 | 0.157 | -0.248 |
| 数字产业主体融合度 | -0.17 | -0.326 | -0.036 | 0.692 | 0.345 | 0.363 | 0.117 |
| 产业互动融合度 | -0.487 | 0.312 | 0.165 | 0.663 | 0.147 | 0.283 | -0.156 |
| 单位劳动创造的 GDP | 0.902 | 0.02 | -0.053 | 0.245 | -0.147 | -0.081 | 0.062 |
| 单位资本创造的 GDP | 0.163 | -0.449 | 0.203 | 0.296 | -0.575 | 0.007 | -0.07 |
| 单位能耗创造的 GDP | 0.752 | -0.455 | 0.117 | 0.125 | -0.019 | -0.01 | -0.088 |
| 天然气、电力及其他能源生产占比 | 0.364 | -0.32 | 0.424 | 0.272 | 0.382 | -0.149 | -0.079 |
| 天然气、电力及其他能源消费占比 | 0.394 | -0.03 | 0.36 | 0.207 | 0.568 | -0.362 | -0.013 |
| 火力发电占比 | -0.196 | -0.086 | 0.406 | 0.303 | -0.131 | -0.394 | -0.316 |
| 单位能耗的 $SO_2$ 排放量 | 0.745 | 0.194 | 0.051 | -0.085 | 0.159 | -0.036 | -0.196 |
| 单位能耗的 $CO_2$ 排放量 | 0.066 | -0.595 | 0.261 | -0.013 | 0.227 | -0.513 | 0.184 |
| 单位能耗的废水石油类排放量 | 0.532 | 0.356 | 0.157 | -0.205 | 0.119 | 0.069 | -0.043 |
| 单位能耗的废水挥发酚排放量 | 0.322 | -0.119 | 0.111 | -0.295 | 0.338 | 0.054 | 0.075 |

注：提取方法为主成分分析法，已提取了7个成分。

## 二 全国层面结果分析

如表 6-4 所示,从全国层面来看,2002—2018 年中国数字产业与能源产业融合发展水平不断提升。数据显示,2002 年中国数字产业与能源产业融合发展综合水平为 0.01327,此后每一年的融合发展综合水平不断提高。2018 年,数字产业与能源产业融合发展综合水平达 0.11918,约是 2002 年的 8.98 倍,年均增长率约为 14.71%。这说明了从 2002 年以来中国数字产业与能源产业融合发展取得了不平凡的成绩。事实上,能源产业为数字产业的快速发展提供了所需的能源。与此同时,数字产业的发展也对能源产业产生了重大影响,极大地促进了中国能源产业向高质量发展迈进。

表 6-4　　全国数字产业与能源产业融合发展水平

| 年份 | 维度 | | | | |
|---|---|---|---|---|---|
| | 融合基础 | 融合条件 | 融合力度 | 融合绩效 | 综合水平 |
| 2002 | 0.01563 | -0.00203 | -0.00049 | 0.00016 | 0.01327 |
| 2003 | 0.02184 | 0.00049 | -0.00044 | 0.00015 | 0.02205 |
| 2004 | 0.02728 | 0.00074 | -0.00043 | 0.00016 | 0.02775 |
| 2005 | 0.03306 | -0.0009 | -0.00038 | 0.00017 | 0.03195 |
| 2006 | 0.03898 | -0.00148 | -0.00042 | 0.00019 | 0.03726 |
| 2007 | 0.04854 | 0.00026 | -0.00046 | 0.00021 | 0.04855 |
| 2008 | 0.05847 | -0.00144 | -0.00040 | 0.00024 | 0.05687 |
| 2009 | 0.06900 | -0.00147 | -0.00040 | 0.00026 | 0.06739 |
| 2010 | 0.07507 | 0.00027 | -0.00041 | 0.00029 | 0.07522 |
| 2011 | 0.08501 | -0.00123 | -0.00040 | 0.00031 | 0.08369 |
| 2012 | 0.09259 | 0.00058 | -0.00045 | 0.00034 | 0.09306 |
| 2013 | 0.09722 | 0.00025 | -0.00033 | 0.00037 | 0.09751 |
| 2014 | 0.10108 | 0.00115 | -0.00030 | 0.00041 | 0.10235 |
| 2015 | 0.10339 | 0.00223 | -0.00028 | 0.00044 | 0.10577 |
| 2016 | 0.10515 | 0.00104 | -0.00025 | 0.00048 | 0.10642 |
| 2017 | 0.11234 | -0.00014 | -0.00022 | 0.00051 | 0.11249 |
| 2018 | 0.11880 | 0.00003 | -0.00020 | 0.00055 | 0.11918 |

2018年各维度由高到低排序依次是融合基础、融合绩效、融合条件、融合力度。在各维度中，与综合水平一样，融合基础水平在研究期间始终大于0，逐年上升，并且大大高于其他维度，从2002年的0.01563提高到2018年的0.11880。与2002年相比，2018年其他维度的得分虽有所增长，但变化相对有限。特别地，2002—2018年中国融合力度水平均为负值，2018年仅为-0.00020，还需要重点突破。由此可见，目前数字产业与能源产业融合发展还处于夯实融合基础、不断加大融合力度和提升融合绩效的阶段。

### 三　区域层面结果分析

#### （一）融合基础

根据表6-5可知，2002—2017年中国区域数字产业与能源产业融合基础水平总体上呈上升趋势，这主要得益于数字产业的快速发展。从东部地区、中部地区、西部地区整体水平来看，东部地区的融合基础水平最高。2002—2017年，东部地区、中部地区和西部地区的融合基础水平不断上升。东部地区平均水平从2002年的0.03470增加到2017年的0.13734，共增加了0.10264。中部地区平均水平从2002年的0.01323增加到2017年的0.10743，共增加了0.09420。西部地区平均水平从2002年的0.01170增加到2017年的0.11420，共增加了0.10250。与2002年相比，虽然2017年中部地区、西部地区与东部地区的融合基础水平仍存在一定的差距（绝对差距）且该数值有所增大，但它们的相对差距均已大大缩小了。就中西部地区而言，2002年中部地区的融合基础水平高于西部地区，但2007年之后西部地区的融合基础水平则高于中部地区。西部地区的快速发展得益于西部大开发战略的持续推进。

表6-5　　　　区域数字产业与能源产业融合基础水平

| 区域 | 2002年 | 2007年 | 2012年 | 2017年 |
| --- | --- | --- | --- | --- |
| 北京 | 0.07324 | 0.11830 | 0.17072 | 0.18840 |
| 天津 | 0.03923 | 0.08467 | 0.12096 | 0.15236 |
| 河北 | 0.01198 | 0.04501 | 0.09673 | 0.11825 |
| 辽宁 | 0.02601 | 0.05714 | 0.1091 | 0.11504 |
| 上海 | 0.07785 | 0.11995 | 0.16878 | 0.18482 |

续表

| 区域 | 2002 年 | 2007 年 | 2012 年 | 2017 年 |
| --- | --- | --- | --- | --- |
| 江苏 | 0.02182 | 0.06387 | 0.10766 | 0.11955 |
| 浙江 | 0.03509 | 0.08921 | 0.12973 | 0.15052 |
| 福建 | 0.02890 | 0.07075 | 0.12993 | 0.12405 |
| 山东 | 0.01718 | 0.05620 | 0.09016 | 0.10729 |
| 广东 | 0.03948 | 0.09587 | 0.13531 | 0.14198 |
| 海南 | 0.01095 | 0.04031 | 0.09675 | 0.10849 |
| 东部地区平均 | 0.03470 | 0.07648 | 0.12326 | 0.13734 |
| 山西 | 0.01786 | 0.05159 | 0.09963 | 0.11802 |
| 吉林 | 0.01751 | 0.05252 | 0.09500 | 0.12566 |
| 黑龙江 | 0.02025 | 0.04587 | 0.08646 | 0.13532 |
| 安徽 | 0.00967 | 0.03295 | 0.07992 | 0.09771 |
| 江西 | 0.00955 | 0.03464 | 0.06573 | 0.08938 |
| 河南 | 0.01036 | 0.03882 | 0.07027 | 0.09342 |
| 湖北 | 0.01128 | 0.04377 | 0.0877 | 0.09929 |
| 湖南 | 0.00937 | 0.03497 | 0.07154 | 0.10060 |
| 中部地区平均 | 0.01323 | 0.04189 | 0.08203 | 0.10743 |
| 内蒙古 | 0.01271 | 0.05348 | 0.12471 | 0.14211 |
| 广西 | 0.00898 | 0.03729 | 0.07024 | 0.12235 |
| 重庆 | 0.01766 | 0.04967 | 0.08200 | 0.10030 |
| 四川 | 0.00788 | 0.03548 | 0.09085 | 0.11279 |
| 贵州 | 0.00481 | 0.03187 | 0.08091 | 0.09504 |
| 云南 | 0.00832 | 0.03304 | 0.07160 | 0.08919 |
| 陕西 | 0.01367 | 0.05076 | 0.09763 | 0.10867 |
| 甘肃 | 0.00811 | 0.03088 | 0.07138 | 0.11739 |
| 青海 | 0.01251 | 0.04051 | 0.09947 | 0.10991 |
| 宁夏 | 0.01772 | 0.05199 | 0.10742 | 0.13084 |

续表

| 区域 | 2002 年 | 2007 年 | 2012 年 | 2017 年 |
|---|---|---|---|---|
| 新疆 | 0.01632 | 0.04634 | 0.10728 | 0.12758 |
| 西部地区平均 | 0.01170 | 0.04194 | 0.09123 | 0.11420 |
| 全国 | 0.01563 | 0.04854 | 0.09259 | 0.11234 |

研究期间，除福建外的其他省份的融合基础水平不断提升，但各省份的排名并不稳定。由此可见，不同区域之间的融合基础水平差异较大，这与各区域的经济发展水平、资源禀赋、科技水平、地理位置等方面密切相关。

（二）融合条件

由表 6-6 可以看出，中国区域数字产业与能源产业融合条件水平总体上波动较大。从整体水平来看，2002 年数字产业与能源产业融合条件水平由高到低依次是西部地区、中部地区、东部地区，它们的融合条件水平分别是 0.00165、0.00134、0.00107，到 2017 年三者的融合条件水平分别为 0.00215、0.00311、0.00328，均得到了提升。与 2012 年相比，2017 年东、中、西部地区的融合条件水平分别下降了 0.00092、0.00103、0.00113。这可能与中国的环境规制政策有关，随着经济社会的快速发展，国家在环境规制方面的力度不断加大。短期内，产业结构难以迅速转变，融合条件状况有所恶化。

表 6-6　　　　区域数字产业与能源产业融合条件水平

| 区域 | 2002 年 | 2007 年 | 2012 年 | 2017 年 |
|---|---|---|---|---|
| 北京 | 0.00342 | 0.00396 | 0.01027 | 0.00908 |
| 天津 | -0.00427 | -0.00336 | -0.00084 | -0.00181 |
| 河北 | 0.00378 | 0.00405 | 0.0048 | 0.00304 |
| 辽宁 | 0.00243 | 0.00498 | 0.00541 | 0.00394 |
| 上海 | -0.00049 | 0.00202 | 0.00471 | 0.00117 |
| 江苏 | -0.00060 | 0.00214 | 0.00233 | 0.00278 |

续表

| 区域 | 2002 年 | 2007 年 | 2012 年 | 2017 年 |
| --- | --- | --- | --- | --- |
| 浙江 | 0.00100 | 0.00625 | 0.00650 | 0.00636 |
| 福建 | 0.00040 | 0.00076 | 0.00200 | 0.00377 |
| 山东 | 0.00123 | 0.00062 | 0.00256 | 0.00183 |
| 广东 | 0.00016 | 0.00013 | 0.00120 | 0.00134 |
| 海南 | 0.0047 | 0.01131 | 0.0073 | 0.00453 |
| 东部地区平均 | 0.00107 | 0.00299 | 0.00420 | 0.00328 |
| 山西 | 0.00216 | 0.00325 | 0.00094 | 0.00318 |
| 吉林 | −0.00034 | 0.00373 | 0.00581 | 0.00511 |
| 黑龙江 | −0.00151 | 0.00163 | 0.00295 | 0.00367 |
| 安徽 | 0.00288 | 0.00436 | 0.00043 | −0.00043 |
| 江西 | 0.00154 | 0.00634 | 0.00376 | 0.00525 |
| 河南 | 0.00367 | 0.00542 | 0.00327 | 0.00033 |
| 湖北 | −0.00065 | 0.00340 | 0.00907 | 0.00023 |
| 湖南 | 0.00298 | 0.00569 | 0.00692 | 0.00756 |
| 中部地区平均 | 0.00134 | 0.00423 | 0.00414 | 0.00311 |
| 内蒙古 | 0.00811 | −0.00071 | 0.00238 | 0.00024 |
| 广西 | 0.00343 | 0.00807 | 0.00611 | 0.00149 |
| 重庆 | −0.00430 | 0.00362 | −0.00402 | −0.00107 |
| 四川 | −0.00014 | 0.00139 | 0.00129 | −0.00005 |
| 贵州 | −0.00136 | 0.00545 | 0.00488 | 0.00438 |
| 云南 | 0.00227 | 0.00589 | 0.00383 | 0.00085 |
| 陕西 | −0.00380 | −0.00039 | −0.00118 | 0.00171 |
| 甘肃 | 0.00253 | 0.01135 | 0.00478 | 0.00257 |
| 青海 | 0.00405 | 0.00140 | 0.00579 | 0.00669 |
| 宁夏 | 0.00466 | 0.00388 | 0.00945 | 0.00591 |

续表

| 区域 | 2002年 | 2007年 | 2012年 | 2017年 |
|---|---|---|---|---|
| 新疆 | 0.00269 | 0.00357 | 0.00280 | 0.00090 |
| 西部地区平均 | 0.00165 | 0.00396 | 0.00328 | 0.00215 |
| 全国 | -0.00203 | 0.00026 | 0.00058 | -0.00014 |

从省际角度来看，2017年一些省份的融合条件水平比2002年降低了，存在此类情况的省份有8个，占比为26.67%。其中，下降程度大于0.003的省份有3个，分别是内蒙古、河南、安徽，它们的融合条件水平分别降低了0.00787、0.00334、0.00331。2017年，融合条件水平比2002年上升的省份有22个，上升程度大于0.005的省份是6个，依次是贵州、北京、陕西、吉林、浙江、黑龙江，它们的融合条件水平分别增加了0.00574、0.00566、0.00551、0.00545、0.00536、0.00518。2017年，北京、湖南、青海、浙江的融合条件水平大于0.006，其他26个省份的融合条件水平小于0.006。其中，融合条件水平大于0.003且小于0.006的省份有10个，大于0且小于0.003的省份有12个。需要关注的是，四川、安徽、重庆、天津等能源资源丰富或者经济较发达地区的融合条件水平较低。

（三）融合力度

如表6-7所示，中国区域数字产业与能源产业融合力度水平总体上也波动较大。就三大区域而言，东部地区、中部地区以及西部地区总体的融合力度水平均是先上升后下降。2017年融合力度水平由高到低依次是东部地区0.00010、中部地区-0.00003、西部地区-0.00005。同2002年相比，中部地区、西部地区同东部地区的差距总体上在变小。

表6-7　　　　区域数字产业与能源产业融合力度水平

| 区域 | 2002年 | 2007年 | 2012年 | 2017年 |
|---|---|---|---|---|
| 北京 | 0.00073 | 0.00060 | 0.00040 | 0.00066 |
| 天津 | -0.00011 | -0.00009 | -0.00022 | -0.00004 |
| 河北 | -0.00054 | 0.0001 | -0.00029 | -0.00027 |

续表

| 区域 | 2002 年 | 2007 年 | 2012 年 | 2017 年 |
| --- | --- | --- | --- | --- |
| 辽宁 | -0.00037 | -0.00038 | -0.0003 | -0.00028 |
| 上海 | 0.00016 | 0.00085 | 0.00044 | 0.00057 |
| 江苏 | -0.00019 | 0.00036 | 0.00037 | 0.00053 |
| 浙江 | -0.00021 | -0.00008 | -0.00019 | 0.00004 |
| 福建 | -0.00017 | -0.00004 | 0.00001 | -0.00003 |
| 山东 | -0.00058 | -0.00043 | -0.0005 | -0.00024 |
| 广东 | 0.00019 | 0.00020 | 0.00027 | 0.00060 |
| 海南 | 0.00072 | -0.00009 | 0.00006 | -0.00039 |
| 东部地区平均 | -0.00003 | 0.00009 | 0.00000 | 0.00010 |
| 山西 | 0.00055 | 0.0016 | 0.00095 | 0.00055 |
| 吉林 | -0.00057 | 0.00014 | -0.0002 | -0.0003 |
| 黑龙江 | 0.00080 | 0.00099 | 0.00092 | -0.00011 |
| 安徽 | -0.0009 | -0.00047 | -0.00048 | -0.00026 |
| 江西 | -0.0004 | -0.00036 | -0.00036 | 0.00009 |
| 河南 | -0.00073 | -0.00039 | -0.00046 | -0.00046 |
| 湖北 | -0.00052 | 0.00011 | 0.00002 | 0.00006 |
| 湖南 | -0.00069 | -0.00036 | -0.00031 | 0.00020 |
| 中部地区平均 | -0.00031 | 0.00016 | 0.00001 | -0.00003 |
| 内蒙古 | -0.00058 | -0.00013 | 0.00014 | 0.00033 |
| 广西 | 0.00155 | -0.00048 | -0.00062 | -0.00024 |
| 重庆 | -0.00086 | -0.00051 | -0.00035 | 0.00050 |
| 四川 | -0.00045 | -0.00048 | -0.00026 | -0.00001 |
| 贵州 | -0.00075 | -0.00024 | 0.00007 | -0.00011 |
| 云南 | -0.00090 | -0.00013 | -0.00030 | -0.00009 |
| 陕西 | -0.00059 | 0.00035 | 0.00051 | -0.00023 |

续表

| 区域 | 2002 年 | 2007 年 | 2012 年 | 2017 年 |
|---|---|---|---|---|
| 甘肃 | -0.00013 | 0.00010 | 0.00005 | -0.00047 |
| 青海 | -0.00021 | 0.00130 | 0.00008 | -0.00022 |
| 宁夏 | -0.00002 | -0.00007 | -0.00003 | -0.00016 |
| 新疆 | -0.00001 | 0.00064 | 0.00054 | 0.00013 |
| 西部地区平均 | -0.00027 | 0.00003 | -0.00002 | -0.00005 |
| 全国 | -0.00049 | -0.00046 | -0.00045 | -0.00022 |

在省际层面上，从 2002 年、2007 年、2012 年、2017 年来看，融合力度水平不断提升的省份有 5 个，分别是广东、江苏、重庆、内蒙古、湖南。其中，有 6 个省份的融合力度得分不小于 0.0005，分别是北京、广东、上海、山西、江苏、重庆；有 6 个省份的融合力度得分大于 0 且小于 0.0005；其他 18 个省份的融合力度得分均小于 0。不同省份的融合力度水平差异很大，特别是甘肃、河南、海南、吉林的融合力度水平相对偏低，主要是产业协调度或者数字产业主体融合度不高。

（四）融合绩效

随着中国数字产业与能源产业融合广度和深度的不断加大，总体上其融合绩效水平也提高了。中国作为世界第二大经济体，能源消耗量巨大，其数字产业与能源产业融合绩效的改善对世界来说同样值得肯定。由表 6-8 可知，与 2002 年相比，2017 年中国区域数字产业与能源产业融合绩效状况有很大的改善。从 2002 年、2007 年、2012 年和 2017 年来看，东、中、西部地区的融合绩效水平不断提升，其中，2017 年东、中、西部地区的融合绩效得分分别是 0.00079、0.00048 和 0.00054。

就各省份来说，除了广西、云南以及湖南，其他 27 个省份 2007 年、2012 年和 2017 年的融合绩效水平均比 5 年前上升了。研究期间，融合绩效得分增加最多的 4 个省份是江苏、北京、广东、重庆，增加最少的 4 个省份是新疆、青海、山西、海南。在严重的环境污染形势下，数字产业与能源产业融合绩效的改善为可持续发展打开良好的突破口，但不同省份的融合绩效水平差异仍然很显著。

表 6-8　　区域数字产业与能源产业融合绩效水平

| 区域 | 2002 年 | 2007 年 | 2012 年 | 2017 年 |
| --- | --- | --- | --- | --- |
| 北京 | 0.00049 | 0.00061 | 0.0008 | 0.00111 |
| 天津 | 0.00026 | 0.00036 | 0.00051 | 0.00070 |
| 河北 | 0.00011 | 0.00017 | 0.00027 | 0.00045 |
| 辽宁 | 0.00018 | 0.00025 | 0.00041 | 0.00057 |
| 上海 | 0.00050 | 0.00075 | 0.00096 | 0.00109 |
| 江苏 | 0.00017 | 0.00030 | 0.00054 | 0.00086 |
| 浙江 | 0.00044 | 0.00052 | 0.00068 | 0.00091 |
| 福建 | 0.00034 | 0.00035 | 0.00051 | 0.00079 |
| 山东 | 0.00013 | 0.00020 | 0.00030 | 0.00048 |
| 广东 | 0.00036 | 0.00043 | 0.00060 | 0.00098 |
| 海南 | 0.00045 | 0.00049 | 0.00059 | 0.00070 |
| 东部地区平均 | 0.00031 | 0.00040 | 0.00056 | 0.00079 |
| 山西 | 0.00008 | 0.00015 | 0.00022 | 0.00033 |
| 吉林 | 0.00016 | 0.00021 | 0.00033 | 0.00049 |
| 黑龙江 | 0.00016 | 0.00018 | 0.00028 | 0.00042 |
| 安徽 | 0.00008 | 0.00012 | 0.00025 | 0.0004 |
| 江西 | 0.00016 | 0.00017 | 0.00031 | 0.00053 |
| 河南 | 0.00009 | 0.00012 | 0.00027 | 0.00041 |
| 湖北 | 0.00027 | 0.00031 | 0.00049 | 0.00069 |
| 湖南 | 0.00017 | 0.00017 | 0.00033 | 0.00056 |
| 中部地区平均 | 0.00015 | 0.00018 | 0.00031 | 0.00048 |
| 内蒙古 | 0.00009 | 0.00022 | 0.00039 | 0.00054 |
| 广西 | 0.0003 | 0.00029 | 0.0005 | 0.00057 |
| 重庆 | 0.00023 | 0.00029 | 0.00045 | 0.00083 |
| 四川 | 0.00024 | 0.00028 | 0.00044 | 0.00071 |
| 贵州 | 0.00008 | 0.00010 | 0.00021 | 0.00036 |
| 云南 | 0.00021 | 0.00020 | 0.00037 | 0.00066 |
| 陕西 | 0.00012 | 0.00017 | 0.00030 | 0.00046 |
| 甘肃 | 0.00014 | 0.00018 | 0.00027 | 0.00042 |
| 青海 | 0.00038 | 0.00039 | 0.00050 | 0.00062 |
| 宁夏 | 0.00009 | 0.00016 | 0.00023 | 0.00037 |

续表

| 区域 | 2002 年 | 2007 年 | 2012 年 | 2017 年 |
|---|---|---|---|---|
| 新疆 | 0.00024 | 0.00030 | 0.00035 | 0.00045 |
| 西部地区平均 | 0.00019 | 0.00023 | 0.00036 | 0.00054 |
| 全国 | 0.00016 | 0.00021 | 0.00034 | 0.00051 |

（五）综合水平

1. 基于两大产业融合综合水平的时空比较

不论是中国东、中、西部地区或者是除福建外的各个省份，2002—2017 年的数字产业与能源产业融合综合水平都呈上升趋势，说明这两大产业的发展互动状况不断改善。其中，与 2012 年相比，福建 2017 年数字产业与能源产业融合综合水平得分有所降低，这主要是由于其在移动电话基础设施、电话和电脑拥有、能源工业投资与劳动力投入、能源产业的中间投入与需求、数字产业的中间需求和推动水平、数字产业与能源产业的投入匹配、$CO_2$ 排放等方面的变化。但相比之下，中国区域数字产业与能源产业的融合力度和融合绩效急需进一步提升。

由表 6-9 可知，东部地区的数字产业与能源产业融合综合水平最高，中部地区、西部地区与东部地区在这方面的绝对差距有所扩大，而融合综合水平得分最高与最低省份之间的差距则更大。2017 年东、中、西部地区的融合综合水平得分依次是 2002 年的 3.93 倍、7.70 倍、8.80 倍，分别比 2002 年高出了 0.10546、0.09658、0.10357。综上所述，中国数字产业与能源产业的融合发展还处于成长期，不同区域间两大产业的融合发展不平衡，仍有较大的发展潜力。

表 6-9　　区域数字产业与能源产业融合综合水平

| 区域 | 2002 年 | 2007 年 | 2012 年 | 2017 年 |
|---|---|---|---|---|
| 北京 | 0.07787 | 0.12347 | 0.18219 | 0.19924 |
| 天津 | 0.03511 | 0.08158 | 0.12040 | 0.15121 |
| 河北 | 0.01533 | 0.04933 | 0.10151 | 0.12147 |
| 辽宁 | 0.02824 | 0.06199 | 0.11462 | 0.11927 |
| 上海 | 0.07802 | 0.12357 | 0.17489 | 0.18765 |

续表

| 区域 | 2002 年 | 2007 年 | 2012 年 | 2017 年 |
| --- | --- | --- | --- | --- |
| 江苏 | 0.02120 | 0.06666 | 0.11091 | 0.12372 |
| 浙江 | 0.03632 | 0.09590 | 0.13671 | 0.15784 |
| 福建 | 0.02947 | 0.07181 | 0.13245 | 0.12858 |
| 山东 | 0.01796 | 0.05658 | 0.09252 | 0.10936 |
| 广东 | 0.04018 | 0.09664 | 0.13737 | 0.14491 |
| 海南 | 0.01682 | 0.05201 | 0.10469 | 0.11333 |
| 东部地区平均 | 0.03605 | 0.07996 | 0.12802 | 0.14151 |
| 山西 | 0.02065 | 0.05659 | 0.10174 | 0.12208 |
| 吉林 | 0.01676 | 0.0566 | 0.10093 | 0.13097 |
| 黑龙江 | 0.01970 | 0.04867 | 0.09062 | 0.13930 |
| 安徽 | 0.01172 | 0.03697 | 0.08012 | 0.09741 |
| 江西 | 0.01086 | 0.04078 | 0.06945 | 0.09526 |
| 河南 | 0.01339 | 0.04397 | 0.07334 | 0.0937 |
| 湖北 | 0.01038 | 0.04759 | 0.09728 | 0.10027 |
| 湖南 | 0.01183 | 0.04047 | 0.07848 | 0.10892 |
| 中部地区平均 | 0.01441 | 0.04646 | 0.08650 | 0.11099 |
| 内蒙古 | 0.02033 | 0.05287 | 0.12762 | 0.14322 |
| 广西 | 0.01426 | 0.04516 | 0.07623 | 0.12417 |
| 重庆 | 0.01274 | 0.05308 | 0.07808 | 0.10057 |
| 四川 | 0.00754 | 0.03667 | 0.09231 | 0.11344 |
| 贵州 | 0.00278 | 0.03718 | 0.08607 | 0.09967 |
| 云南 | 0.00990 | 0.03900 | 0.07550 | 0.09061 |
| 陕西 | 0.00940 | 0.05089 | 0.09726 | 0.11061 |
| 甘肃 | 0.01065 | 0.04251 | 0.07649 | 0.11992 |
| 青海 | 0.01673 | 0.04360 | 0.10584 | 0.11700 |
| 宁夏 | 0.02244 | 0.05595 | 0.11708 | 0.13696 |
| 新疆 | 0.01924 | 0.05084 | 0.11097 | 0.12906 |

续表

| 区域 | 2002 年 | 2007 年 | 2012 年 | 2017 年 |
|---|---|---|---|---|
| 西部地区平均 | 0.01327 | 0.04616 | 0.09486 | 0.11684 |
| 全国 | 0.01327 | 0.04855 | 0.09306 | 0.11249 |

2. 基于 Dagum 基尼系数的区域差异及来源分析

为了继续研究中国数字产业与能源产业融合综合水平的区域差异大小、来源及其变化情况，应用 Dagum 基尼系数及其分解方法①，分别计算 2002 年、2007 年、2012 年、2017 年数字产业与能源产业融合综合水平的基尼系数并对其进行分解。根据表 6-10 可知，研究期间，全国两大产业融合综合水平的总体差异不断缩小：总体基尼系数从 2002 年的 0.361 降至 2017 年的 0.108，即中国两大产业融合的区域不均衡状况得到了改善。

表 6-10　　　我国数字产业与能源产业融合综合水平的区域基尼系数及其分解结果

| 年份 | 总体 | 区域内 | | | 区域间 | | | 贡献率（%） | | |
| | | 东部地区 | 中部地区 | 西部地区 | 东、中部地区 | 东、西部地区 | 中、西部地区 | 区域内 | 区域间 | 超变密度 |
|---|---|---|---|---|---|---|---|---|---|---|
| 2002 | 0.361 | 0.303 | 0.144 | 0.244 | 0.439 | 0.475 | 0.203 | 25.94 | 66.81 | 7.24 |
| 2007 | 0.194 | 0.178 | 0.083 | 0.081 | 0.269 | 0.271 | 0.085 | 23.60 | 69.00 | 7.40 |
| 2012 | 0.140 | 0.117 | 0.078 | 0.104 | 0.196 | 0.167 | 0.101 | 25.97 | 63.47 | 10.56 |
| 2017 | 0.108 | 0.110 | 0.082 | 0.075 | 0.140 | 0.120 | 0.084 | 29.23 | 51.23 | 19.54 |

从三大区域内部来看，2017 年数字产业与能源产业融合综合水平的区域内基尼系数东部地区最大，中部地区次之，西部地区最小。与 2002 年相比，2017 年东、中、西部地区的两大产业融合综合水平的区域内基尼系数均有较大的下降，表明它们的区域内差异缩小了。东部地区的数字产业与能源产业融合综合水平的区域内基尼系数从 2002 年的

---

① 黎智慧、刘渝琳、尹兴民：《基于 Dagum 方法的能源基尼系数测算与分解》，《统计与决策》2019 年第 19 期。

0.303 降为 2017 年的 0.110；中部地区的此区域内基尼系数从 2002 年的 0.144 降为 2017 年的 0.082；西部地区的此区域内基尼系数从 2002 年的 0.244 降为 2017 年的 0.075。就区域间而言，2017 年两大产业融合综合水平的区域间基尼系数东、中部地区最大，东、西部地区次之，中、西部地区最小。与 2002 年相比，2017 年东、中部地区，东、西部地区，中、西部地区的两大产业融合综合水平的区域间基尼系数均有较大的下降，表明它们的区域间差异也缩小了。

从表 6-10 中可以看出，研究期间，中国数字产业与能源产业融合综合水平的区域间差异的贡献都大于 51%，意味着区域间差异是两大产业融合综合水平地区分布不均衡最主要的来源。中国数字产业与能源产业融合综合水平的超变密度贡献率最小，表明区域间发展的交叉影响因素对中国两大产业融合综合水平地区分布不均衡的影响最小。总体上，中国数字产业与能源产业融合综合水平的区域间贡献率呈下降趋势，而区域内、超变密度贡献率呈上升趋势。

3. 基于聚类分析方法的省域融合水平层次划分

为了进一步分析中国各省份数字产业与能源产业融合状况的差异及其特征，对 2017 年各省份数字产业与能源产业融合状况进行聚类分析。基于数字产业与能源产业融合综合水平及其各维度表现，采用 K-均值聚类法把 30 个省份分为高水平融合、较高水平融合、一般水平融合以及低水平融合 4 种类型，如表 6-11 所示。

表 6-11　各省份数字产业与能源产业融合状况分层的统计特征

| 融合层次 | 省份 | 样本数（个） | 最大值 | 最小值 | 平均值 |
| --- | --- | --- | --- | --- | --- |
| 高水平融合 | 北京、上海 | 2 | 0.19924 | 0.18765 | 0.19345 |
| 较高水平融合 | 浙江、天津、广东、内蒙古、黑龙江、宁夏 | 6 | 0.15784 | 0.13696 | 0.14557 |
| 一般水平融合 | 吉林、新疆、福建、广西、江苏、山西、河北、甘肃、辽宁、青海、四川、海南、陕西、山东 | 14 | 0.13097 | 0.10936 | 0.12021 |
| 低水平融合 | 湖南、重庆、湖北、贵州、安徽、江西、河南、云南 | 8 | 0.10892 | 0.09061 | 0.09830 |

数字产业与能源产业高水平融合的是北京和上海,它们的融合基础、融合力度和融合绩效都很好。浙江、天津、广东、内蒙古、黑龙江、宁夏则属于较高水平融合类别,它们的融合基础较好,融合力度或者融合绩效较好。位于一般水平融合类别的有 14 个省份,它们的融合基础一般,融合绩效大多也一般。还有 8 个省份是低水平融合,它们的融合基础较弱,融合绩效也不是非常突出。数字产业与能源产业融合水平受到经济发展水平的影响,但并不意味着经济越发达的地区两大产业的融合水平就一定越高,还需要考虑其他一些因素。正如经济越发达地区可能数字产业发展得更好,但其能源产业发展水平可能落后于其他一些地区等。不难看出,研究期间各省份数字产业与能源产业综合融合水平高低主要取决于融合基础的强弱,这也意味着数字产业与能源产业融合力度的深化、融合绩效的提升还需大力推进。

## 第三节 中国数字产业与能源产业融合发展行业比较

### 一 中间投入率与中间需求率行业比较

(一) 数字产业、能源产业等的中间投入率和中间需求率

从表 6-12 能够看出,2002—2020 年中国各产业中间投入率与中间需求率的变化情况各不相同。与 2002 年相比,2020 年数字产业,能源产业,工业,交通运输、仓储和邮政业,住宿和餐饮业,房地产业,其他行业的中间投入率和中间需求率均增加了。从中间投入率来看,2020年,工业、建筑业、数字产业的中间投入率排名前三,分别高达 0.75263、0.74825、0.70127;能源产业的中间投入率排名第五,达 0.65670。从中间需求率来看,2020 年能源产业的中间需求率达 0.91750,大大高于其他非能源产业,意味着有 91.750% 的能源产业所提供的产品流向了各个产业,变成这些产业的原料;而数字产业的中间需求率排名第八,为 0.56345。总体而言,中国数字产业有着"低附加值、高带动型"特征,而能源产业则有着"中附加值、中带动型"特征。

表6-12　中国数字产业、能源产业等的中间投入率与中间需求率

| 行业 | 中间投入率 | | | | | 中间需求率 | | | | |
|---|---|---|---|---|---|---|---|---|---|---|
| | 2002年 | 2007年 | 2012年 | 2017年 | 2020年 | 2002年 | 2007年 | 2012年 | 2017年 | 2020年 |
| 数字产业 | 0.68524 | 0.74954 | 0.74599 | 0.70315 | 0.70127 | 0.56316 | 0.51734 | 0.52021 | 0.55453 | 0.56345 |
| 能源产业 | 0.55237 | 0.68552 | 0.68989 | 0.63911 | 0.65670 | 0.89485 | 0.94104 | 0.93574 | 0.92828 | 0.91750 |
| 农林牧渔业 | 0.41808 | 0.41384 | 0.41447 | 0.40565 | 0.38293 | 0.57237 | 0.70740 | 0.69476 | 0.73245 | 0.68402 |
| 工业 | 0.71760 | 0.77480 | 0.78622 | 0.76183 | 0.75263 | 0.68065 | 0.70747 | 0.71292 | 0.71021 | 0.71882 |
| 建筑业 | 0.76560 | 0.76861 | 0.73448 | 0.75829 | 0.74825 | 0.06302 | 0.03216 | 0.06260 | 0.04578 | 0.05234 |
| 批发和零售业 | 0.45860 | 0.39886 | 0.30939 | 0.33505 | 0.36363 | 0.61850 | 0.51711 | 0.58658 | 0.66080 | 0.67312 |
| 交通运输、仓储和邮政业 | 0.51899 | 0.53801 | 0.62989 | 0.54699 | 0.61909 | 0.74343 | 0.75047 | 0.74960 | 0.72546 | 0.74723 |
| 住宿和餐饮业 | 0.59510 | 0.62426 | 0.59130 | 0.63851 | 0.66314 | 0.48272 | 0.56740 | 0.49765 | 0.57806 | 0.59675 |
| 金融业 | 0.36062 | 0.31055 | 0.40374 | 0.42725 | 0.31984 | 0.80766 | 0.76380 | 0.81618 | 0.77010 | 0.71612 |
| 房地产业 | 0.26872 | 0.16619 | 0.25437 | 0.25445 | 0.27841 | 0.28285 | 0.25113 | 0.28148 | 0.41186 | 0.45396 |
| 其他行业 | 0.49511 | 0.53852 | 0.51489 | 0.52426 | 0.53112 | 0.22369 | 0.30583 | 0.37447 | 0.38769 | 0.39120 |

注：表6-12中的各大产业不相互包含，即数字产业、能源产业已从中剥离。

资料来源：根据国家统计局网站中相应年份《全国投入产出表》计算整理得到。

### （二）数字产业子行业中间投入率和中间需求率

如表6-13所示，就中间投入率来说，2020年数字产业各子行业的中间投入率由高到低分别是通信设备、计算机制造业，为0.86656；电子元器件制造业，为0.83257；其他电子设备制造业，为0.82922；计算机服务和软件业，为0.55391；信息传输服务业，为0.47601。前三者的中间投入率均高于0.82，表明它们来自各产业部门的投入非常多。从动态视角分析，研究期间，除计算机服务和软件业外，其他数字产业子行业的中间投入率都在上升，表明它们来自各产业部门投入的需求增加了。

就中间需求率来说，2020年数字产业各子行业的中间需求率最高的是电子元器件制造业，达到了0.82499；最低的是通信设备、计算机制造业，仅有0.35410。这意味着前者的最终需求率较低，它为各产业提供的生产资料数量较多，各产业部门对它有着较大的中间需求。与2002年相比，2020年其他电子设备制造业的中间需求率提升了，该值变化较大，说明其在研究期间发展迅速；而计算机服务和软件业，信息传输服务业，通信设备、计算机制造业和电子元器件制造业的中间需求率整体下降了，前两者的降幅较大。

### （三）能源产业子行业中间投入率和中间需求率

在中间投入率方面，2002年最高的能源产业子行业是精炼石油和核燃料加工业，达0.84713；石油和天然气开采业、煤炭开采和洗选业则较低，分别是0.28877、0.43148（见表6-14）。与2002年相比，2020年电力、热力、燃气生产和供应业，石油和天然气开采业，煤炭开采和洗选业的中间投入率都上升了，前两者上涨幅度较大，说明它们对各产业部门投入的需求有较大的增长；而精炼石油和核燃料加工业、炼焦业的中间投入率则下降了。

在中间需求率方面，能源产业各子行业均较高，除了2012年石油和天然气开采业，其他子行业2002年、2007年、2012年、2017年和2020年的值均高于0.84，表明它们总产品中中间产品的数量较大。2020年煤炭开采和洗选业、石油和天然气开采业、炼焦业的中间需求率都在0.93以上。从动态视角来看，相较于2002年，2020年除了精炼石油和核燃料加工业，其他能源产业子行业的中间需求率均提升了。这说明我国经济的较快发展使其对能源资源的需求提升较快。

表 6-13　中国数字产业子行业中间投入率和中间需求率

| 行业 | 中间投入率 | | | | | 中间需求率 | | | | |
|---|---|---|---|---|---|---|---|---|---|---|
| | 2002 年 | 2007 年 | 2012 年 | 2017 年 | 2020 年 | 2002 年 | 2007 年 | 2012 年 | 2017 年 | 2020 年 |
| 通信设备、计算机制造业 | 0.80397 | 0.85409 | 0.84486 | 0.85964 | 0.86656 | 0.38157 | 0.26773 | 0.66352 | 0.32063 | 0.35410 |
| 电子元器件制造业 | 0.73930 | 0.80864 | 0.81656 | 0.81296 | 0.83257 | 0.85120 | 0.83716 | 0.66240 | 0.85204 | 0.82499 |
| 其他电子设备制造业 | 0.79342 | 0.82033 | 0.81372 | 0.82926 | 0.82922 | 0.21836 | 0.22793 | 0.77090 | 0.38237 | 0.40192 |
| 信息传输服务业 | 0.33045 | 0.33040 | 0.44639 | 0.44342 | 0.47601 | 0.75013 | 0.62735 | 0.98079 | 0.61426 | 0.64852 |
| 计算机服务和软件业 | 0.73568 | 0.62807 | 0.64952 | 0.49278 | 0.55391 | 0.78368 | 0.30372 | 0.77984 | 0.42183 | 0.47242 |

资料来源：根据国家统计局网站中相应年份《全国投入产出表》计算整理得到。

表 6-14　中国能源产业子行业中间投入率和中间需求率

| 行业 | 中间投入率 | | | | | 中间需求率 | | | | |
|---|---|---|---|---|---|---|---|---|---|---|
| | 2002 年 | 2007 年 | 2012 年 | 2017 年 | 2020 年 | 2002 年 | 2007 年 | 2012 年 | 2017 年 | 2020 年 |
| 煤炭开采和洗选业 | 0.43148 | 0.54080 | 0.50706 | 0.48784 | 0.48953 | 0.85762 | 0.95876 | 0.92963 | 0.98478 | 1.00458 |
| 石油和天然气开采业 | 0.28877 | 0.40255 | 0.38907 | 0.33442 | 0.37112 | 0.95821 | 0.98367 | 0.64571 | 0.98633 | 0.99457 |
| 精炼石油和核燃料加工业 | 0.84713 | 0.84719 | 0.83482 | 0.76200 | 0.77590 | 0.95105 | 0.94080 | 0.92172 | 0.87680 | 0.89163 |
| 炼焦业 | 0.65754 | 0.67889 | 0.67053 | 0.65620 | 0.62403 | 0.88898 | 0.91687 | 0.99899 | 0.93692 | 0.93466 |
| 电力、热力、燃气生产和供应业 | 0.51222 | 0.72290 | 0.74466 | 0.68489 | 0.69528 | 0.84164 | 0.91876 | 0.99953 | 0.91232 | 0.87548 |

资料来源：根据国家统计局网站中相应年份《全国投入产出表》计算整理得到。

## 二 影响力系数与感应度系数行业比较

### (一) 数字产业、能源产业等的影响力系数和感应度系数

就影响力系数而言，2002 年该值高于 1 的产业是 4 个，分别是建筑业 (1.50933)、工业 (1.41729)、数字产业 (1.41437)、住宿和餐饮业 (1.09766) (见表 6-15)。这表明就上述产业而言，每增加一个单位的最终产品，对所有国民经济部门产生的带动作用将会超过社会的平均影响力水平。而 2002 年能源产业的影响力系数为 0.99257，体现了能源产业每增加一个单位最终产品产生的带动作用略低于社会的平均影响力水平。与 2002 年相比，2020 年有 6 个产业的影响力系数大于 1，新增了能源产业与交通运输、仓储和邮政业；有 5 个产业的影响力系数提高了，其中，能源产业增加得最多 (0.26753)，说明能源产业对其他产业的拉动作用显著增强。

就感应度系数而言，2002 年工业的感应度系数高达 4.87987，超出判断标准 1 较多，感应度系数大于 1 的还有能源产业 (1.46517) 和数字产业 (1.00693)。这意味着其他的产业部门每增加一个单位产品的最终使用，它们受到的感应程度将高于社会平均感应度水平，即对其他的产业部门的变化很敏感。2020 年数字产业与能源产业的感应度系数分别是 1.03604、1.52249，分别比 2002 年增加了 0.02911、0.05732。不难看出，数字产业的影响力系数略高于能源产业，而前者的感应度系数则大大低于后者，说明数字产业的作用还需更进一步发挥。

### (二) 数字产业子行业影响力系数和感应度系数

就影响力系数而言，在数字产业子行业中，除信息传输服务业外，2002 年系数均大于 1.27；其中，通信设备、计算机制造业的系数高达 1.50669，比信息传输服务业高出 0.94874 (见表 6-16)。除了计算机服务和软件业，其他 4 个行业 2020 年的影响力系数都变大了，尤其是通信设备、计算机制造业，电子元器件制造业，其他电子设备制造业更是超过 1.47。从总体上看，数字产业子行业中制造业的影响力系数比服务业高，前者对其他产业部门的带动作用更大。

就感应度系数而言，在数字产业子行业中，2002 年除了电子元器件制造业略高于 1 外，其他 4 个行业的系数值皆较小，特别是计算机服务和软件业、其他电子设备制造业均小于 0.08。2020 年，电子元器件制造业、其他电子设备制造业、信息传输服务业、计算机服务和软件业的感应度系数有所提升。总体而言，国民经济的所有产业部门每增加一个单位的最

表 6-15  中国数字产业、能源产业等的影响力系数与感应度系数

| 行业 | 影响力系数 | | | | | 感应度系数 | | | | |
|---|---|---|---|---|---|---|---|---|---|---|
| | 2002 年 | 2007 年 | 2012 年 | 2017 年 | 2020 年 | 2002 年 | 2007 年 | 2012 年 | 2017 年 | 2020 年 |
| 数字产业 | 1.41437 | 1.49101 | 1.44367 | 1.38577 | 1.36155 | 1.00693 | 0.88137 | 0.80061 | 0.96471 | 1.03604 |
| 能源产业 | 0.99257 | 1.27224 | 1.29278 | 1.19984 | 1.26010 | 1.46517 | 2.10311 | 2.00909 | 1.51584 | 1.52249 |
| 农林牧渔业 | 0.73582 | 0.71398 | 0.73096 | 0.72915 | 0.67494 | 0.85061 | 0.65625 | 0.63156 | 0.63760 | 0.64824 |
| 工业 | 1.41729 | 1.50779 | 1.53134 | 1.50333 | 1.48023 | 4.87987 | 5.29036 | 4.78983 | 4.41818 | 4.13763 |
| 建筑业 | 1.50933 | 1.52058 | 1.46205 | 1.49996 | 1.46923 | 0.13993 | 0.04099 | 0.08981 | 0.05625 | 0.06599 |
| 批发和零售业 | 0.83888 | 0.65328 | 0.45833 | 0.52347 | 0.57260 | 0.60302 | 0.28696 | 0.44035 | 0.54176 | 0.61161 |
| 交通运输、仓储和邮政业 | 0.93568 | 0.95132 | 1.10277 | 0.95687 | 1.10299 | 0.66994 | 0.51625 | 0.54711 | 0.64194 | 0.66618 |
| 住宿和餐饮业 | 1.09766 | 1.12107 | 1.06185 | 1.17756 | 1.19974 | 0.21301 | 0.19276 | 0.14117 | 0.19094 | 0.17045 |
| 金融业 | 0.63307 | 0.48716 | 0.61840 | 0.67958 | 0.50148 | 0.49762 | 0.38416 | 0.62523 | 0.71558 | 0.70621 |
| 房地产业 | 0.47518 | 0.28354 | 0.36896 | 0.38595 | 0.40974 | 0.14900 | 0.10343 | 0.19136 | 0.35152 | 0.40329 |
| 其他行业 | 0.95014 | 0.99802 | 0.92890 | 0.95853 | 0.96740 | 0.52490 | 0.54436 | 0.73388 | 0.96568 | 1.03186 |

注：表6-15中的各大产业不相互包含，即数字产业、能源产业已从中剥离。

资料来源：根据国家统计局网站中相应年份《全国投入产出表》计算整理得到。

终使用，需要数字产业为其他产业提供的产出量较低，但这种情况在改善。

(三) 能源产业子行业影响力系数和感应度系数

由表6-17可以发现，研究期间，能源产业子行业的影响力系数与感应度系数大多不高。2002年影响力系数最高的是精炼石油和核燃料加工业，为1.04273；最低的是石油和天然气开采业，为0.45429。与2002年相比，2020年电力、热力、燃气生产和供应行业的影响力系数有了较大提升，但也仅仅接近于1；煤炭开采和洗选业、石油和天然气开采业的影响力系数略有上升，而精炼石油和核燃料加工业、炼焦业则有一定幅度的下降。

相比之下，能源产业子行业的感应度系数则更小，均小于1，说明其对其他产业的需求感应不敏感。2002年感应度系数最高的是石油和天然气开采业，为0.63872；最低的是炼焦业，为0.02880。2020年感应度系数最高的是电力、热力、燃气生产和供应业，为0.64431；其次是煤炭开采和洗选业，为0.57433。它们比2002年提高了不少，反映了其他产业对煤炭、电力等能源的需求较多。

### 三 产业融合度行业比较

(一) 数字产业与能源产业等的融合度

表6-18列出了2002年、2007年、2012年、2017年和2020年中国数字产业与能源产业、农林牧渔业、工业等的融合度。由表6-18中可知，2002年与数字产业的互动融合度较高的是工业 (0.13533)、其他产业 (0.07862)、批发和零售业 (0.06345)，较低的是农林牧渔业 (0.00228)、住宿和餐饮业 (0.01175)、能源产业 (0.01715)。2020年与数字产业的互动融合度较高的是其他产业、工业、房地产业。

2020年与数字产业的互动融合度有所提升的仅仅有房地产业，交通运输、仓储和邮政业，其他产业与住宿和餐饮业，分别比2002年增加了0.01371、0.01361、0.00328；而数字产业与能源产业的互动融合度不升反降。其中，相较于数字产业，2020年交通运输、仓储和邮政业，金融业，房地产业，其他产业的主体融合度比2002年上升了；相较于农林牧渔业，交通运输、仓储和邮政业，住宿和餐饮业，房地产业，其他产业，2020年数字产业的主体融合度上升了。而数字产业与能源产业的融合在这两方面表现都不佳。

表6—16 中国数字产业子行业影响力系数和感应度系数

| 行业 | 影响力系数 | | | | | 感应度系数 | | | | |
|---|---|---|---|---|---|---|---|---|---|---|
| | 2002年 | 2007年 | 2012年 | 2017年 | 2020年 | 2002年 | 2007年 | 2012年 | 2017年 | 2020年 |
| 通信设备、计算机制造业 | 1.50669 | 1.49418 | 1.47926 | 1.62751 | 1.61585 | 0.50909 | 0.26221 | 0.26227 | 0.24279 | 0.23824 |
| 电子元器件制造业 | 1.27892 | 1.33668 | 1.37678 | 1.46375 | 1.47808 | 1.08648 | 1.32281 | 1.36103 | 1.60090 | 1.60895 |
| 其他电子设备制造业 | 1.42431 | 1.39301 | 1.37967 | 1.50930 | 1.48089 | 0.07135 | 0.05977 | 0.09509 | 0.09108 | 0.08802 |
| 信息传输服务业 | 0.55795 | 0.50371 | 0.64363 | 0.67487 | 0.71075 | 0.13716 | 0.10778 | 0.15916 | 0.13939 | 0.13991 |
| 计算机服务和软件业 | 1.32694 | 0.95535 | 1.00269 | 0.75241 | 0.82603 | 0.06549 | 0.03171 | 0.04850 | 0.23851 | 0.36253 |

资料来源：根据国家统计局网站中相应年份《全国投入产出表》计算整理得到。

表6—17 中国能源产业子行业影响力系数和感应度系数

| 行业 | 影响力系数 | | | | | 感应度系数 | | | | |
|---|---|---|---|---|---|---|---|---|---|---|
| | 2002年 | 2007年 | 2012年 | 2017年 | 2020年 | 2002年 | 2007年 | 2012年 | 2017年 | 2020年 |
| 煤炭开采和洗选业 | 0.68042 | 0.77960 | 0.70309 | 0.70533 | 0.68301 | 0.45293 | 0.47207 | 0.67677 | 0.62104 | 0.57433 |
| 石油和天然气开采业 | 0.45429 | 0.59180 | 0.56801 | 0.50706 | 0.54159 | 0.63872 | 0.65154 | 0.58463 | 0.48976 | 0.45908 |
| 精炼石油和核燃料加工业 | 1.04273 | 0.98789 | 0.96718 | 0.90526 | 0.94185 | 0.28717 | 0.35103 | 0.30914 | 0.18920 | 0.16307 |
| 炼焦业 | 0.96182 | 0.91867 | 0.86281 | 0.89394 | 0.82777 | 0.02880 | 0.03960 | 0.03788 | 0.03464 | 0.03804 |
| 电力、热力、燃气生产和供应业 | 0.77433 | 1.05479 | 1.05620 | 0.99827 | 0.99409 | 0.48211 | 0.93831 | 0.69454 | 0.61172 | 0.64431 |

资料来源：根据国家统计局网站中相应年份《全国投入产出表》计算整理得到。

表 6-18 中国数字产业与能源产业等的融合度

| 指标 | 年份 | 能源产业 | 农林牧渔业 | 工业 | 建筑业 | 批发和零售业 | 交通运输、仓储和邮政业 | 住宿和餐饮业 | 金融业 | 房地产业 | 其他产业 |
|---|---|---|---|---|---|---|---|---|---|---|---|
| 其他产业对数字产业的投入率 $E_1$ | 2002 | 0.02286 | 0.00026 | 0.30447 | 0.00442 | 0.05509 | 0.02279 | 0.00580 | 0.01701 | 0.00626 | 0.03444 |
| | 2007 | 0.02074 | 0.00000 | 0.25106 | 0.00053 | 0.03738 | 0.01884 | 0.00667 | 0.02665 | 0.00743 | 0.03476 |
| | 2012 | 0.01583 | 0.00077 | 0.22520 | 0.00342 | 0.04989 | 0.02040 | 0.00532 | 0.03994 | 0.00872 | 0.05938 |
| | 2017 | 0.01529 | 0.00034 | 0.19275 | 0.00094 | 0.04609 | 0.02114 | 0.00610 | 0.02546 | 0.02759 | 0.06536 |
| | 2020 | 0.01515 | 0.00035 | 0.17215 | 0.00110 | 0.04894 | 0.02068 | 0.00667 | 0.02538 | 0.04434 | 0.08206 |
| 其他产业被数字产业消耗的需求率 $E_2$ | 2002 | 0.01412 | 0.00020 | 0.03958 | 0.03041 | 0.06487 | 0.02644 | 0.02180 | 0.03416 | 0.03824 | 0.05192 |
| | 2007 | 0.01025 | 0.00000 | 0.03066 | 0.01012 | 0.09754 | 0.02880 | 0.03010 | 0.07029 | 0.07755 | 0.05772 |
| | 2012 | 0.00777 | 0.00080 | 0.02661 | 0.02650 | 0.07900 | 0.02798 | 0.02934 | 0.05514 | 0.04964 | 0.06272 |
| | 2017 | 0.01190 | 0.00043 | 0.02979 | 0.00954 | 0.06437 | 0.02867 | 0.02670 | 0.03693 | 0.09157 | 0.05721 |
| | 2020 | 0.01388 | 0.00054 | 0.03288 | 0.01062 | 0.06997 | 0.03222 | 0.03505 | 0.04123 | 0.13207 | 0.07225 |
| 数字产业对其他产业的投入率 $D_1$ | 2002 | 0.01680 | 0.00459 | 0.02540 | 0.05547 | 0.08470 | 0.02437 | 0.01478 | 0.15240 | 0.02377 | 0.09978 |
| | 2007 | 0.00754 | 0.00890 | 0.01923 | 0.02324 | 0.04279 | 0.02245 | 0.00729 | 0.08427 | 0.03357 | 0.06931 |
| | 2012 | 0.00426 | 0.00245 | 0.01683 | 0.01845 | 0.02566 | 0.01672 | 0.00773 | 0.06942 | 0.01973 | 0.07149 |
| | 2017 | 0.00551 | 0.00424 | 0.02106 | 0.02082 | 0.03296 | 0.03935 | 0.01370 | 0.08036 | 0.02444 | 0.06909 |
| | 2020 | 0.00782 | 0.00524 | 0.02405 | 0.02319 | 0.03595 | 0.05794 | 0.01521 | 0.10848 | 0.03078 | 0.08298 |
| 数字产业被其他产业消耗的需求率 $D_2$ | 2002 | 0.01481 | 0.00405 | 0.17187 | 0.08814 | 0.04913 | 0.01363 | 0.00464 | 0.02965 | 0.00347 | 0.12834 |
| | 2007 | 0.01083 | 0.00518 | 0.17178 | 0.03224 | 0.01416 | 0.01127 | 0.00194 | 0.01467 | 0.00237 | 0.07734 |
| | 2012 | 0.00624 | 0.00152 | 0.16293 | 0.03151 | 0.00961 | 0.01095 | 0.00179 | 0.02775 | 0.00353 | 0.10169 |
| | 2017 | 0.00460 | 0.00187 | 0.14219 | 0.03562 | 0.01262 | 0.02177 | 0.00328 | 0.03194 | 0.00480 | 0.10953 |
| | 2020 | 0.00572 | 0.00194 | 0.12723 | 0.03607 | 0.01423 | 0.03125 | 0.00317 | 0.03099 | 0.00664 | 0.13162 |

续表

| 指标 | 年份 | 能源产业 | 农林牧渔业 | 工业 | 建筑业 | 批发和零售业 | 交通运输、仓储和邮政业 | 住宿和餐饮业 | 金融业 | 房地产业 | 其他产业 |
|---|---|---|---|---|---|---|---|---|---|---|---|
| 其他产业主体融合度 ETD | 2002 | 0.01884 | 0.00215 | 0.23817 | 0.04628 | 0.05211 | 0.01821 | 0.00522 | 0.02333 | 0.00486 | 0.08139 |
|  | 2007 | 0.01579 | 0.00259 | 0.21142 | 0.01638 | 0.02577 | 0.01506 | 0.00430 | 0.02066 | 0.00490 | 0.05605 |
|  | 2012 | 0.01104 | 0.00115 | 0.19407 | 0.01747 | 0.02975 | 0.01567 | 0.00356 | 0.03385 | 0.00613 | 0.08053 |
|  | 2017 | 0.00994 | 0.00110 | 0.16747 | 0.01828 | 0.02936 | 0.02146 | 0.00469 | 0.02870 | 0.01620 | 0.08745 |
|  | 2020 | 0.01044 | 0.00115 | 0.14969 | 0.01859 | 0.03159 | 0.02596 | 0.00492 | 0.02819 | 0.02549 | 0.10684 |
| 数字产业主体融合度 DTE | 2002 | 0.01546 | 0.00240 | 0.03249 | 0.04294 | 0.07479 | 0.02540 | 0.01829 | 0.09328 | 0.03100 | 0.07585 |
|  | 2007 | 0.00890 | 0.00445 | 0.02494 | 0.01668 | 0.07017 | 0.02562 | 0.01869 | 0.07728 | 0.05556 | 0.06351 |
|  | 2012 | 0.00602 | 0.00162 | 0.02172 | 0.02248 | 0.05233 | 0.02235 | 0.01854 | 0.06228 | 0.03469 | 0.06710 |
|  | 2017 | 0.00871 | 0.00233 | 0.02542 | 0.01518 | 0.04867 | 0.03401 | 0.02020 | 0.05865 | 0.05801 | 0.06315 |
|  | 2020 | 0.01085 | 0.00289 | 0.02846 | 0.01690 | 0.05296 | 0.04508 | 0.02513 | 0.07486 | 0.08143 | 0.07761 |
| 数字产业与其他产业互动融合度 EDT | 2002 | 0.01715 | 0.00228 | 0.13533 | 0.04461 | 0.06345 | 0.02181 | 0.01175 | 0.05831 | 0.01793 | 0.07862 |
|  | 2007 | 0.01234 | 0.00352 | 0.11818 | 0.01653 | 0.04797 | 0.02034 | 0.01150 | 0.04897 | 0.03023 | 0.05978 |
|  | 2012 | 0.00853 | 0.00139 | 0.10789 | 0.01997 | 0.04104 | 0.01901 | 0.01105 | 0.04806 | 0.02041 | 0.07382 |
|  | 2017 | 0.00933 | 0.00172 | 0.09645 | 0.01673 | 0.03901 | 0.02773 | 0.01245 | 0.04367 | 0.03710 | 0.07530 |
|  | 2020 | 0.01064 | 0.00202 | 0.08908 | 0.01775 | 0.04227 | 0.03552 | 0.01503 | 0.05152 | 0.05346 | 0.09223 |

资料来源：根据国家统计局网站中相应年份《全国投入产出表》计算整理得到。

## (二) 能源产业子行业与数字产业融合度

从表 6-19 能够看出，2020 年能源产业子行业对数字产业的投入率最高的为电力、热力、燃气生产和供应行业，然后是精炼石油和核燃料加工业；能源产业子行业被数字产业消耗的需求率排名第一、第二的也是电力、热力、燃气生产和供应业，精炼石油和核燃料加工业。就 2002 年—2020 年的动态变化来说，能源产业对数字产业的投入率、数字产业对能源产业的投入率、能源产业被数字产业消耗的需求率、数字产业被能源产业消耗的需求率在波动中下降，说明支撑数字产业发展的能源产业子行业主要是电力、热力、燃气生产和供应行业，并且这种影响在减弱，呈现出降低的趋势。

2002 年与数字产业互动融合度最高的能源产业子行业是电力、热力、燃气生产和供应行业，为 0.01942；排名第二、第三的是煤炭开采和洗选业、石油和天然气开采业，分别为 0.00933、0.00930；后两位的是精炼石油和核燃料加工业、炼焦业，小于 0.005。2020 年能源产业的 5 个子行业与数字产业的融合度均比 2002 年降低了，这和上述的投入率、需求率体现的情况基本一致。其中，数字产业主体融合度、能源产业主体融合度最高的都是电力、热力、燃气生产和供应业，最低的均为炼焦业。综上，数字产业与能源产业的子行业的融合发展还有待进一步推进。

## (三) 数字产业子行业与能源产业融合度

2020 年能源产业对信息传输服务业、电子元器件制造业和计算机服务和软件业的投入率相对较高，分别为 0.06017、0.01728、0.01041；其他电子设备制造业、计算机服务和软件业、信息传输服务业被能源产业消耗的需求率也相对较高，分别是 0.02974、0.01163、0.01112。这说明在数字产业子行业中，不仅传统的电子元器件制造业依赖能源产业投入支持，而且现代信息传输服务业、计算机服务和软件业也非常需要能源产业投入支持，同时，信息传输服务业、电子元器件制造业和计算机服务和软件业也为能源产业提供了一定的市场需求。

此外，2020 年能源产业被数字产业各子行业消耗的需求率由高到低依次是电子元器件制造业，信息传输服务业，计算机服务和软件业，通信设备、计算机制造业，其他电子设备制造业，其值皆小于 0.0042；数字产业各子行业对能源产业的投入率也都小于 0.0042。这表明能源产业的发展对数字产业发展的依赖性较弱，换言之，数字产业对能源产业发展的支持不够。

表 6-19 中国能源产业及其子行业与数字产业融合度

| 指标 | 年份 | 能源产业 | 煤炭开采和洗选业 | 石油和天然气开采业 | 精炼石油和核燃料加工业 | 炼焦业 | 电力、热力、燃气生产和供应业 | 数字产业 | 通信设备、计算机制造业 | 电子元器件制造业 | 其他电子设备制造业 | 信息传输服务业 | 计算机服务和软件业 |
|---|---|---|---|---|---|---|---|---|---|---|---|---|---|
| 能源产业对数字产业的投入率 $E_1$ | 2002 | 0.02286 | 0.00090 | 3.00$E$−05 | 0.00251 | 4.36$E$−05 | 0.01938 | 0.02286 | 0.01005 | 0.03674 | 0.01003 | 0.09609 | 0.00930 |
| | 2007 | 0.02074 | 0.00014 | 0.00036 | 0.00314 | 3.63$E$−06 | 0.01710 | 0.02074 | 0.00642 | 0.03563 | 0.01004 | 0.09088 | 0.00639 |
| | 2012 | 0.01583 | 0 | 0 | 0.00276 | 0 | 0.01307 | 0.01583 | 0.00902 | 0.01966 | 0.01038 | 0.05127 | 0.00231 |
| | 2017 | 0.01529 | 3.27$E$−07 | 0 | 0.00134 | 0 | 0.01394 | 0.01529 | 0.00791 | 0.01742 | 0.00951 | 0.06533 | 0.00927 |
| | 2020 | 0.01515 | 3.93$E$−07 | 0 | 0.00131 | 0 | 0.01384 | 0.01515 | 0.00790 | 0.01728 | 0.01035 | 0.06017 | 0.01041 |
| 能源产业被数字产业消耗的需求率 $E_2$ | 2002 | 0.01412 | 0.00352 | 9.41$E$−05 | 0.00573 | 0.00101 | 0.03436 | 0.01412 | 0.00320 | 0.00325 | 0.00093 | 0.00624 | 0.00049 |
| | 2007 | 0.01025 | 0.00055 | 0.00090 | 0.00638 | 4.77$E$−05 | 0.02114 | 0.01025 | 0.00157 | 0.00501 | 0.00058 | 0.00297 | 0.00012 |
| | 2012 | 0.00777 | 0 | 0 | 0.00546 | 0 | 0.01844 | 0.00777 | 0.00174 | 0.00287 | 0.00058 | 0.00248 | 0.00011 |
| | 2017 | 0.01190 | 1.51$E$−06 | 0 | 0.00477 | 0 | 0.02678 | 0.01190 | 0.00218 | 0.00406 | 0.00070 | 0.00366 | 0.00130 |
| | 2020 | 0.01388 | 2.26$E$−06 | 0 | 0.00576 | 0 | 0.02920 | 0.01388 | 0.00215 | 0.00419 | 0.00075 | 0.00407 | 0.00272 |
| 数字产业对能源产业的投入率 $D_1$ | 2002 | 0.01680 | 0.02917 | 0.03468 | 0.00833 | 0.00440 | 0.01823 | 0.01680 | 0.00341 | 0.00239 | 0.00055 | 0.00835 | 0.00210 |
| | 2007 | 0.00754 | 0.00938 | 0.00889 | 0.00536 | 0.00351 | 0.00869 | 0.00754 | 0.00044 | 0.00082 | 0.00006 | 0.00501 | 0.00121 |
| | 2012 | 0.00426 | 0.00929 | 0.00527 | 0.00205 | 0.00063 | 0.00464 | 0.00426 | 0.00041 | 0.00071 | 0.00085 | 0.00130 | 0.00099 |
| | 2017 | 0.00551 | 0.00475 | 0.00379 | 0.00055 | 0.00198 | 0.00910 | 0.00551 | 0.00014 | 0.00011 | 0.00146 | 0.00153 | 0.00228 |
| | 2020 | 0.00782 | 0.00540 | 0.00368 | 0.00107 | 0.00355 | 0.01231 | 0.00782 | 0.00014 | 0.00013 | 0.00174 | 0.00161 | 0.00419 |

续表

| 指标 | 年份 | 能源产业 | 煤炭开采和洗选业 | 石油和天然气开采业 | 精炼石油和核燃料加工业 | 炼焦业 | 电力、热力、燃气生产和供应业 | 数字产业 | 通信设备、计算机制造业 | 电子元器件制造业 | 其他电子设备制造业 | 信息传输服务业 | 计算机服务和软件业 |
|---|---|---|---|---|---|---|---|---|---|---|---|---|---|
| 数字产业对能源产业消耗的需求率 $D_2$ | 2002 | 0.01481 | 0.00372 | 0.00241 | 0.00285 | 0.00013 | 0.00570 | 0.01481 | 0.01138 | 0.00568 | 0.00941 | 0.03299 | 0.02059 |
| | 2007 | 0.01083 | 0.00141 | 0.00098 | 0.00234 | 0.00022 | 0.00589 | 0.01083 | 0.00313 | 0.00196 | 0.00229 | 0.05318 | 0.07436 |
| | 2012 | 0.00624 | 0.00178 | 0.00042 | 0.00100 | 3.60$E$−05 | 0.00301 | 0.00624 | 0.00318 | 0.00183 | 0.02241 | 0.01255 | 0.04356 |
| | 2017 | 0.00460 | 0.00050 | 0.00015 | 0.00013 | 6.74$E$−05 | 0.00375 | 0.00460 | 0.00075 | 0.00019 | 0.02461 | 0.01175 | 0.01127 |
| | 2020 | 0.00572 | 0.00045 | 0.00011 | 0.00021 | 9.38$E$−05 | 0.00486 | 0.00572 | 0.00071 | 0.00022 | 0.02974 | 0.01112 | 0.01163 |
| 能源产业主体融合度 $ETD$ | 2002 | 0.01884 | 0.00231 | 0.00122 | 0.00268 | 8.73$E$−05 | 0.01254 | 0.01884 | 0.01072 | 0.02121 | 0.00972 | 0.06454 | 0.01494 |
| | 2007 | 0.01579 | 0.00077 | 0.00067 | 0.00274 | 0.00011 | 0.01149 | 0.01579 | 0.00478 | 0.01879 | 0.00616 | 0.07203 | 0.04038 |
| | 2012 | 0.01104 | 0.00089 | 0.00021 | 0.00188 | 1.80$E$−05 | 0.00804 | 0.01104 | 0.00610 | 0.01074 | 0.01640 | 0.03191 | 0.02293 |
| | 2017 | 0.00994 | 0.00025 | 7.28$E$−05 | 0.00074 | 3.37$E$−05 | 0.00885 | 0.00994 | 0.00433 | 0.00880 | 0.01706 | 0.03854 | 0.01027 |
| | 2020 | 0.01044 | 0.00023 | 5.34$E$−05 | 0.00076 | 4.69$E$−05 | 0.00935 | 0.01044 | 0.00430 | 0.00875 | 0.02005 | 0.03564 | 0.01102 |
| 数字产业主体融合度 $DTE$ | 2002 | 0.01546 | 0.01634 | 0.01739 | 0.00703 | 0.00271 | 0.02630 | 0.01546 | 0.00331 | 0.00282 | 0.00074 | 0.00730 | 0.00130 |
| | 2007 | 0.00890 | 0.00497 | 0.00490 | 0.00587 | 0.00178 | 0.01491 | 0.00890 | 0.00100 | 0.00291 | 0.00032 | 0.00399 | 0.00067 |
| | 2012 | 0.00602 | 0.00464 | 0.00263 | 0.00376 | 0.00032 | 0.01154 | 0.00602 | 0.00107 | 0.00179 | 0.00071 | 0.00189 | 0.00055 |
| | 2017 | 0.00871 | 0.00238 | 0.00190 | 0.00266 | 0.00099 | 0.01794 | 0.00871 | 0.00116 | 0.00209 | 0.00108 | 0.00259 | 0.00179 |
| | 2020 | 0.01085 | 0.00270 | 0.00184 | 0.00341 | 0.00177 | 0.02076 | 0.01085 | 0.00115 | 0.00216 | 0.00125 | 0.00284 | 0.00345 |
| 数字产业与能源产业互动融合度 $EDT$ | 2002 | 0.01715 | 0.00933 | 0.00930 | 0.00485 | 0.00140 | 0.01942 | 0.01715 | 0.00701 | 0.01202 | 0.00523 | 0.03592 | 0.00812 |
| | 2007 | 0.01234 | 0.00287 | 0.00278 | 0.00431 | 0.00094 | 0.01320 | 0.01234 | 0.00289 | 0.01085 | 0.00324 | 0.03801 | 0.02052 |
| | 2012 | 0.00853 | 0.00277 | 0.00142 | 0.00282 | 0.00017 | 0.00979 | 0.00853 | 0.00359 | 0.00627 | 0.00855 | 0.01690 | 0.01174 |
| | 2017 | 0.00933 | 0.00131 | 0.00098 | 0.00170 | 0.00051 | 0.01339 | 0.00933 | 0.00275 | 0.00544 | 0.00907 | 0.02057 | 0.00603 |
| | 2020 | 0.01064 | 0.00146 | 0.00095 | 0.00209 | 0.00091 | 0.01505 | 0.01064 | 0.00273 | 0.00546 | 0.01065 | 0.01924 | 0.00724 |

资料来源：根据国家统计局网站中相应年份《全国投入产出表》计算整理得到。

2020年与能源产业融合度最高的数字产业子行业是信息传输服务业，为0.01924；最低的则是通信设备、计算机制造业，为0.00273。另外，数字产业主体融合度较高的是计算机服务和软件业、信息传输服务业、电子元器件制造业，能源产业主体融合度较高的分别是信息传输服务业、其他电子设备制造业。除了其他电子设备制造业，2020年其他数字产业子行业与能源产业的融合度均比2002年下降了。综上所示，数字产业与能源产业的融合仍然还处于低水平阶段，计算机服务和软件业对能源产业的变革乏力，能源产业也未能给计算机服务和软件业提供巨大的需求支持。

## 第四节 数字产业与能源产业融合发展国际比较

### 一 产出协调水平国际比较

如表6-20所示，在选取的12个G20国家中，2018年数字产业增加值总量排名前三的国家依次是美国、中国、日本，分别达到了1201063.00百万美元、616517.60百万美元、267468.20百万美元；人均数字产业增加值排名前三的国家分别是美国、德国以及英国，依次达到了3671.10美元/人、2267.20美元/人、2141.90美元/人，而中国仅为442.67美元/人。不论是数字产业增加值总量还是人均数字产业增加值，发达国家均值都大大高于发展中国家均值。

表6-20 2018年各国数字产业与能源产业发展水平及其产出协调水平

| 国家 | 数字产业 | | 能源产业 | | 产出协调水平 | |
| --- | --- | --- | --- | --- | --- | --- |
| | 数字产业增加值总量（百万美元） | 人均数字产业增加值（美元/人） | 能源产业增加值总量（百万美元） | 人均能源产业增加值（美元/人） | 耦合度 | 协调度 |
| 中国 | 616517.60 | 442.67 | 694325.80 | 498.54 | 0.99799 | 0.87466 |
| 巴西 | 52341.60 | 249.88 | 73439.20 | 350.60 | 0.99465 | 0.83996 |
| 俄罗斯 | 40350.10 | 279.28 | 254051.20 | 1758.41 | 0.94824 | 0.88112 |
| 印度 | 143701.20 | 106.24 | 118633.00 | 87.71 | 1.00000 | 0.75433 |
| 南非 | 12268.80 | 212.34 | 17363.40 | 300.51 | 0.99431 | 0.82805 |

续表

| 国家 | 数字产业 | | 能源产业 | | 产出协调水平 | |
|---|---|---|---|---|---|---|
| | 数字产业增加值总量（百万美元） | 人均数字产业增加值（美元/人） | 能源产业增加值总量（百万美元） | 人均能源产业增加值（美元/人） | 耦合度 | 协调度 |
| 美国 | 1201063.00 | 3671.10 | 682873.40 | 2087.23 | 0.99963 | 0.99308 |
| 日本 | 267468.20 | 2113.89 | 87110.20 | 688.46 | 0.99348 | 0.93627 |
| 德国 | 188014.10 | 2267.20 | 77696.80 | 936.92 | 0.99701 | 0.95054 |
| 英国 | 142412.80 | 2141.90 | 64385.50 | 968.36 | 0.99788 | 0.95024 |
| 法国 | 117206.70 | 1749.69 | 48608.40 | 725.64 | 0.99670 | 0.93343 |
| 意大利 | 68153.60 | 1127.79 | 36608.30 | 605.78 | 0.99882 | 0.91376 |
| 加拿大 | 65076.80 | 1756.04 | 95507.00 | 2577.17 | 0.99558 | 0.97512 |
| 发展中国家均值 | 173035.86 | 258.08 | 231562.52 | 599.15 | 0.98704 | 0.83562 |
| 发达国家均值 | 292770.74 | 2118.23 | 156112.80 | 1227.08 | 0.99701 | 0.95035 |

资料来源：根据 OECD 网站中 2018 年相应国家的《投入产出表》计算整理得到。

就能源产业来说，能源产业增加值总量排名前三的国家依次是中国、美国、俄罗斯，分别达到了 694325.80 百万美元、682873.40 百万美元、254051.20 百万美元；人均能源产业增加值较高的三个国家依次是加拿大、美国和俄罗斯，分别达到了 2577.17 美元/人、2087.23 美元/人、1758.41 美元/人，而中国只有 498.54 美元/人。虽然发展中国家的能源产业增加值总量均值高于发达国家均值，但其人均能源产业增加值均值却低于发达国家均值。

从数字产业与能源产业的产出协调水平来看，协调度较高的三个国家依次是美国、加拿大、德国，分别为 0.99308、0.97512、0.95054；较低的三个国家是印度、南非、巴西，分别是 0.75433、0.82805、0.83996，低于高水平国家；中国的产出协调度是 0.87466。不难发现，从产出视角而言，中国数字产业与能源产业融合竞争力并不高，而发展中国家的平均水平也低于发达国家的平均水平。

## 二 中间投入率与中间需求率国际比较

（一）数字产业、能源产业及其子行业的中间投入率

从表 6-21 来看，2018 年发达国家数字产业的中间投入率均值是

0.45786，低于发展中国家的均值（0.57595）；发达国家能源产业的中间投入率均值是 0.68328，高于发展中国家的均值（0.66337）。同时，不论是发达国家还是发展中国家，它们的能源产业中间投入率均值都大于数字产业中间投入率均值。与此相反，只有中国的数字产业中间投入率高于能源产业中间投入率。

表 6-21　2018 年各国数字产业、能源产业及其子行业的中间投入率

| 国家 | 数字产业中间投入率 | | | | 能源产业中间投入率 | | | |
|---|---|---|---|---|---|---|---|---|
| | 数字产业 | 计算机、电子和光学产品业 | 电信业 | 信息技术和其他信息服务业 | 能源产业 | 能源开采洗选业 | 炼焦和精炼石油业 | 电力、燃气业 |
| 中国 | 0.73515 | 0.84644 | 0.59100 | 0.35682 | 0.69536 | 0.65181 | 0.74666 | 0.68940 |
| 巴西 | 0.53890 | 0.85191 | 0.56680 | 0.31749 | 0.72257 | 0.50182 | 0.89457 | 0.58901 |
| 俄罗斯 | 0.50917 | 0.60303 | 0.52202 | 0.42860 | 0.53035 | 0.23515 | 0.75415 | 0.70644 |
| 印度 | 0.44796 | 0.73256 | 0.63213 | 0.30826 | 0.67768 | 0.44462 | 0.82411 | 0.59799 |
| 南非 | 0.64857 | 0.74290 | 0.67427 | 0.56459 | 0.69088 | 0.59865 | 0.81008 | 0.57757 |
| 美国 | 0.37574 | 0.26876 | 0.50053 | 0.33538 | 0.55417 | 0.47699 | 0.71987 | 0.40118 |
| 日本 | 0.52057 | 0.58591 | 0.55528 | 0.41747 | 0.78089 | 0.27461 | 0.87345 | 0.71902 |
| 德国 | 0.48939 | 0.52546 | 0.60018 | 0.41887 | 0.69120 | 0.73330 | 0.92024 | 0.60173 |
| 英国 | 0.40036 | 0.41355 | 0.36439 | 0.41656 | 0.73502 | 0.38273 | 0.90815 | 0.77609 |
| 法国 | 0.46362 | 0.54128 | 0.54403 | 0.40014 | 0.73272 | 0.12782 | 0.87114 | 0.68689 |
| 意大利 | 0.52451 | 0.62561 | 0.54037 | 0.47739 | 0.78983 | 0.65169 | 0.93952 | 0.71785 |
| 加拿大 | 0.43081 | 0.55937 | 0.42144 | 0.41043 | 0.49912 | 0.43938 | 0.81833 | 0.27050 |
| 发展中国家均值 | 0.57595 | 0.75537 | 0.59724 | 0.39515 | 0.66337 | 0.48641 | 0.80591 | 0.63208 |
| 发达国家均值 | 0.45786 | 0.50285 | 0.50375 | 0.41089 | 0.68328 | 0.44093 | 0.86439 | 0.59618 |

注：此处"电力、燃气业"是指电力、燃气、蒸汽和空调供应业。
资料来源：根据 OECD 网站中 2018 年相应国家的《投入产出表》计算整理得到。

数字产业中间投入率较高的三个国家是中国、南非、巴西，分别达到了 0.73515、0.64857、0.53890；较低的三个国家是美国、英国、加拿大，仅有 0.37574、0.40036、0.43081。能源产业中间投入率较高的三个国家是意大利、日本、英国，分别达到了 0.78983、0.78089、0.73502；

中国为 0.69536。综上所述，中国数字产业或能源产业来自各产业的投入占比较高，并且前者高于后者。

（二）数字产业、能源产业及其子行业的中间需求率

根据表 6-22 可知，2018 年发达国家数字产业的中间需求率均值是 0.44714，高于发展中国家的均值（0.43554）；发达国家能源产业的中间需求率均值是 0.60212，低于发展中国家的均值（0.67458）。这表明发达国家数字产业流向各部门作为原材料的比重相对较高，能源产业正好相反。此外，除了加拿大，各国的能源产业中间需求率都大于数字产业中间需求率，说明这些国家的数字产业与其他产业在该方面的联系弱于能源产业。

表 6-22　2018 年各国数字产业、能源产业及其子行业的中间需求率

| 国家 | 数字产业中间需求率 | | | | 能源产业中间需求率 | | | |
| --- | --- | --- | --- | --- | --- | --- | --- | --- |
| | 数字产业 | 计算机、电子和光学产品业 | 电信业 | 信息技术和其他信息服务业 | 能源产业 | 能源开采洗选业 | 炼焦和精炼石油业 | 电力、燃气业 |
| 中国 | 0.52740 | 0.56561 | 0.55814 | 0.33232 | 0.86730 | 0.97570 | 0.86317 | 0.76670 |
| 巴西 | 0.40222 | 0.35135 | 0.36760 | 0.46854 | 0.64526 | 0.59464 | 0.66349 | 0.65235 |
| 俄罗斯 | 0.46262 | 0.37596 | 0.32237 | 0.67798 | 0.46893 | 0.31900 | 0.43373 | 0.76374 |
| 印度 | 0.15726 | 0.19876 | 0.47711 | 0.01999 | 0.75535 | 0.99461 | 0.56490 | 0.66383 |
| 南非 | 0.62820 | 0.61740 | 0.60160 | 0.70992 | 0.63605 | 0.64965 | 0.64427 | 0.60425 |
| 美国 | 0.45802 | 0.32298 | 0.47265 | 0.54872 | 0.62586 | 0.77573 | 0.52613 | 0.58072 |
| 日本 | 0.29008 | 0.13342 | 0.27697 | 0.50330 | 0.60175 | 0.91943 | 0.63346 | 0.57050 |
| 德国 | 0.52359 | 0.26201 | 0.60252 | 0.69822 | 0.58688 | 0.76775 | 0.42999 | 0.59714 |
| 英国 | 0.51291 | 0.47009 | 0.51841 | 0.52897 | 0.61772 | 0.57602 | 0.36197 | 0.74194 |
| 法国 | 0.40491 | 0.32913 | 0.55105 | 0.37132 | 0.62977 | 0.96250 | 0.40040 | 0.64827 |
| 意大利 | 0.47403 | 0.29468 | 0.48538 | 0.57566 | 0.72045 | 0.96716 | 0.41209 | 0.80062 |
| 加拿大 | 0.46647 | 0.37097 | 0.40599 | 0.58064 | 0.43238 | 0.37967 | 0.53097 | 0.42591 |
| 发展中国家均值 | 0.43554 | 0.42182 | 0.46536 | 0.44175 | 0.67458 | 0.70672 | 0.63391 | 0.69017 |
| 发达国家均值 | 0.44714 | 0.31190 | 0.47328 | 0.54383 | 0.60212 | 0.76404 | 0.47072 | 0.62359 |

注：此处"电力、燃气业"是指电力、燃气、蒸汽和空调供应业。

资料来源：根据 OECD 网站中 2018 年相应国家的《投入产出表》计算整理得到。

其中，南非、中国、德国的数字产业中间需求率较高，分别是0.62820、0.52740、0.52359；印度、日本、巴西的数字产业中间需求率排名靠后，依次是0.15726、0.29008、0.40222。就能源产业来说，中国、印度、意大利的中间需求率排名前三，分别达到了0.86730、0.75535、0.72045，依次比最低的加拿大高出了0.43492、0.32297、0.28807。这说明中国数字产业或能源产业对各产业部门的推动作用较大，但前者低于后者。

### 三　影响力系数与感应度系数国际比较

**（一）数字产业、能源产业及其子行业的影响力系数**

本节对各国数字产业及其子行业的影响力系数进行比较。由表6-23不难发现，2018年发展中国家的数字产业影响力系数均值是0.97676，比发达国家的数字产业影响力系数均值高出0.18642。其中，发展中国家计算机、电子和光学产品业，电信业的影响力系数均值分别比发达国家高出0.44153、0.09214，而前者信息技术和其他信息服务业的影响力系数均值比后者低0.06735。只有中国、俄罗斯、南非数字产业的影响力系数均大于1，分别是1.08619、1.05643、1.04536，其他国家的影响力系数均小于1。其中，中国计算机、电子和光学产品业的影响力系数在这些国家中排名第二，仅次于巴西，达到了1.46574；而信息技术和其他信息服务业的影响力系数仅为0.52081，略高于巴西但低于其他国家。中国数字产业制造业对其他产业部门的拉动作用大于数字产业服务业。

表6-23　2018年各国数字产业、能源产业及其子行业的影响力系数

| 国家 | 数字产业影响力系数 | | | | 能源产业影响力系数 | | | |
| --- | --- | --- | --- | --- | --- | --- | --- | --- |
| | 数字产业 | 计算机、电子和光学产品业 | 电信业 | 信息技术和其他信息服务业 | 能源产业 | 能源开采洗选业 | 炼焦和精炼石油业 | 电力、燃气业 |
| 中国 | 1.08619 | 1.46574 | 0.87099 | 0.52081 | 1.03926 | 0.99534 | 1.15390 | 1.06353 |
| 巴西 | 0.89453 | 1.52179 | 0.90127 | 0.50729 | 1.33656 | 0.80844 | 1.60424 | 0.92331 |
| 俄罗斯 | 1.05643 | 1.24160 | 1.04098 | 0.84292 | 0.94597 | 0.46986 | 1.14021 | 1.29390 |
| 印度 | 0.80128 | 1.32113 | 1.13744 | 0.57861 | 1.35412 | 0.77509 | 1.34861 | 0.98464 |
| 南非 | 1.04536 | 1.18816 | 1.08868 | 0.86710 | 1.15674 | 0.91115 | 1.27354 | 0.89309 |
| 美国 | 0.78851 | 0.57439 | 1.09984 | 0.73709 | 1.25635 | 1.06854 | 1.62076 | 0.90451 |

续表

| 国家 | 数字产业影响力系数 | | | | 能源产业影响力系数 | | | |
|---|---|---|---|---|---|---|---|---|
| | 数字产业 | 计算机、电子和光学产品业 | 电信业 | 信息技术和其他信息服务业 | 能源产业 | 能源开采洗选业 | 炼焦和精炼石油业 | 电力、燃气业 |
| 日本 | 0.84100 | 0.98113 | 0.97111 | 0.71057 | 1.42471 | 0.49014 | 1.68460 | 1.38566 |
| 德国 | 0.85661 | 0.82271 | 0.96916 | 0.62317 | 1.27927 | 1.24583 | 1.58581 | 0.98033 |
| 英国 | 0.63130 | 0.72745 | 0.62753 | 0.72982 | 1.62428 | 0.68478 | 1.55413 | 1.85529 |
| 法国 | 0.73583 | 1.09351 | 1.08028 | 0.77783 | 1.47890 | 0.25887 | 1.39420 | 1.42257 |
| 意大利 | 0.76623 | 0.94434 | 0.79557 | 0.70134 | 1.46209 | 1.00712 | 1.53231 | 1.24232 |
| 加拿大 | 0.91289 | 1.19953 | 0.86664 | 0.83508 | 1.08561 | 0.91145 | 1.66626 | 0.55804 |
| 发展中国家均值 | 0.97676 | 1.34768 | 1.00787 | 0.66335 | 1.16653 | 0.79198 | 1.30410 | 1.03169 |
| 发达国家均值 | 0.79034 | 0.90615 | 0.91573 | 0.73070 | 1.37303 | 0.80953 | 1.57687 | 1.19267 |

注：此处"电力、燃气业"是指电力、燃气、蒸汽和空调供应业。

资料来源：根据OECD网站中2018年相应国家的《投入产出表》计算整理得到。

发达国家能源产业的影响力系数均值高于发展中国家，能源产业各子行业的影响力系数均值前者也均高于后者。能源产业的影响力系数较高的三个国家依次是英国、法国和意大利，均大于1.46。除了俄罗斯，其他国家能源产业的影响力系数都大于1。此外，中国能源产业的影响力系数均小于发达国家均值和发展中国家均值，炼焦和精炼石油业，电力、燃气业的影响力系数均小于发达国家均值。这说明中国能源产业的发展滞后于其他国家，尤其是炼焦和精炼石油业，电力、燃气业对其他的产业部门带动作用与发达国家还有较大差距。

(二) 数字产业、能源产业及其子行业的感应度系数

从表6-24可以看出，2018年发展中国家数字产业整体的感应度系数均值高于发达国家，但电信业、信息技术和其他信息服务业的感应度系数均值都低于后者。这体现了发达国家数字产业处于更高的发展阶段。各国数字产业的感应度系数均小于1，较高的三个国家依次是德国、中国、俄罗斯，分别比最低的印度高出0.37892、0.36739、0.34553。其中，在数字产业子行业中，计算机、电子和光学产品业的感应度系数在

各国中最高,达到了 0.78880;而电信业、信息技术和其他信息服务业的感应度系数在各国中排名靠后。这说明中国电信业、信息技术和其他信息服务业对经济发展和其他产业的发展并不敏感。

表 6-24　2018 年各国数字产业、能源产业及其子行业的感应度系数

| 指标<br>国家 | 数字产业感应度系数 | | | | 能源产业感应度系数 | | | |
| --- | --- | --- | --- | --- | --- | --- | --- | --- |
| | 数字产业 | 计算机、电子和光学产品业 | 电信业 | 信息技术和其他信息服务业 | 能源产业 | 能源开采洗选业 | 炼焦和精炼石油业 | 电力、燃气业 |
| 中国 | 0.44075 | 0.78880 | 0.14687 | 0.10904 | 0.64270 | 0.92085 | 0.14971 | 0.43460 |
| 巴西 | 0.25154 | 0.52499 | 0.15084 | 0.16200 | 0.75477 | 0.44286 | 0.63527 | 0.50183 |
| 俄罗斯 | 0.41889 | 0.40956 | 0.24567 | 0.44906 | 0.60470 | 0.56333 | 0.36822 | 0.76364 |
| 印度 | 0.07336 | 0.12005 | 0.13485 | 0.00779 | 1.15913 | 1.34103 | 0.29602 | 0.32080 |
| 南非 | 0.35280 | 0.38681 | 0.28849 | 0.17524 | 0.54076 | 0.57762 | 0.34191 | 0.23217 |
| 美国 | 0.23928 | 0.18431 | 0.20539 | 0.24488 | 0.64836 | 1.17015 | 0.18781 | 0.12300 |
| 日本 | 0.18276 | 0.07061 | 0.17658 | 0.22639 | 0.41389 | 0.02123 | 0.47029 | 0.43719 |
| 德国 | 0.45228 | 0.20143 | 0.33179 | 0.65086 | 0.51815 | 0.85631 | 0.13262 | 0.32218 |
| 英国 | 0.25168 | 0.16412 | 0.17672 | 0.34121 | 1.03791 | 0.99268 | 0.06865 | 1.10011 |
| 法国 | 0.23701 | 0.16342 | 0.25267 | 0.29485 | 0.92349 | 0.81605 | 0.08555 | 0.78589 |
| 意大利 | 0.23945 | 0.13645 | 0.22500 | 0.31902 | 0.78081 | 0.67752 | 0.12629 | 0.58120 |
| 加拿大 | 0.32167 | 0.42193 | 0.18069 | 0.29656 | 0.41201 | 0.88486 | 0.17802 | 0.08969 |
| 发展中国家均值 | 0.30747 | 0.44604 | 0.19334 | 0.18063 | 0.74041 | 0.76914 | 0.35823 | 0.45061 |
| 发达国家均值 | 0.27488 | 0.19175 | 0.22126 | 0.33911 | 0.67637 | 0.77411 | 0.17846 | 0.49132 |

注:此处"电力、燃气业"是指电力、燃气、蒸汽和空调供应业。
资料来源:根据 OECD 网站中 2018 年相应国家的《投入产出表》计算整理得到。

2018 年发展中国家能源产业整体的感应度系数均值也高于发达国家,前者比后者高出 0.06404。各国能源产业的感应度系数大大高于数字产业。印度、英国、法国能源产业的感应度系数较高,分别为 1.15913、1.03791、0.92349;中国能源产业的感应度系数为 0.64270,其中,能源开采洗选业的感应度系数排名靠前,而炼焦和精炼石油业,电力、燃气

业的感应度系数排名相对靠后，特别是炼焦和精炼石油业，电力、燃气业的感应度系数比发展中国家均值、发达国家均值都小。这反映出中国能源产业发展与其他国家相比还有较大差距，它所受到的来自其他产业的拉动作用相对较弱。

### 四 投入匹配程度国际比较

（一）数字产业与能源产业（含二者子行业）的互动融合度

首先，分析数字产业及其子行业和能源产业的融合发展情况。从互动融合度来看，2018年发展中国家数字产业与能源产业融合水平均值大于发达国家（见表6-25）。此外，计算机、电子和光学产品业，电信业，信息技术和其他信息服务业三个子行业各自与能源产业融合的状况也同样如此。在各国，印度、日本、南非的数字产业与能源产业的互动融合度较高，分别是0.0489、0.02882、0.02340。较低的三个国家是巴西、美国和法国，低于发达国家均值、发展中国家均值，分别只有0.01126、0.01146、0.01435；中国数字产业与能源产业的互动融合度为0.01778。在数字产业子行业中，中国计算机、电子和光学产品业，电信业与能源产业的互动融合度在各国排名中位列中上水平，高于信息技术和其他信息服务业。

表6-25　　　　2018年各国数字产业与能源产业
（含二者子行业）的互动融合度

| 国家 | 数字产业及其子行业与能源产业的互动融合度 | | | | 能源产业及其子行业与数字产业的互动融合度 | | | |
| --- | --- | --- | --- | --- | --- | --- | --- | --- |
| | 数字产业 | 计算机、电子和光学产品业 | 电信业 | 信息技术和其他信息服务业 | 能源产业 | 能源开采洗选业 | 炼焦和精炼石油业 | 电力、燃气业 |
| 中国 | 0.01778 | 0.01470 | 0.02015 | 0.01062 | 0.01778 | 0.00624 | 0.00221 | 0.02381 |
| 巴西 | 0.01126 | 0.00649 | 0.01116 | 0.01076 | 0.01126 | 0.00488 | 0.00209 | 0.01224 |
| 俄罗斯 | 0.01919 | 0.01670 | 0.01987 | 0.01228 | 0.01919 | 0.00549 | 0.00406 | 0.01580 |
| 印度 | 0.04890 | 0.03249 | 0.07860 | 0.01335 | 0.04890 | 0.00145 | 0.01771 | 0.06158 |
| 南非 | 0.02340 | 0.00473 | 0.00830 | 0.04972 | 0.02340 | 0.00469 | 0.02033 | 0.01558 |
| 美国 | 0.01146 | 0.00309 | 0.00559 | 0.01195 | 0.01146 | 0.01248 | 0.00385 | 0.01189 |
| 日本 | 0.02882 | 0.01397 | 0.00971 | 0.03107 | 0.02882 | 0.01139 | 0.00872 | 0.03094 |

续表

| 国家 | 数字产业及其子行业与能源产业的互动融合度 | | | | 能源产业及其子行业与数字产业的互动融合度 | | | |
|---|---|---|---|---|---|---|---|---|
| | 数字产业 | 计算机、电子和光学产品业 | 电信业 | 信息技术和其他信息服务业 | 能源产业 | 能源开采洗选业 | 炼焦和精炼石油业 | 电力、燃气业 |
| 德国 | 0.01620 | 0.01433 | 0.01037 | 0.00874 | 0.01620 | 0.01444 | 0.00582 | 0.01781 |
| 英国 | 0.01723 | 0.01205 | 0.01340 | 0.01316 | 0.01723 | 0.01174 | 0.00280 | 0.01711 |
| 法国 | 0.01435 | 0.00928 | 0.01350 | 0.00869 | 0.01435 | 0.00314 | 0.00833 | 0.01380 |
| 意大利 | 0.01851 | 0.01610 | 0.01064 | 0.01509 | 0.01851 | 0.02146 | 0.00409 | 0.01783 |
| 加拿大 | 0.01958 | 0.00988 | 0.01177 | 0.01786 | 0.01958 | 0.01501 | 0.00499 | 0.02237 |
| 发展中国家均值 | 0.02411 | 0.01502 | 0.02762 | 0.01935 | 0.02411 | 0.00455 | 0.00928 | 0.02580 |
| 发达国家均值 | 0.01802 | 0.01124 | 0.01071 | 0.01522 | 0.01802 | 0.01281 | 0.00551 | 0.01882 |

注：此处"电力、燃气业"是指电力、燃气、蒸汽和空调供应业。
资料来源：根据OECD网站中2018年相应国家的《投入产出表》计算整理得到。

其次，分析能源产业子行业与数字产业的融合发展情况。2018年发展中国家炼焦和精炼石油业，电力、燃气业与数字产业的互动融合度均值都大于发达国家，但前者能源开采洗选业与数字产业的互动融合度均值低于后者。大部分国家电力、燃气业与数字产业的互动融合度高于能源开采洗选业、炼焦和精炼石油业。中国能源产业各子行业与数字产业的互动融合度差异较大，其中电力、燃气业排名靠前；而炼焦和精炼石油业排名靠后，其与数字产业的互动融合度不仅低于发达国家均值，也低于发展中国家均值。

（二）数字产业与能源产业（含二者子行业）的主体融合度

为了更进一步分析数字产业与能源产业的融合发展状况，本节对各国数字产业、能源产业及其子行业的主体融合度进行比较。从数字产业相对能源产业的主体融合度来看，2018年发展中国家均值低于发达国家（见表6-26）。其中，发展中国家计算机、电子和光学产品业，电信业相对能源产业的主体融合度均值皆高于发达国家，而信息技术和其他信息服务业则相反。在各国，日本数字产业相对能源产业的主体融合度最高，印度、南非、德国紧随其后，中国排名第五。在中国数字产业子行业中，相对于能源产业的主体融合度由高到低依次是计算机、电子和光学产品业，电信业，信息技术和其他信息服务业。虽然中国计算机、电子和光学产品业相对能源产业的主体融合度高于其他国家，但由于电信业，信息技术和其他信息服务业相对能源产业的主体融合度都大大低于其他国家，使数字产业与能源产业的融合发展受限。

表 6-26 2018 年各国数字产业、能源产业及其子行业的主体融合度

| 国家 | 数字产业及其子行业相对能源产业的主体融合度 | | | | 能源产业及其子行业相对数字产业的主体融合度 | | | |
| --- | --- | --- | --- | --- | --- | --- | --- | --- |
| | 数字产业 | 计算机、电子和光学产品业 | 电信业 | 信息技术和其他信息服务业 | 能源产业 | 能源开采洗选业 | 炼焦和精炼石油业 | 电力、燃气业 |
| 中国 | 0.01610 | 0.01187 | 0.00277 | 0.00146 | 0.01945 | 0.00300 | 0.00114 | 0.01530 |
| 巴西 | 0.00536 | 0.00107 | 0.00219 | 0.00210 | 0.01716 | 0.00302 | 0.00267 | 0.01147 |
| 俄罗斯 | 0.00574 | 0.00172 | 0.00218 | 0.00184 | 0.03263 | 0.00554 | 0.00551 | 0.02158 |
| 印度 | 0.02063 | 0.00406 | 0.01441 | 0.00216 | 0.07717 | 0.00109 | 0.01748 | 0.05860 |
| 南非 | 0.01755 | 0.00067 | 0.00459 | 0.01229 | 0.02925 | 0.00196 | 0.01889 | 0.00840 |
| 美国 | 0.01158 | 0.00074 | 0.00273 | 0.00812 | 0.01134 | 0.00409 | 0.00249 | 0.00476 |
| 日本 | 0.02359 | 0.00390 | 0.00441 | 0.01528 | 0.03405 | 0.00009 | 0.00672 | 0.02723 |
| 德国 | 0.01734 | 0.00618 | 0.00405 | 0.00711 | 0.01505 | 0.00111 | 0.00225 | 0.01169 |
| 英国 | 0.01367 | 0.00286 | 0.00370 | 0.00711 | 0.02079 | 0.00218 | 0.00112 | 0.01749 |
| 法国 | 0.01219 | 0.00232 | 0.00520 | 0.00468 | 0.01652 | 0.00006 | 0.00382 | 0.01264 |
| 意大利 | 0.01368 | 0.00307 | 0.00292 | 0.00770 | 0.02333 | 0.00328 | 0.00291 | 0.01714 |
| 加拿大 | 0.01592 | 0.00228 | 0.00420 | 0.00944 | 0.02325 | 0.01101 | 0.00406 | 0.00819 |
| 发展中国家均值 | 0.01308 | 0.00388 | 0.00523 | 0.00397 | 0.03513 | 0.00292 | 0.00914 | 0.02307 |
| 发达国家均值 | 0.01542 | 0.00305 | 0.00389 | 0.00849 | 0.02062 | 0.00312 | 0.00334 | 0.01416 |

注：此处"电力、燃气业"是指电力、燃气、蒸汽和空调供应业。
资料来源：根据 OECD 网站中 2018 年相应国家的《投入产出表》计算整理得到。

从能源产业及其子行业相对数字产业的主体融合度来看，2018 年，除能源开采洗选业外，其他能源产业子行业中发达国家均值低于发展中

国家。在各国，印度能源产业相对数字产业的主体融合度最高，日本、俄罗斯紧随其后，中国较低。在中国能源产业子行业中，相对于数字产业的主体融合度由高到低依次是电力、燃气业，能源开采洗选业，炼焦和精炼石油业，且能源产业各子行业相对数字产业的主体融合度均较低。综上所述，中国数字产业与能源产业融合发展方面与发达国家还存在较大差距。

# 本章小结

本章对中国数字产业与能源产业融合发展情况进行了评估。为了更加全面地了解中国数字产业与能源产业的融合发展情况，从不同层面和视角入手，分别考察了全国、各区域、各行业以及其他国家数字产业与能源产业的融合发展水平并进行了分析比较。

第一，就全国层面而言，2002—2018年中国数字产业与能源产业融合发展水平不断增强。就各维度而言，发展水平由高到低的排序依次是融合基础、融合绩效、融合条件、融合力度。目前数字产业与能源产业融合发展还处于夯实融合基础、不断加大融合力度和提升融合绩效的阶段。

第二，从区域层面来看，不论东、中、西部地区还是绝大多数省份，2002—2017年的数字产业与能源产业融合综合水平呈上升趋势，说明这两大产业的发展互动状况不断改善。研究期间，东部地区的数字产业与能源产业融合综合水平最高，中部地区、西部地区与东部地区在这方面的绝对差距有所扩大，而融合综合水平最高与最低省份之间的差距则更大。

第三，从行业层面来看，2020年中国数字产业的中间投入率在各产业中排名第三，能源产业的中间投入率排名第五。从中间需求率来看，能源产业的中间需求率大大高于其他非能源产业，而数字产业的中间需求率排名较靠后。数字产业的影响力系数略高于能源产业，而前者的感应度系数则低于后者，说明数字产业还需进一步发挥作用。2020年与数字产业的互动融合度较高的是其他产业、工业、房地产业，而数字产业与能源产业的融合发展表现欠佳。

第四，从国际层面来看，在产出协调水平方面，中国数字产业与能源产业融合竞争力并不高，而发展中国家的平均水平也低于发达国家的平均水平。在投入匹配程度方面，发展中国家数字产业与能源产业融合水平的均值大于发达国家，而中国低于发达国家的均值、发展中国家的均值。

综上所述，中国数字产业与能源产业的融合还处于成长阶段，虽具备一定的融合条件，但融合力度和融合绩效水平还较低。中国数字产业和能源产业的融合发展水平同其他国家相比仍然有较大差距。

# 第七章　中国数字产业与能源产业融合发展效率评价

融合发展水平、融合发展效率是数字产业与能源产业融合发展的两个重要方面。前者度量的是两大产业融合发展在总"量"上的高低水平，既包含自身纵向的变化情况，如提高、降低或者不变，也包含自身与同类对象横向的对比情况，如更高、更低或者相同。而后者则度量两大产业融合发展在资源配置与利用上是否科学、合理。融合发展水平与融合发展效率并不存在必然的关系，融合发展水平高并不代表融合发展效率就高。

第六章测度了中国全国、各区域、各行业以及其他国家数字产业与能源产业的融合发展水平并进行了分析比较，从多个层面了解了中国两大产业的融合发展水平。但全国、各区域两大产业的融合发展效率高低并不清楚，哪些对象在哪些年份存在哪些资源投入冗余、哪些非期望产出冗余也不了解。因此，借鉴相关研究方法[1]，在之前融合发展水平测度基础上，本章继续对中国数字产业与能源产业融合发展效率进行评价，进一步从"质"上探究两大产业的融合发展状况。

## 第一节　评价指标体系构建

### 一　评价指标体系设计思路

随着数字产业的蓬勃发展，数据要素在经济社会发展中发挥着越来越重要的作用。数据要素是数字产业与能源产业融合发展的关键投入要

---

[1] 张轶龙、崔强：《中国工业化与信息化融合评价研究》，《科研管理》2013年第4期；李宝玉：《制造企业信息化与工业化融合评价研究》，硕士学位论文，福州大学，2016年。

素。数字产业与能源产业融合发展效率问题可以从不同的视角进行分析。本书立足于生产的投入产出视角，考虑技术进步对数字产业和能源产业融合发展的影响，考察两大产业的融合发展效率。因此，其评价指标体系的设计可以从投入、技术和产出三个维度着手。在数字时代，生产中数据、能源、劳动以及资本的投入不可或缺，没有上述要素，经济发展将难以很好地开展。因此，投入方面应涵盖数据、能源、劳动以及资本。

生产技术水平、管理技术水平越高，越能够促进经济的发展。技术方面应包括生产技术和管理技术。王彬燕等认为，科学技术、产业结构等因素对数字经济的发展存在不同程度的影响。[①] 张雪玲和陈芳指出，信息技术进步与激励技术创新的政策制度完善可以提升中国数字经济发展质量。[②] 刘军等发现，政府干预度对中国数字经济发展产生了较大的影响。[③] 钟业喜和毛炜圣利用地理加权回归（GWR 模型）探究了影响数字经济水平地域差异的主要因素，研究显示，城市层次、产业结构水平等显著增强了长江经济带的数字经济发展水平。[④]

技术创新水平越高，生产技术通常也更先进，经济发展往往也越好，越有利于数字产业与能源产业融合发展。在生产技术方面，可通过技术创新水平来度量。产业结构水平、环境规制水平和城市化水平越高，说明数字产业与能源产业融合发展中国家或者地区资源调控能力越强，则越有益于数字产业与能源产业融合发展。在管理技术方面，可从产业结构水平、环境规制水平以及城市化水平三个角度度量。

数字产业与能源产业的融合发展，不仅使数字产业、能源产业自身得到了更好的发展，还促进了其他产业的发展。与此同时，经济社会发展也会产生一定程度的环境污染或破坏，数字产业与能源产业的融合发展能够有效缓解这一过程带来的环境问题。因此，产出维度一方面应反映整个经济的产出水平，另一方面也要体现由此造成的环境污染程度，从而使评价更加准确。不同视角的数字产业与能源产业融合发展效率的

---

[①] 王彬燕等：《中国数字经济空间分异及影响因素》，《地理科学》2018 年第 6 期。

[②] 张雪玲、陈芳：《中国数字经济发展质量及其影响因素研究》，《生产力研究》2018 年第 6 期。

[③] 刘军、杨渊鋆、张三峰：《中国数字经济测度与驱动因素研究》，《上海经济研究》2020 年第 6 期。

[④] 钟业喜、毛炜圣：《长江经济带数字经济空间格局及影响因素》，《重庆大学学报》（社会科学版）2020 年第 1 期。

分析决定了评价模型指标体系的构建内容。结合数字产业与能源产业融合发展的内涵，按照上述思路选取合理指标构建评价指标体系，从投入产出视角评估并分析中国数字产业与能源产业融合发展效率。

**二 评价指标选取**

根据评价指标体系的设计思路，考虑指标的全面性、科学性以及数据的可得性和可比性，可将数字产业与能源产业融合发展效率评价指标分为三类。

一是投入类指标，包括数据指标、能源指标、劳动指标和资本指标。其中，数据指标是数字产业产品中间使用量，表征数据要素的投入情况。数字产业向各产业提供的产品（或服务）中间使用的总量越高，往往意味着数据要素投入数量越多。能源指标为能源消费总量，表征能源要素的投入数量。劳动指标为就业人员总数，表征劳动要素的投入状况。资本指标为全社会资本存量，表征资本要素的投入情况。这些指标共同反映数字产业与能源产业融合发展的投入状况，在规模经济和合理配置情况下投入数量越多，获得相应的期望产出越多。

二是技术类指标，包含科技创新指标、产业结构指标、环境规制指标以及城市化指标。其中，科技创新指标是每万人国内专利申请授权量，表征生产技术状况。产业结构指标是第二、第三产业增加值占比，表征产业结构水平。环境规制指标为工业污染治理投资额占比，表征环境规制力度。城市化指标为城镇人口占比，表征城市化发展水平。生产、管理等方面的技术水平越高，在相同的投入数量下得到的期望产出通常也越高。

三是产出类指标，可分为期望产出指标、非期望产出指标。其中，期望产出指标是指 GDP，表征国家、区域的经济产出总量。非期望产出指标则以 $SO_2$ 排放量、$CO_2$ 排放量指标来衡量，分别表征 $SO_2$ 污染物、$CO_2$ 温室气体的排放情况。在同样的要素投入下，倘若得到的期望产出（GDP）越多、非期望产出（$SO_2$ 排放量、$CO_2$ 排放量）越少，那么说明数字产业与能源产业融合发展效率越高。

综上所述，本章构建一个包含 1 个目标层（数字产业与能源产业融合发展效率）、3 个维度层（投入类、技术类以及产出类）共 11 个指标的数字产业与能源产业融合发展效率评价指标体系（见表 7-1）。其中，正向指标 9 个，逆向指标 2 个。

表 7-1　　数字产业与能源产业融合发展效率评价指标体系

| 维度 | 度量 | 指标 | 指标单位 | 指标类型 | 指标含义 |
|---|---|---|---|---|---|
| 投入类 | 数据 | 数字产业产品中间使用量 | 万元 | 正 | $Z_1$=数字产业向各产业提供的产品（或服务）中间使用的总量 |
| | 能源 | 能源消费总量 | 万吨标准煤 | 正 | $Z_2$=生产能源消费量+生活能源消费量 |
| | 劳动 | 就业人员总数 | 万人 | 正 | $Z_3$=各产业就业人员年末人数总和 |
| | 资本 | 全社会资本存量 | 亿元 | 正 | $Z_4$=当年全社会资本存量 |
| 技术类 | 科技创新 | 每万人国内专利申请授权量 | 项/万人 | 正 | $Z_5$=国内专利申请授权总量/常住人口 |
| | 产业结构 | 第二、第三产业增加值占比 | % | 正 | $Z_6$=（第二产业增加值+第三产业增加值）/GDP |
| | 环境规制 | 工业污染治理投资额占比 | ‰ | 正 | $Z_7$=工业污染治理投资额/GDP |
| | 城市化 | 城镇人口占比 | % | 正 | $Z_8$=城镇人口/常住人口 |
| 产出类 | 期望产出 | GDP | 亿元 | 正 | $Z_9$=第一产业增加值+第二产业增加值+第三产业增加值 |
| | 非期望产出 | $SO_2$ 排放量 | 万吨 | 逆 | $Z_{10}$=工业 $SO_2$ 排放量+生活 $SO_2$ 排放量 |
| | | $CO_2$ 排放量 | 万吨 | 逆 | $Z_{11}$=各能源产品消费排放的 $CO_2$ 数量之和 |

## 第二节　考虑评价对象技术进步的 DEA 法[*]

### 一　传统 DEA 法

数据包络分析法（DEA 法）是能够依据多个投入指标与多个产出指标，基于线性规划方法对某类对象开展相对有效性评价的一种非参数统计方法。此方法从美国著名学者 Charnes 等提出以来，在各行各业中得到了广泛应用。[①] 它具有不必设定指标权重、无须统一量纲等优点，其基本

---

[*] 本节部分内容 2021 年已发表于《统计与信息论坛》。

[①] Charnes, A., Cooper, W. W. and Rhodes, E., "Measuring the Efficiency of Decision Making Units", *European Journal of Operational Research*, 2 (6), 1978: 429-444.

模型包括具有规模报酬不变特征的 CCR 模型与规模报酬可变特征的 BBC 模型。但是，传统 DEA 模型是基于自身最优权重向量的自评 DEA 法，有可能会产生一些评价单元效率同时有效等情况。

为了解决传统 DEA 模型存在的问题，研究者不断开展理论和方法创新。Andersen 和 Petersen 创建了超效率 DEA 模型，以解决有效评价单元的排序问题。[1] Tone 建立了包含松弛变量的非径向和非角度的 SBM 模型，以消除冗余投入对效率值准确性的影响。[2] 之后，Tone 通过进一步改进得到超效率 SBM 模型，解决了多个有效评价单元的排序问题。[3] Sexton 等提出了 DEA 交叉效率评价法，这是基于一组公共权重向量集的互评 DEA 法，能够实现评价单元全排序。[4] 马占新和赵佳风指出，一些 DEA 模型的评价结果可能会出现"评价单元效率值随标准提升而变大"的效率悖论，剖析了其产生原因并提出了相应的解决办法。[5] 程幼明等引进群决策理论，探讨属性偏好及其属性效用变化特征，利用熵权法考察属性效用稳定性，建立了考虑属性效用一致性的 DEA 他评交叉公共权重评价法。[6]

关于 DEA 法的理论研究不断深入，DEA 模型得到不断改进，向多阶段 DEA 模型拓展。Seiford 和 Zhu 把盈利能力与市场性分开形成两阶段的生产过程，并利用 DEA 法研究了美国前 55 家商业银行的绩效。[7] Fried 等提出了三阶段 DEA 模型，它可以修正环境变量与随机误差的影响，使考察对象效率评价更加准确。[8] Kao 和 Hwang 建立了两阶段关联 DEA 模型，

---

[1] Andersen, P. and Petersen, N. C., "A Procedure for Ranking Units in Data Envelopment Analysis", *Management Science*, 39 (10), 1993: 1261-1264.

[2] Tone, K., "A Slacks-based Measure of Efficiency in Data Envelopment Analysis", *European Journal of Operational Research*, 130 (3), 2001: 498-509.

[3] Tone, K., "A Slacks-based Measure of Super-efficiency in Data Envelopment Analysis", *European Journal of Operational Research*, 143 (1), 2002: 32-41.

[4] Sexton, T. R., Silkman, R. H. and Hogan, A. J., "Data Envelopment Analysis: Critique and Extensions", *New Directions for Program Evaluation*, 1986 (32), 2010: 73-105.

[5] 马占新、赵佳风：《DEA 方法的效率悖论与数据短尾现象》，《系统工程理论与实践》2019 年第 1 期。

[6] 程幼明、王慧颖、张孝琪：《基于群决策考虑属性效用一致性的 DEA 他评交叉效率公共权重排序法》，《控制与决策》2021 年第 9 期。

[7] Seiford, L. M. and Zhu, J., "Profitability and Marketability of the Top 55 U. S. Commercial Banks", *Management Science*, 45 (9), 1999: 1270-1288.

[8] Fried, H. O., et al., "Accounting for Environmental Effects and Statistical Noise in Data Envelopment Analysis", *Journal of Productivity Analysis*, 17 (1-2), 2002: 157-174.

该模型考虑了两个子过程在整个过程中的序列关系，并把整个过程的效率分解成两个子过程效率的乘积。① Wang 和 Chin 发展了两阶段 DEA 模型，指出可以应用加权调和平均数方法获得两个阶段的综合效率，并把 Kao 和 Hwang 等的模型扩展到规模报酬可变假定。②

当前 DEA 法的研究与应用主要集中在截面 DEA 模型与面板 DEA 模型，时间序列 DEA 模型的研究与应用较少。Lynde 和 Richmond 建立了一个时间序列 DEA 模型，并利用此模型分析 1966—1990 年英国制造业生产率和效率的变动情况。③ 王兵和颜鹏飞基于 Lynde 和 Richmond 的时间序列 DEA 模型定量分析了中国 1952—2000 年生产率和效率的变化情况。④ 赵当如和陈为也利用此模型计算湖北省 1997—2014 年财政科技投入效率。⑤ 现有的时间序列 DEA 模型只依据评价目标的投入、产出数据考察技术进步，因为受到信息不足的限制，它们对包含效率在内的一些指标的估算仅仅得到其上下边界值，开发可以准确测算效率值的时间序列 DEA 模型是接下来需要继续探索的方向。

尽管已有的 DEA 法大多可以根据投入、产出数据直接计算获得评价对象的效率值，并且具有使用较少数据达成较好评价结果的优点。然而，在已经知晓或者容易获取关于评价对象其他有价值信息的情形下，倘若仍仅根据评价对象的投入、产出数据对其效率开展计算，则未能很好地使用有效信息来进一步提高评价的效果。例如，在现实世界中，一些情况下单一评价对象于不同时点的技术进步或者不同评价对象集合于不同时点的技术进步已知或较易得到。此时，若不有效利用这些反映技术进步状况的信息，那么基于 DEA 法对评价对象的效率进行测算将不够准确，甚至会造成获得的效率值或者由此作出的决策大大偏离实际。

---

① Kao, C. and Hwang, S. N., "Efficiency Decomposition in Two-stage Data Envelopment Analysis: An Application to Non-life Insurance Companies in Taiwan", *European Journal of Operational Research*, 185 (1), 2008: 418-429.

② Wang, Y. M. and Chin, K. S., "Some Alternative DEA Models for Two-stage Process", *Expert Systems with Applications*, 37 (12), 2010: 8799-8808.

③ Lynde, C. and Richmond, J., "Productivity and Efficiency in the UK: A Time Series Application of DEA", *Economic Modelling*, 16 (1), 1999: 105-122.

④ 王兵、颜鹏飞：《中国的生产率与效率：1952—2000——基于时间序列的 DEA 分析》，《数量经济技术经济研究》2006 年第 8 期。

⑤ 赵当如、陈为：《基于时间序列的 DEA 地方财政科技投入效率测算：1997—2014——以湖北省为例》，《科技与创新》2017 年第 21 期。

因此，本节将技术进步视作已知信息为切入点，探究这类情况下评价对象的效率度量问题。考虑技术进步的 DEA 模型的研究涵盖 4 个方面。一是单一的评价对象本身于不同时点存在技术进步；二是评价对象集合本身于不同时点存在技术进步；三是在某个时点社会的最高技术水平相较于该时点上不同评价对象集合来说存在技术进步；四是在某个时点社会的最高技术水平相较于该时点上单一评价对象来说存在技术进步。在出现以上 4 种情形的技术进步时，如果利用 DEA 法开展效率评价，须把技术进步因素考虑在内，不然就很难准确测度评价对象的真实效率。考虑技术进步的效率是指单位技术水平（标准量）下的产出和投入之比，它体现的是在当时既定的技术水平下生产一定的产出是否使用了最少的投入。本节选取拥有规模报酬不变特征的 CCR、SE-CCR 模型和规模报酬可变特征的 BCC、SE-BCC 模型作为例子，探讨技术进步对评价对象效率值产生的影响。与现有研究的区别在于，本节中技术进步从之前基于评价对象的投入、产出数据计算获得（"内生"），变成由外部给定或者计算获得（"外生"）。在此基础上，考虑了现实中可能存在的坏产出，构建了考虑技术进步和坏产出的 DEA 模型。因此，此类模型能够弥补现有 DEA 模型的不足，拓宽数据包络分析法的使用范围。[①]

**二 考虑评价对象技术进步和坏产出的时间序列 DEA 模型**

倘若单一评价对象于不同时点不存在技术进步，则对其在不同时点的效率开展评价时，其计算方法和截面 DEA 模型一样。但单一评价对象本身在不同时点常常存在技术进步，可能是个别时点存在技术进步，抑或是不同时点均存在技术进步。如果仅依据各个时点的投入、产出情况构造生产前沿面而忽视技术水平的变动，那么计算得到的效率值将是错误的。因为这时出现了上文介绍的第 1 种类型的技术进步，即单一的评价对象本身于不同时点存在技术进步。

图 7-1 中描述了单一评价对象 5 个不同时点（A、B、C、D 和 E）的投入、产出情况，它们都有 2 项投入 $x_1$ 和 $x_2$ 以及净产出 $y_\Delta$（产出 $y$ 扣除坏产出 $q$ 后的余额），横轴表示单位净产出的 $x_1$ 投入数量，纵轴是单位净产出的 $x_2$ 投入数量。因为此对象除了 A 时点外的 4 个时点均存在技术进

---

① 王江泉、张俊、赵鑫：《考虑技术进步的 DEA 方法研究》，《统计与信息论坛》2021 年第 3 期。

步(图 7-1 中假定这 4 个时点都有技术进步),这些时点(原始投入)经过技术进步转换后的投入(以下简称"转换后投入")依次为 B′、C′、D′ 和 E′,同各自的原始投入相比均增大了。

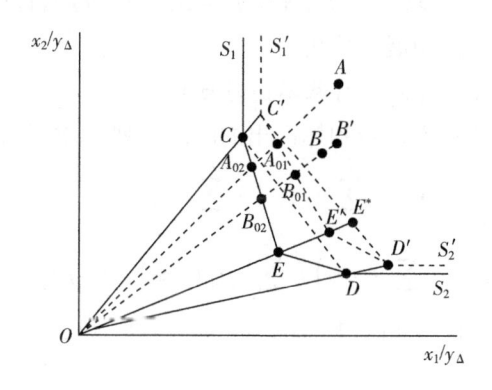

**图 7-1 考虑评价对象技术进步和坏产出的时间序列 DEA 模型效率分析**

这时,最初的效率评价单元在消除技术进步影响后变成 A、B′(对应 B 时点)、C′(对应 C 时点)、D′(对应 D 时点)以及 E′(对应 E 时点)。首先,基于以上 5 个时点的数据构建标准 DEA 模型,由于技术进步使原有的生产前沿面发生了变化,此时,C′、E′ 和 D′ 构成新的有效生产前沿面,所以,它们(依次对应 C、E、D)的效率都达到了 1($OC'/OC'$、$OE'/OE'$ 和 $OD'/OD'$),而 A 与 B′(对应 B 时点)的效率($OA_{01}/OA$ 和 $OB_{01}/OB'$)均低于 1。其次,基于以上 5 个时点的数据构建超效率 DEA 模型,当测算该评价对象某一时点的效率时,其他时点形成新的生产前沿面。比如,就 E′ 而言,它不再处在前沿面上,前沿面仅包含 C′ 与 D′,E′ 的投影点为 $E^*$,E′(对应 E 时点)的效率是 $OE^*/OE'$(高于 1);而之前没有位于前沿面上的时点的效率保持不变(同标准 DEA 模型一样),比如 A 和 B′(对应 B 时点)。此外,在以上两个类型的 DEA 模型里,规模报酬是否变动产生的影响在于前沿面的形状以及它移动的距离长短,比如 CED 到 C′E′D′、CD 到 C′D′ 之间的距离。

假设需就某个单一评价对象(国家、地区或者企业等)的 $n$ 个时点(年、月或者日等)$DMU\{DMU_j: j=1, 2, \cdots, n\}$ 开展效率评价:它使用 $m$ 种投入 $x_{cj}(c=1, 2, \cdots, m)$ 生产 $s$ 种产出(期望产出)$y_{rj}(r=1, 2, \cdots,$

$s$),同时伴随生产 $h$ 种坏产出 $q_{bj}(b=1,2,\cdots,h)$。该评价对象在 $j$ 时点的技术水平为 $k_j(k_j$ 是相对于 $k_1$ 的标准量,$k_1=1$),当社会的最高技术水平为 $k_{j_0}(k_{j_0}=k_j)$。那么,依据考虑技术进步和坏产出的效率含义,第 1 种类型的技术进步($k_{j^*}\geq k_{j^*-1}$,$k_n>k_1$,$j^*=2,\cdots,n$)对评价对象效率值的影响可以通过 4 个模型展开分析。

(一) CCR 模型(同一对象不同时点)

考虑评价对象技术进步和坏产出的时间序列 CCR 模型可表示为:

$$\begin{cases} E_i = \max \left( \sum_{r=1}^{s} u_r y_{ri} - \sum_{b=1}^{h} w_b q_{bi} \right) \Big/ \sum_{c=1}^{m} v_c x_{ci} k_i \\ \text{s.t.} \left( \sum_{r=1}^{s} u_r y_{rj} - \sum_{b=1}^{h} w_b q_{bj} \right) \Big/ \sum_{c=1}^{m} v_c x_{cj} k_j \leq 1, \ i,j=1,2,\cdots,n \\ u_r, w_b, v_c \geq 0, r=1,2,\cdots,s; b=1,2,\cdots,h; c=1,2,\cdots,m \end{cases} \quad (7-1)$$

即:

$$\begin{cases} E_i = \max_{u,w,v} (u^T y_i - w^T q_i)/(v^T x_i k_i) \\ \text{s.t.} \ (u^T y_j - w^T q_j)/(v^T x_j k_j) \leq 1 \\ u, w, v \geq 0 \end{cases} \quad (7-2)$$

其中,

$$\begin{cases} u^T = [u_1 \ u_2 \ \cdots \ u_s] \\ w^T = [w_1 \ w_2 \ \cdots \ w_h] \\ v^T = [v_1 \ v_2 \ \cdots \ v_m] \\ y_i = [y_{1i} \ y_{2i} \ \cdots \ y_{si}]^T \\ q_i = [q_{1i} \ q_{2i} \ \cdots \ q_{hi}]^T \\ x_i = [x_{1i} \ x_{2i} \ \cdots \ x_{mi}]^T \\ y_j = [y_{1j} \ y_{2j} \ \cdots \ y_{sj}]^T \\ q_j = [q_{1j} \ q_{2j} \ \cdots \ q_{hj}]^T \\ x_j = [x_{1j} \ x_{2j} \ \cdots \ x_{mj}]^T \\ i,j=1,2,\cdots,n \end{cases} \quad (7-3)$$

令 $v^T x_i k_i = 1$,则可把式(7-2)转换为:

$$\begin{cases} E_i = \max_{u,w,v} (u^T y_i - w^T q_i) \\ \text{s.t.} \ v^T x_i k_i = 1 \\ u^T y_j - w^T q_j - v^T x_j k_j \leq 0, \ j=1,2,\cdots,n \\ u, w, v \geq 0 \end{cases} \quad (7-4)$$

则式（7-4）的对偶形式为：

$$\begin{cases} E_i = \min_{\theta,\lambda} \theta \\ \text{s.t. } -y_i + Y\lambda \geq 0 \\ q_i - Q\lambda \geq 0 \\ \theta x_i^* - X^*\lambda \geq 0 \\ \lambda \geq 0 \end{cases} \tag{7-5}$$

其中，

$$\begin{cases} Y = \begin{bmatrix} y_{11} & y_{12} & y_{13} & \cdots & y_{1n} \\ y_{21} & y_{22} & y_{23} & \cdots & y_{2n} \\ y_{31} & y_{32} & y_{33} & \cdots & y_{3n} \\ \vdots & \vdots & \vdots & \cdots & \vdots \\ y_{s1} & y_{s2} & y_{s3} & \cdots & y_{sn} \end{bmatrix} = \begin{bmatrix} y_1 & y_2 & y_3 & \cdots & y_n \end{bmatrix} \\ Q = \begin{bmatrix} q_{11} & q_{12} & q_{13} & \cdots & q_{1n} \\ q_{21} & q_{22} & q_{23} & \cdots & q_{2n} \\ q_{31} & q_{32} & q_{33} & \cdots & q_{3n} \\ \vdots & \vdots & \vdots & \cdots & \vdots \\ q_{h1} & q_{h2} & q_{h3} & \cdots & q_{hn} \end{bmatrix} = \begin{bmatrix} q_1 & q_2 & q_3 & \cdots & q_n \end{bmatrix} \\ X^* = \begin{bmatrix} x_{11}k_1 & x_{12}k_2 & x_{13}k_3 & \cdots & x_{1n}k_n \\ x_{21}k_1 & x_{22}k_2 & x_{23}k_3 & \cdots & x_{2n}k_n \\ x_{31}k_1 & x_{32}k_2 & x_{33}k_3 & \cdots & x_{3n}k_n \\ \vdots & \vdots & \vdots & \cdots & \vdots \\ x_{m1}k_1 & x_{m2}k_2 & x_{m3}k_3 & \cdots & x_{mn}k_n \end{bmatrix} = \begin{bmatrix} x_1k_1 & x_2k_2 & x_3k_3 & \cdots & x_nk_n \end{bmatrix} \\ \quad = \begin{bmatrix} x_1^* & x_2^* & x_3^* & \cdots & x_n^* \end{bmatrix} \\ y_i = \begin{bmatrix} y_{1i} & y_{2i} & \cdots & y_{si} \end{bmatrix}^T \\ q_i = \begin{bmatrix} q_{1i} & q_{2i} & \cdots & q_{hi} \end{bmatrix}^T \\ x_i^* = \begin{bmatrix} x_{1i}k_i & x_{2i}k_i & \cdots & x_{mi}k_i \end{bmatrix}^T \\ \lambda = \begin{bmatrix} \lambda_1 & \lambda_2 & \cdots & \lambda_n \end{bmatrix}^T \\ i = 1, 2, \cdots, n \end{cases}$$

$$\tag{7-6}$$

（二）SE-CCR 模型（同一对象不同时点）

考虑评价对象技术进步和坏产出的时间序列 SE-CCR 模型可表示为：

$$\begin{cases} E_i = \max \left( \sum_{r=1}^{s} u_r y_{ri} - \sum_{b=1}^{h} w_b q_{bi} \right) \Big/ \sum_{c=1}^{m} v_c x_{ci} k_i \\ \text{s. t.} \left( \sum_{r=1}^{s} u_r y_{rj} - \sum_{b=1}^{h} w_b q_{bj} \right) \Big/ \sum_{c=1}^{m} v_c x_{cj} k_j \leq 1, \ i, \ j=1, \ 2, \ \cdots, \ n; \ j \neq i \\ u_r, w_b, \ v_c \geq 0, \ r=1, \ 2, \ \cdots, \ s; \ b=1, \ 2, \ \cdots, \ h; \ c=1, \ 2, \ \cdots, \ m \end{cases}$$

(7-7)

同理，可以得到式（7-7）的对偶问题为：

$$\begin{cases} E_i = \min_{\theta, \lambda} \theta \\ \text{s. t.} \ -y_i + Y\lambda \geq 0 \\ q_i - Q\lambda \geq 0 \\ \theta x_i^* - X^* \lambda \geq 0 \\ \lambda \geq 0 \end{cases}$$

(7-8)

其中，

$$\begin{cases} Y = \begin{bmatrix} y_{11} & y_{12} & y_{13} & \cdots & y_{1n} \\ y_{21} & y_{22} & y_{23} & \cdots & y_{2n} \\ y_{31} & y_{32} & y_{33} & \cdots & y_{3n} \\ \vdots & \vdots & \vdots & \cdots & \vdots \\ y_{s1} & y_{s2} & y_{s3} & \cdots & y_{sn} \end{bmatrix} = [y_1 \quad y_2 \quad y_3 \quad \cdots \quad y_n] (\text{不含} y_i) \\ Q = \begin{bmatrix} q_{11} & q_{12} & q_{13} & \cdots & q_{1n} \\ q_{21} & q_{22} & q_{23} & \cdots & q_{2n} \\ q_{31} & q_{32} & q_{33} & \cdots & q_{3n} \\ \vdots & \vdots & \vdots & \cdots & \vdots \\ q_{h1} & q_{h2} & q_{h3} & \cdots & q_{hn} \end{bmatrix} = [q_1 \quad q_2 \quad q_3 \quad \cdots \quad q_n] (\text{不含} q_i) \\ X^* = \begin{bmatrix} x_{11}k_1 & x_{12}k_2 & x_{13}k_3 & \cdots & x_{1n}k_n \\ x_{21}k_1 & x_{22}k_2 & x_{23}k_3 & \cdots & x_{2n}k_n \\ x_{31}k_1 & x_{32}k_2 & x_{33}k_3 & \cdots & x_{3n}k_n \\ \vdots & \vdots & \vdots & \cdots & \vdots \\ x_{m1}k_1 & x_{m2}k_2 & x_{m3}k_3 & \cdots & x_{mn}k_n \end{bmatrix} = [x_1 k_1 \quad x_2 k_2 \quad x_3 k_3 \quad \cdots \quad x_n k_n] \\ \quad = [x_1^* \quad x_2^* \quad x_3^* \quad \cdots \quad x_n^*] (\text{不含} x_i^*) \\ y_i = [y_{1i} \quad y_{2i} \quad \cdots \quad y_{si}]^T \\ q_i = [q_{1i} \quad q_{2i} \quad \cdots \quad q_{hi}]^T \\ x_i^* = [x_{1i}k_i \quad x_{2i}k_i \quad \cdots \quad x_{mi}k_i]^T \\ \lambda = [\lambda_1 \quad \lambda_2 \quad \cdots \quad \lambda_n]^T (\text{不含} \lambda_i) \\ i = 1, \ 2, \ \cdots, \ n \end{cases}$$

(7-9)

## (三) BCC 模型（同一对象不同时点）

考虑评价对象技术进步和坏产出的时间序列 BCC 模型可表示为：

$$\begin{cases} E_i = \max \left( \sum_{r=1}^{s} u_r y_{ri} - \sum_{b=1}^{h} w_b q_{bi} - d_0 \right) \Big/ \sum_{c=1}^{m} v_c x_{ci} k_i \\ \text{s.t.} \left( \sum_{r=1}^{s} u_r y_{rj} - \sum_{b=1}^{h} w_b q_{bj} - d_0 \right) \Big/ \sum_{c=1}^{m} v_c x_{cj} k_j \leq 1, \ i,j=1,2,\cdots,n \\ u_r, w_b, v_c \geq 0, \ r=1,2,\cdots,s; \ b=1,2,\cdots,h; \ c=1,2,\cdots,m \end{cases} \quad (7-10)$$

即：

$$\begin{cases} E_i = \max_{u,w,v} (u^T y_i - w^T q_i - d_0)/(v^T x_i k_i) \\ \text{s.t.} \ (u^T y_j - w^T q_j - d_0)/(v^T x_j k_j) \leq 1 \\ u, w, v \geq 0 \end{cases} \quad (7-11)$$

其中，
$$\begin{cases} u^T = [u_1 \ u_2 \ \cdots \ u_s] \\ w^T = [w_1 \ w_2 \ \cdots \ w_h] \\ v^T = [v_1 \ v_2 \ \cdots \ v_m] \\ y_i = [y_{1i} \ y_{2i} \ \cdots \ y_{si}]^T \\ q_i = [q_{1i} \ q_{2i} \ \cdots \ q_{hi}]^T \\ x_i = [x_{1i} \ x_{2i} \ \cdots \ x_{mi}]^T \\ y_j = [y_{1j} \ y_{2j} \ \cdots \ y_{sj}]^T \\ q_j = [q_{1j} \ q_{2j} \ \cdots \ q_{hj}]^T \\ x_j = [x_{1j} \ x_{2j} \ \cdots \ x_{mj}]^T \\ i,j=1,2,\cdots,n \end{cases} \quad (7-12)$$

令 $v^T x_i k_i = 1$，则可把式（7-11）转换为：

$$\begin{cases} E_i = \max_{u,w,v} (u^T y_i - w^T q_i - d_0) \\ \text{s.t.} \ v^T x_i k_i = 1 \\ u^T y_j - w^T q_j - v^T x_j k_j - d_0 \leq 0, \ j=1,2,\cdots,n \\ u, w, v \geq 0 \end{cases} \quad (7-13)$$

则式(7-13)的对偶形式为：

$$\begin{cases} E_i = \min_{\theta,\lambda} \theta \\ \text{s. t. } -y_i + Y\lambda \geq 0 \\ q_i - Q\lambda \geq 0 \\ \theta x_i^* - X^* \lambda \geq 0 \\ \sum_{j=1}^{n} \lambda_j = 1 \\ \lambda \geq 0 \end{cases} \quad (7\text{-}14)$$

其中,

$$\begin{cases} Y = \begin{bmatrix} y_{11} & y_{12} & y_{13} & \cdots & y_{1n} \\ y_{21} & y_{22} & y_{23} & \cdots & y_{2n} \\ y_{31} & y_{32} & y_{33} & \cdots & y_{3n} \\ \vdots & \vdots & \vdots & \cdots & \vdots \\ y_{s1} & y_{s2} & y_{s3} & \cdots & y_{sn} \end{bmatrix} = \begin{bmatrix} y_1 & y_2 & y_3 & \cdots & y_n \end{bmatrix} \\ Q = \begin{bmatrix} q_{11} & q_{12} & q_{13} & \cdots & q_{1n} \\ q_{21} & q_{22} & q_{23} & \cdots & q_{2n} \\ q_{31} & q_{32} & q_{33} & \cdots & q_{3n} \\ \vdots & \vdots & \vdots & \cdots & \vdots \\ q_{h1} & q_{h2} & q_{h3} & \cdots & q_{hn} \end{bmatrix} = \begin{bmatrix} q_1 & q_2 & q_3 & \cdots & q_n \end{bmatrix} \\ X^* = \begin{bmatrix} x_{11}k_1 & x_{12}k_2 & x_{13}k_3 & \cdots & x_{1n}k_n \\ x_{21}k_1 & x_{22}k_2 & x_{23}k_3 & \cdots & x_{2n}k_n \\ x_{31}k_1 & x_{32}k_2 & x_{33}k_3 & \cdots & x_{3n}k_n \\ \vdots & \vdots & \vdots & \cdots & \vdots \\ x_{m1}k_1 & x_{m2}k_2 & x_{m3}k_3 & \cdots & x_{mn}k_n \end{bmatrix} = \begin{bmatrix} x_1k_1 & x_2k_2 & x_3k_3 & \cdots & x_nk_n \end{bmatrix} \\ \quad = \begin{bmatrix} x_1^* & x_2^* & x_3^* & \cdots & x_n^* \end{bmatrix} \\ y_i = \begin{bmatrix} y_{1i} & y_{2i} & \cdots & y_{si} \end{bmatrix}^T \\ q_i = \begin{bmatrix} q_{1i} & q_{2i} & \cdots & q_{hi} \end{bmatrix}^T \\ x_i^* = \begin{bmatrix} x_{1i}k_i & x_{2i}k_i & \cdots & x_{mi}k_i \end{bmatrix}^T \\ \lambda = \begin{bmatrix} \lambda_1 & \lambda_2 & \cdots & \lambda_n \end{bmatrix}^T \\ i = 1, 2, \cdots, n \end{cases}$$

$$(7\text{-}15)$$

（四）SE-BCC 模型（同一对象不同时点）

考虑评价对象技术进步和坏产出的时间序列 SE-BCC 模型可表示为:

$$\begin{cases} E_i = \max \left( \sum_{r=1}^{s} u_r y_{ri} - \sum_{b=1}^{h} w_b q_{bi} - d_0 \right) \Big/ \sum_{c=1}^{m} v_c x_{ci} k_i \\ \text{s. t.} \left( \sum_{r=1}^{s} u_r y_{rj} - \sum_{b=1}^{h} w_b q_{bj} - d_0 \right) \Big/ \sum_{c=1}^{m} v_c x_{cj} k_j \leq 1, \ i, \ j=1, \ 2, \ \cdots, \ n; \ j \neq i \\ u_r, \ w_b, \ v_c \geq 0, \ r=1, \ 2, \ \cdots, \ s; \ b=1, \ 2, \ \cdots, \ h; \ c=1, \ 2, \ \cdots, \ m \end{cases}$$
(7-16)

同理，可以得到式（7-16）的对偶问题为：

$$\begin{cases} E_i = \min_{\theta, \lambda} \theta \\ \text{s. t.} \ -y_i + Y\lambda \geq 0 \\ q_i - Q\lambda \geq 0 \\ \theta x_i^* - X^* \lambda \geq 0 \\ \sum_{j=1}^{n} \lambda_j = 1 \\ \lambda \geq 0; \ j \neq i \end{cases}$$
(7-17)

其中，

$$\begin{cases} Y = \begin{bmatrix} y_{11} & y_{12} & y_{13} & \cdots & y_{1n} \\ y_{21} & y_{22} & y_{23} & \cdots & y_{2n} \\ y_{31} & y_{32} & y_{33} & \cdots & y_{3n} \\ \vdots & \vdots & \vdots & \cdots & \vdots \\ y_{s1} & y_{s2} & y_{s3} & \cdots & y_{sn} \end{bmatrix} = \begin{bmatrix} y_1 & y_2 & y_3 & \cdots & y_n \end{bmatrix} (\text{不含 } y_i) \\ Q = \begin{bmatrix} q_{11} & q_{12} & q_{13} & \cdots & q_{1n} \\ q_{21} & q_{22} & q_{23} & \cdots & q_{2n} \\ q_{31} & q_{32} & q_{33} & \cdots & q_{3n} \\ \vdots & \vdots & \vdots & \cdots & \vdots \\ q_{h1} & q_{h2} & q_{h3} & \cdots & q_{hn} \end{bmatrix} = \begin{bmatrix} q_1 & q_2 & q_3 & \cdots & q_n \end{bmatrix} (\text{不含 } q_i) \\ X^* = \begin{bmatrix} x_{11}k_1 & x_{12}k_2 & x_{13}k_3 & \cdots & x_{1n}k_n \\ x_{21}k_1 & x_{22}k_2 & x_{23}k_3 & \cdots & x_{2n}k_n \\ x_{31}k_1 & x_{32}k_2 & x_{33}k_3 & \cdots & x_{3n}k_n \\ \vdots & \vdots & \vdots & \cdots & \vdots \\ x_{m1}k_1 & x_{m2}k_2 & x_{m3}k_3 & \cdots & x_{mn}k_n \end{bmatrix} = \begin{bmatrix} x_1k_1 & x_2k_2 & x_3k_3 & \cdots & x_nk_n \end{bmatrix} \\ \quad = \begin{bmatrix} x_1^* & x_2^* & x_3^* & \cdots & x_n^* \end{bmatrix} (\text{不含 } x_i^*) \\ y_i = \begin{bmatrix} y_{1i} & y_{2i} & \cdots & y_{si} \end{bmatrix}^T \\ q_i = \begin{bmatrix} q_{1i} & q_{2i} & \cdots & q_{hi} \end{bmatrix}^T \\ x_i^* = \begin{bmatrix} x_{1i}k_i & x_{2i}k_i & \cdots & x_{mi}k_i \end{bmatrix}^T \\ \lambda = \begin{bmatrix} \lambda_1 & \lambda_2 & \cdots & \lambda_n \end{bmatrix}^T (\text{不含 } \lambda_i) \\ i=1, \ 2, \ \cdots, \ n \end{cases}$$
(7-18)

就 CCR、SE-CCR、BCC 以及 SE-BCC 4 个模型而言，第 1 种类型的技术进步（$k_{j^*} \geq k_{j^*-1}$，$k_n > k_1$，$j^* = 2$，…，$n$）对评价对象效率值的影响表现为评价的投入参照数值发生了变化，此评价对象各时点的投入都乘以相应时点的技术水平。同未考虑评价对象的技术进步相比，计算所得的相对效率值发生了变化，获得的效率值等于它的实际效率值。然而，投入的实际冗余值是名义冗余值的 $\dfrac{1}{k_i}$。换言之，如果评价对象根据实际冗余值开展投入调整后获得相同产出，则其真实效率值就能够达到最大。

### 三 考虑评价对象技术进步和坏产出的面板 DEA 模型

同样地，倘若评价对象集合本身于不同时点都不存在技术进步，则对其在各个时点的效率开展评价时，其计算方法和截面 DEA 模型一样。然而，评价对象集合本身在不同时点常常也存在着技术进步，可能是个别时点存在技术进步，抑或是各个时点都存在技术进步。如果仅依据各个时点的投入、产出情况构造生产前沿面而忽视技术水平的变动，那么计算得到的效率值也将是错误的。因为这时出现了上文介绍的第 2 种类型的技术进步，即评价对象集合本身于不同时点存在技术进步。

图 7-2 中描述了 5 个评价对象（$A_0$、$B_0$、$C_0$、$D_0$ 和 $E_0$）2 个不同时点的投入、产出情况，依次为 A、B、C、D、E（时点 1）以及 A′、B′、C′、D′、E′（时点 2），它们都有 2 项投入 $x_1$ 和 $x_2$ 以及净产出 $y_\Delta$（产出 $y$ 扣除坏产出 $q$ 后的余额），横轴表示单位净产出的 $x_1$ 投入数量，纵轴是单位净产出的 $x_2$ 投入数量。因为评价对象集合在时点 2（A′、B′、C′、D′、E′）存在技术进步，它们的"转换后投入"依次为 $A^*$、$B^*$、$C^*$、$D^*$、$E^*$，同各自的原始投入相比均增大了。首先，基于 A、B、C、D、E、A′、B′、C′、D′以及 E′的数据构建标准 DEA 模型，由于技术进步使原有的生产前沿面产生了变化，此时 C、$E^*$、$B^*$ 和 D 构成新的有效生产前沿面，所以，它们（依次对应 C、E′、B′、D）的效率都达到了 1（OC/OC、$OE^*/OE^*$、$OB^*/OB^*$、OD/OD），而 A、B、E、A′、C′和 D′的效率均低于 1。其次，基于 A、B、C、D、E、A′、B′、C′、D′以及 E′的数据构建超效率 DEA 模型，当测算给定评价对象某一时点的效率时，此评价对象其他时点或者其他评价对象各时点形成新的生产前沿面。比如，就 $E^*$（对应 E′）而言，它不再处在前沿面上，前沿面仅包含 C、$B^*$ 与 D，$E^*$ 的投影点为 $E^{**}$，$E^*$（对应 E′）的效率是 $OE^{**}/OE^*$（高于 1）；

而之前没有位于前沿面上的 A、B、E、A′、C′、D′效率保持不变（同标准 DEA 模型一样）。此外，在以上两个类型的 DEA 模型里，规模报酬是否变动产生的影响在于前沿面的形状以及它所包含范围的变动，比如从 CE′B′D 到 CE*B*D、CB′D 到 CB*D 之间的变化。更多评价对象、更多时点的效率的评价由此类推。

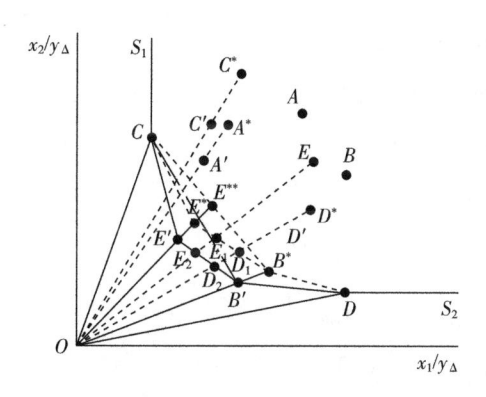

**图 7-2　考虑评价对象技术进步和坏产出的面板 DEA 模型效率分析**

假设需就 $n$ 个评价对象（国家、地区或者企业等）的 $T_0$ 个时点（年、月或者日等）$DMU\{DMU_{jt}: j=1, 2, \cdots, n; t=1, 2, \cdots, T_0\}$ 开展效率评价：它使用 $m$ 种投入 $x_{cjt}(c=1, 2, \cdots, m)$ 生产 $s$ 种产出（期望产出）$y_{rjt}(r=1, 2, \cdots, s)$，同时伴随生产 $h$ 种坏产出 $q_{bjt}(b=1, 2, \cdots, h)$。这些评价对象在 $t$ 时点的最高技术水平为 $k_t$（$k_t$ 是相对于 $k_1$ 的标准量，$k_1=1$），当时社会的最高技术水平为 $k_{t^*}$（$k_{t^*}=k_t$）。那么，依据考虑技术进步和坏产出的效率涵义，第 2 种类型的技术进步（$k_{t'} \geq k_{t'-1}$，$k_{T_0} > k_1$，$t'=2, \cdots, T_0$）对评价对象效率值的影响可以通过 4 个模型展开分析。

（一）CCR 模型（不同对象不同时点）

考虑评价对象技术进步和坏产出的面板 CCR 模型可表示为：

$$\begin{cases} E_{it_0} = \max \left( \sum_{r=1}^{s} u_r y_{rit_0} - \sum_{b=1}^{h} w_b q_{bit_0} \right) \Big/ \sum_{c=1}^{m} v_c x_{cit_0} k_{t_0} \\ \text{s. t. } \left( \sum_{r=1}^{s} u_r y_{rjt} - \sum_{b=1}^{h} w_b q_{bjt} \right) \Big/ \sum_{c=1}^{m} v_c x_{cjt} k_t \leq 1, \\ i, j=1, 2, \cdots, n; t_0, t=1, 2, \cdots, T_0 \\ u_r, w_b, v_c \geq 0, r=1, 2, \cdots, s; b=1, 2, \cdots, h; c=1, 2, \cdots, m \end{cases}$$

(7-19)

即：

$$\begin{cases} E_{it_0} = \max_{u,w,v} (u^T y_{it_0} - w^T q_{it_0}) / (v^T x_{it_0} k_{t_0}) \\ \text{s. t. } (u^T y_{jt} - w^T q_{jt}) / (v^T x_{jt} k_t) \leq 1 \\ u, w, v \geq 0 \end{cases} \quad (7-20)$$

其中，

$$\begin{cases} u^T = [u_1 \quad u_2 \quad \cdots \quad u_s] \\ w^T = [w_1 \quad w_2 \quad \cdots \quad w_h] \\ v^T = [v_1 \quad v_2 \quad \cdots \quad v_m] \\ y_{it_0} = [y_{1it_0} \quad y_{2it_0} \quad \cdots \quad y_{sit_0}]^T \\ q_{it_0} = [q_{1it_0} \quad q_{2it_0} \quad \cdots \quad q_{hit_0}]^T \\ x_{it_0} = [x_{1it_0} \quad x_{2it_0} \quad \cdots \quad x_{mit_0}]^T \\ y_{jt} = [y_{1jt} \quad y_{2jt} \quad \cdots \quad y_{sjt}]^T \\ q_{jt} = [q_{1jt} \quad q_{2jt} \quad \cdots \quad q_{hjt}]^T \\ x_{jt} = [x_{1jt} \quad x_{2jt} \quad \cdots \quad x_{mjt}]^T \\ i, j = 1, 2, \cdots, n; \ t_0, t = 1, 2, \cdots, T_0 \end{cases} \quad (7-21)$$

令 $v^T x_{it_0} k_{t_0} = 1$，则可把式（7-20）转换为：

$$\begin{cases} E_{it_0} = \max_{u,w,v} (u^T y_{it_0} - w^T q_{it_0}) \\ \text{s. t. } v^T x_{it_0} k_{t_0} = 1 \\ u^T y_{jt} - w^T q_{jt} - v^T x_{jt} k_t \leq 0 \\ u, w, v \geq 0 \end{cases} \quad (7-22)$$

则式（7-22）的对偶形式为：

$$\begin{cases} E_{it_0} = \min_{\theta, \lambda} \theta \\ \text{s. t. } -y_{it_0} + Y\lambda \geq 0 \\ q_{it_0} - Q\lambda \geq 0 \\ \theta x_{it_0}^* - X^* \lambda \geq 0 \\ \lambda \geq 0 \end{cases} \quad (7-23)$$

其中，公式（7-23）满足关系：

$$\begin{cases}
Y = \begin{bmatrix}
y_{111} & y_{112} & \cdots & y_{11T_0} & y_{121} & y_{122} & \cdots & y_{12T_0} & \cdots & y_{1i1} & y_{1i2} & \cdots & y_{1iT_0} & \cdots & y_{1n1} & y_{1n2} & \cdots & y_{1nT_0} \\
y_{211} & y_{212} & \cdots & y_{21T_0} & y_{221} & y_{222} & \cdots & y_{22T_0} & \cdots & y_{2i1} & y_{2i2} & \cdots & y_{2iT_0} & \cdots & y_{2n1} & y_{2n2} & \cdots & y_{2nT_0} \\
y_{311} & y_{312} & \cdots & y_{31T_0} & y_{321} & y_{322} & \cdots & y_{32T_0} & \cdots & y_{3i1} & y_{3i2} & \cdots & y_{3iT_0} & \cdots & y_{3n1} & y_{3n2} & \cdots & y_{3nT_0} \\
\vdots & \vdots & & \vdots & \vdots & \vdots & & \vdots & & \vdots & \vdots & & \vdots & & \vdots & \vdots & & \vdots \\
y_{s11} & y_{s12} & \cdots & y_{s1T_0} & y_{s21} & y_{s22} & \cdots & y_{s2T_0} & \cdots & y_{si1} & y_{si2} & \cdots & y_{siT_0} & \cdots & y_{sn1} & y_{sn2} & \cdots & y_{snT_0}
\end{bmatrix} \\
\quad = [y_{11} \; y_{12} \; \cdots \; y_{1T_0} \; y_{21} \; y_{22} \; \cdots \; y_{2T_0} \; \cdots \; y_{i1} \; y_{i2} \; \cdots \; y_{iT_0} \; \cdots \; y_{n1} \; y_{n2} \; \cdots \; y_{nT_0}] \\
Q = \begin{bmatrix}
q_{111} & q_{112} & \cdots & q_{11T_0} & q_{121} & q_{122} & \cdots & q_{12T_0} & \cdots & q_{1i1} & q_{1i2} & \cdots & q_{1iT_0} & \cdots & q_{1n1} & q_{1n2} & \cdots & q_{1nT_0} \\
q_{211} & q_{212} & \cdots & q_{21T_0} & q_{221} & q_{222} & \cdots & q_{22T_0} & \cdots & q_{2i1} & q_{2i2} & \cdots & q_{2iT_0} & \cdots & q_{2n1} & q_{2n2} & \cdots & q_{2nT_0} \\
q_{311} & q_{312} & \cdots & q_{31T_0} & q_{321} & q_{322} & \cdots & q_{32T_0} & \cdots & q_{3i1} & q_{3i2} & \cdots & q_{3iT_0} & \cdots & q_{3n1} & q_{3n2} & \cdots & q_{3nT_0} \\
\vdots & \vdots & & \vdots & \vdots & \vdots & & \vdots & & \vdots & \vdots & & \vdots & & \vdots & \vdots & & \vdots \\
q_{h11} & q_{h12} & \cdots & q_{h1T_0} & q_{h21} & q_{h22} & \cdots & q_{h2T_0} & \cdots & q_{hi1} & q_{hi2} & \cdots & q_{hiT_0} & \cdots & q_{hn1} & q_{hn2} & \cdots & q_{hnT_0}
\end{bmatrix} \\
\quad = [q_{11} \; q_{12} \; \cdots \; q_{1T_0} \; q_{21} \; q_{22} \; \cdots \; q_{2T_0} \; \cdots \; q_{i1} \; q_{i2} \; \cdots \; q_{iT_0} \; \cdots \; q_{n1} \; q_{n2} \; \cdots \; q_{nT_0}] \\
X^* = \begin{bmatrix}
x_{111}k_1 & x_{112}k_2 & \cdots & x_{11T_0}k_{T_0} & x_{121}k_1 & x_{122}k_2 & \cdots & x_{12T_0}k_{T_0} & \cdots & x_{1i1}k_1 & x_{1i2}k_2 & \cdots & x_{1iT_0}k_{T_0} & \cdots & x_{1n1}k_1 & x_{1n2}k_2 & \cdots & x_{1nT_0}k_{T_0} \\
x_{211}k_1 & x_{212}k_2 & \cdots & x_{21T_0}k_{T_0} & x_{221}k_1 & x_{222}k_2 & \cdots & x_{22T_0}k_{T_0} & \cdots & x_{2i1}k_1 & x_{2i2}k_2 & \cdots & x_{2iT_0}k_{T_0} & \cdots & x_{2n1}k_1 & x_{2n2}k_2 & \cdots & x_{2nT_0}k_{T_0} \\
x_{311}k_1 & x_{312}k_2 & \cdots & x_{31T_0}k_{T_0} & x_{321}k_1 & x_{322}k_2 & \cdots & x_{32T_0}k_{T_0} & \cdots & x_{3i1}k_1 & x_{3i2}k_2 & \cdots & x_{3iT_0}k_{T_0} & \cdots & x_{3n1}k_1 & x_{3n2}k_2 & \cdots & x_{3nT_0}k_{T_0} \\
\vdots & \vdots & & \vdots & \vdots & \vdots & & \vdots & & \vdots & \vdots & & \vdots & & \vdots & \vdots & & \vdots \\
x_{m11}k_1 & x_{m12}k_2 & \cdots & x_{m1T_0}k_{T_0} & x_{m21}k_1 & x_{m22}k_2 & \cdots & x_{m2T_0}k_{T_0} & \cdots & x_{mi1}k_1 & x_{mi2}k_2 & \cdots & x_{miT_0}k_{T_0} & \cdots & x_{mn1}k_1 & x_{mn2}k_2 & \cdots & x_{mnT_0}k_{T_0}
\end{bmatrix} \\
\quad = [x_{11}^* \; x_{12}^* \; \cdots \; x_{1T_0}^* \; x_{21}^* \; x_{22}^* \; \cdots \; x_{2T_0}^* \; \cdots \; x_{i1}^* \; x_{i2}^* \; \cdots \; x_{iT_0}^* \; \cdots \; x_{n1}^* \; x_{n2}^* \; \cdots \; x_{nT_0}^*] \\
y_{it_0} = [y_{1it_0} \; y_{2it_0} \; \cdots \; y_{sit_0}]^T \\
q_{it_0} = [q_{1it_0} \; q_{2it_0} \; \cdots \; q_{hit_0}]^T \\
x_{it_0}^* = [x_{1it_0}k_{t_0} \; x_{2it_0}k_{t_0} \; \cdots \; x_{mit_0}k_{t_0}] \\
\lambda = [\lambda_{11} \; \lambda_{12} \; \cdots \; \lambda_{1T_0} \; \lambda_{21} \; \lambda_{22} \; \cdots \; \lambda_{2T_0} \; \cdots \; \lambda_{i1} \; \lambda_{i2} \; \cdots \; \lambda_{iT_0} \; \cdots \; \lambda_{n1} \; \lambda_{n2} \; \cdots \; \lambda_{nT_0}]^T \\
i = 1, 2, \cdots, n
\end{cases}$$

(7-24)

**(二) SE-CCR 模型（不同对象不同时点）**

考虑评价对象技术进步和坏产出的面板 SE-CCR 模型可表示为：

$$\begin{cases}
E_{it_0} = \max \left( \sum_{r=1}^{s} u_r y_{rit_0} - \sum_{b=1}^{h} w_b q_{bit_0} \right) \Big/ \sum_{c=1}^{m} v_c x_{cit_0} k_{t_0} \\
\text{s.t. } \left( \sum_{r=1}^{s} u_r y_{rjt} - \sum_{b=1}^{h} w_b q_{bjt} \right) \Big/ \sum_{c=1}^{m} v_c x_{cjt} k_t \leq \\
1, \; i, \; j = 1, 2, \cdots, n; \; t_0, t = 1, 2, \cdots, T_0 \\
u_r, w_b, v_c \geq 0, \; r = 1, 2, \cdots, s; \; b = 1, 2, \cdots, h; \\
c = 1, 2, \cdots, m; \; j \neq i \text{ 或 } t \neq t_0
\end{cases}$$

(7-25)

同理，可以得到式（7-25）的对偶问题为：

$$\begin{cases} E_{it_0} = \min_{\theta,\lambda} \theta \\ \text{s. t.} \ -y_{it_0} + Y\lambda \geq 0 \\ q_{it_0} - Q\lambda \geq 0 \\ \theta x_{it_0}^* - X^* \lambda \geq 0 \\ \lambda \geq 0 \end{cases} \quad (7-26)$$

其中，

$$\begin{cases}
Y = \begin{bmatrix} y_{111} & y_{112} & \cdots & y_{11T_0} & y_{121} & y_{122} & \cdots & y_{12T_0} & \cdots & y_{1i1} & y_{1i2} & \cdots & y_{1iT_0} & \cdots & y_{1n1} & y_{1n2} & \cdots & y_{1nT_0} \\ y_{211} & y_{212} & \cdots & y_{21T_0} & y_{221} & y_{222} & \cdots & y_{22T_0} & \cdots & y_{2i1} & y_{2i2} & \cdots & y_{2iT_0} & \cdots & y_{2n1} & y_{2n2} & \cdots & y_{2nT_0} \\ y_{311} & y_{312} & \cdots & y_{31T_0} & y_{321} & y_{322} & \cdots & y_{32T_0} & \cdots & y_{3i1} & y_{3i2} & \cdots & y_{3iT_0} & \cdots & y_{3n1} & y_{3n2} & \cdots & y_{3nT_0} \\ \vdots & \vdots & & \vdots & \vdots & \vdots & & \vdots & & \vdots & \vdots & & \vdots & & \vdots & \vdots & & \vdots \\ y_{s11} & y_{s12} & \cdots & y_{s1T_0} & y_{s21} & y_{s22} & \cdots & y_{s2T_0} & \cdots & y_{si1} & y_{si2} & \cdots & y_{siT_0} & \cdots & y_{sn1} & y_{sn2} & \cdots & y_{snT_0} \end{bmatrix} \\
\quad = [y_{11} \ y_{12} \ \cdots \ y_{1T_0} \ y_{21} \ y_{22} \ \cdots \ y_{2T_0} \ \cdots \ y_{i1} \ y_{i2} \ \cdots \ y_{iT_0} \ \cdots \ y_{n1} \ y_{n2} \ \cdots \ y_{nT_0}] \ (\text{不含} y_{it_0}) \\
Q = \begin{bmatrix} q_{111} & q_{112} & \cdots & q_{11T_0} & q_{121} & q_{122} & \cdots & q_{12T_0} & \cdots & q_{1i1} & q_{1i2} & \cdots & q_{1iT_0} & \cdots & q_{1n1} & q_{1n2} & \cdots & q_{1nT_0} \\ q_{211} & q_{212} & \cdots & q_{21T_0} & q_{221} & q_{222} & \cdots & q_{22T_0} & \cdots & q_{2i1} & q_{2i2} & \cdots & q_{2iT_0} & \cdots & q_{2n1} & q_{2n2} & \cdots & q_{2nT_0} \\ q_{311} & q_{312} & \cdots & q_{31T_0} & q_{321} & q_{322} & \cdots & q_{32T_0} & \cdots & q_{3i1} & q_{3i2} & \cdots & q_{3iT_0} & \cdots & q_{3n1} & q_{3n2} & \cdots & q_{3nT_0} \\ \vdots & \vdots & & \vdots & \vdots & \vdots & & \vdots & & \vdots & \vdots & & \vdots & & \vdots & \vdots & & \vdots \\ q_{h11} & q_{h12} & \cdots & q_{h1T_0} & q_{h21} & q_{h22} & \cdots & q_{h2T_0} & \cdots & q_{hi1} & q_{hi2} & \cdots & q_{hiT_0} & \cdots & q_{hn1} & q_{hn2} & \cdots & q_{hnT_0} \end{bmatrix} \\
\quad = [q_{11} \ q_{12} \ \cdots \ q_{1T_0} \ q_{21} \ q_{22} \ \cdots \ q_{2T_0} \ \cdots \ q_{i1} \ q_{i2} \ \cdots \ q_{iT_0} \ \cdots \ q_{n1} \ q_{n2} \ \cdots \ q_{nT_0}] \ (\text{不含} q_{it_0}) \\
X^* = \begin{bmatrix} x_{111}k_1 & x_{112}k_2 & \cdots & x_{11T_0}k_{T_0} & x_{121}k_1 & x_{122}k_2 & \cdots & x_{12T_0}k_{T_0} & \cdots & x_{1i1}k_1 & x_{1i2}k_2 & \cdots & x_{1iT_0}k_{T_0} & \cdots & x_{1n1}k_1 & x_{1n2}k_2 & \cdots & x_{1nT_0}k_{T_0} \\ x_{211}k_1 & x_{212}k_2 & \cdots & x_{21T_0}k_{T_0} & x_{221}k_1 & x_{222}k_2 & \cdots & x_{22T_0}k_{T_0} & \cdots & x_{2i1}k_1 & x_{2i2}k_2 & \cdots & x_{2iT_0}k_{T_0} & \cdots & x_{2n1}k_1 & x_{2n2}k_2 & \cdots & x_{2nT_0}k_{T_0} \\ x_{311}k_1 & x_{312}k_2 & \cdots & x_{31T_0}k_{T_0} & x_{321}k_1 & x_{322}k_2 & \cdots & x_{32T_0}k_{T_0} & \cdots & x_{3i1}k_1 & x_{3i2}k_2 & \cdots & x_{3iT_0}k_{T_0} & \cdots & x_{3n1}k_1 & x_{3n2}k_2 & \cdots & x_{3nT_0}k_{T_0} \\ \vdots & \vdots & & \vdots & \vdots & \vdots & & \vdots & & \vdots & \vdots & & \vdots & & \vdots & \vdots & & \vdots \\ x_{m11}k_1 & x_{m12}k_2 & \cdots & x_{m1T_0}k_{T_0} & x_{m21}k_1 & x_{m22}k_2 & \cdots & x_{m2T_0}k_{T_0} & \cdots & x_{mi1}k_1 & x_{mi2}k_2 & \cdots & x_{miT_0}k_{T_0} & \cdots & x_{mn1}k_1 & x_{mn2}k_2 & \cdots & x_{mnT_0}k_{T_0} \end{bmatrix} \\
\quad = [x_{11}^* \ x_{12}^* \ \cdots \ x_{1T_0}^* \ x_{21}^* \ x_{22}^* \ \cdots \ x_{2T_0}^* \ \cdots \ x_{i1}^* \ x_{i2}^* \ \cdots \ x_{iT_0}^* \ \cdots \ x_{n1}^* \ x_{n2}^* \ \cdots \ x_{nT_0}^*] \ (\text{不含} x_{it_0}^*) \\
y_{it_0} = [y_{1it_0} \ y_{2it_0} \ \cdots \ y_{sit_0}]^T \\
q_{it_0} = [q_{1it_0} \ q_{2it_0} \ \cdots \ q_{hit_0}]^T \\
x_{it_0}^* = [x_{1it_0}k_{t_0} \ x_{2it_0}k_{t_0} \ \cdots \ x_{mit_0}k_{t_0}]^T \\
\lambda = [\lambda_{11} \ \lambda_{12} \ \cdots \ \lambda_{1T_0} \ \lambda_{21} \ \lambda_{22} \ \cdots \ \lambda_{2T_0} \ \cdots \ \lambda_{i1} \ \lambda_{i2} \ \cdots \ \lambda_{iT_0} \ \cdots \ \lambda_{n1} \ \lambda_{n2} \ \cdots \ \lambda_{nT_0}]^T \ (\text{不含} \lambda_{it_0}) \\
i = 1, 2, \cdots, n
\end{cases}$$

$$(7-27)$$

（三）BCC 模型（不同对象不同时点）

考虑评价对象技术进步和坏产出的面板 BCC 模型可表示为：

# 第七章 中国数字产业与能源产业融合发展效率评价

$$\begin{cases} E_{it_0} = \max \left( \sum_{r=1}^{s} u_r y_{rit_0} - \sum_{b=1}^{h} w_b q_{bit_0} - d_0 \right) \Big/ \sum_{c=1}^{m} v_c x_{cit_0} k_{t_0} \\ \text{s.t.} \left( \sum_{r=1}^{s} u_r y_{rjt} - \sum_{b=1}^{h} w_b q_{bjt} - d_0 \right) \Big/ \sum_{c=1}^{m} v_c x_{cjt} k_t \leq 1, \ i, j=1, 2, \cdots, n \\ u_r, w_b, v_c \geq 0, \ r=1, 2, \cdots, s; \ b=1, 2, \cdots, h; \\ c=1, 2, \cdots, m; \ t_0, t=1, 2, \cdots, T_0 \end{cases} \tag{7-28}$$

即：

$$\begin{cases} E_{it_0} = \max_{u,w,v} (u^T y_{it_0} - w^T q_{it_0} - d_0) / (v^T x_{it_0} k_{t_0}) \\ \text{s.t.} \ (u^T y_{jt} - w^T q_{jt} - d_0) / (v^T x_{jt} k_t) \leq 1 \\ u, w, v \geq 0 \end{cases} \tag{7-29}$$

其中，

$$\begin{cases} u^T = [u_1 \quad u_2 \quad \cdots \quad u_s] \\ w^T = [w_1 \quad w_2 \quad \cdots \quad w_h] \\ v^T = [v_1 \quad v_2 \quad \cdots \quad v_m] \\ y_{it_0} = [y_{1it_0} \quad y_{2it_0} \quad \cdots \quad y_{sit_0}]^T \\ q_{it_0} = [q_{1it_0} \quad q_{2it_0} \quad \cdots \quad q_{hit_0}]^T \\ x_{it_0} = [x_{1it_0} \quad x_{2it_0} \quad \cdots \quad x_{mit_0}]^T \\ y_{jt} = [y_{1jt} \quad y_{2jt} \quad \cdots \quad y_{sjt}]^T \\ q_{jt} = [q_{1jt} \quad q_{2jt} \quad \cdots \quad q_{hjt}]^T \\ x_{jt} = [x_{1jt} \quad x_{2jt} \quad \cdots \quad x_{mjt}]^T \\ i, j=1, 2, \cdots, n; \ t_0, t=1, 2, \cdots, T_0 \end{cases} \tag{7-30}$$

令 $v^T x_{it_0} k_{t_0} = 1$，则可把式（7-29）转换为：

$$\begin{cases} E_{it_0} = \max_{u,w,v} (u^T y_{it_0} - w^T q_{it_0} - d_0) \\ \text{s.t.} \ v^T x_{it_0} k_{t_0} = 1 \\ u^T y_{jt} - w^T q_{jt} - v^T x_{jt} k_t - d_0 \leq 0 \\ u, w, v \geq 0 \end{cases} \tag{7-31}$$

则式（7-31）的对偶形式为：

$$\begin{cases} E_{it_0} = \min_{\theta,\lambda} \theta \\ \text{s.t.} \ -y_{it_0} + Y\lambda \geq 0 \\ q_{it_0} - Q\lambda \geq 0 \\ \theta x_{it_0}^* - X^* \lambda \geq 0 \\ \sum_{j=1}^{n} \sum_{t=1}^{T_0} \lambda_{jt} = 1 \\ \lambda \geq 0 \end{cases} \tag{7-32}$$

其中，

$$\begin{cases} Y = \begin{bmatrix} y_{111} & y_{112} & \cdots & y_{11T_0} & y_{121} & y_{122} & \cdots & y_{12T_0} & \cdots & y_{1i1} & y_{1i2} & \cdots & y_{1iT_0} & \cdots & y_{1n1} & y_{1n2} & \cdots & y_{1nT_0} \\ y_{211} & y_{212} & \cdots & y_{21T_0} & y_{221} & y_{222} & \cdots & y_{22T_0} & \cdots & y_{2i1} & y_{2i2} & \cdots & y_{2iT_0} & \cdots & y_{2n1} & y_{2n2} & \cdots & y_{2nT_0} \\ y_{311} & y_{312} & \cdots & y_{31T_0} & y_{321} & y_{322} & \cdots & y_{32T_0} & \cdots & y_{3i1} & y_{3i2} & \cdots & y_{3iT_0} & \cdots & y_{3n1} & y_{3n2} & \cdots & y_{3nT_0} \\ \vdots & \vdots & & \vdots & \vdots & \vdots & & \vdots & & \vdots & \vdots & & \vdots & & \vdots & \vdots & & \vdots \\ y_{s11} & y_{s12} & \cdots & y_{s1T_0} & y_{s21} & y_{s22} & \cdots & y_{s2T_0} & \cdots & y_{si1} & y_{si2} & \cdots & y_{siT_0} & \cdots & y_{sn1} & y_{sn2} & \cdots & y_{snT_0} \end{bmatrix} \\ \quad = [y_{11} \ y_{12} \ \cdots \ y_{1T_0} \ y_{21} \ y_{22} \ \cdots \ y_{2T_0} \ \cdots \ y_{i1} \ y_{i2} \ \cdots \ y_{iT_0} \ \cdots \ y_{n1} \ y_{n2} \ \cdots \ y_{nT_0}] \\ Q = \begin{bmatrix} q_{111} & q_{112} & \cdots & q_{11T_0} & q_{121} & q_{122} & \cdots & q_{12T_0} & \cdots & q_{1i1} & q_{1i2} & \cdots & q_{1iT_0} & \cdots & q_{1n1} & q_{1n2} & \cdots & q_{1nT_0} \\ q_{211} & q_{212} & \cdots & q_{21T_0} & q_{221} & q_{222} & \cdots & q_{22T_0} & \cdots & q_{2i1} & q_{2i2} & \cdots & q_{2iT_0} & \cdots & q_{2n1} & q_{2n2} & \cdots & q_{2nT_0} \\ q_{311} & q_{312} & \cdots & q_{31T_0} & q_{321} & q_{322} & \cdots & q_{32T_0} & \cdots & q_{3i1} & q_{3i2} & \cdots & q_{3iT_0} & \cdots & q_{3n1} & q_{3n2} & \cdots & q_{3nT_0} \\ \vdots & \vdots & & \vdots & \vdots & \vdots & & \vdots & & \vdots & \vdots & & \vdots & & \vdots & \vdots & & \vdots \\ q_{h11} & q_{h12} & \cdots & q_{h1T_0} & q_{h21} & q_{h22} & \cdots & q_{h2T_0} & \cdots & q_{hi1} & q_{hi2} & \cdots & q_{hiT_0} & \cdots & q_{hn1} & q_{hn2} & \cdots & q_{hnT_0} \end{bmatrix} \\ \quad = [q_{11} \ q_{12} \ \cdots \ q_{1T_0} \ q_{21} \ q_{22} \ \cdots \ q_{2T_0} \ \cdots \ q_{i1} \ q_{i2} \ \cdots \ q_{iT_0} \ \cdots \ q_{n1} \ q_{n2} \ \cdots \ q_{nT_0}] \\ X^* = \begin{bmatrix} x_{111}k_1 & x_{112}k_2 & \cdots & x_{11T_0}k_{T_0} & x_{121}k_1 & x_{122}k_2 & \cdots & x_{12T_0}k_{T_0} & \cdots & x_{1i1}k_1 & x_{1i2}k_2 & \cdots & x_{1iT_0}k_{T_0} & \cdots & x_{1n1}k_1 & x_{1n2}k_2 & \cdots & x_{1nT_0}k_{T_0} \\ x_{211}k_1 & x_{212}k_2 & \cdots & x_{21T_0}k_{T_0} & x_{221}k_1 & x_{222}k_2 & \cdots & x_{22T_0}k_{T_0} & \cdots & x_{2i1}k_1 & x_{2i2}k_2 & \cdots & x_{2iT_0}k_{T_0} & \cdots & x_{2n1}k_1 & x_{2n2}k_2 & \cdots & x_{2nT_0}k_{T_0} \\ x_{311}k_1 & x_{312}k_2 & \cdots & x_{31T_0}k_{T_0} & x_{321}k_1 & x_{322}k_2 & \cdots & x_{32T_0}k_{T_0} & \cdots & x_{3i1}k_1 & x_{3i2}k_2 & \cdots & x_{3iT_0}k_{T_0} & \cdots & x_{3n1}k_1 & x_{3n2}k_2 & \cdots & x_{3nT_0}k_{T_0} \\ \vdots & \vdots & & \vdots & \vdots & \vdots & & \vdots & & \vdots & \vdots & & \vdots & & \vdots & \vdots & & \vdots \\ x_{m11}k_1 & x_{m12}k_2 & \cdots & x_{m1T_0}k_{T_0} & x_{m21}k_1 & x_{m22}k_2 & \cdots & x_{m2T_0}k_{T_0} & \cdots & x_{mi1}k_1 & x_{mi2}k_2 & \cdots & x_{miT_0}k_{T_0} & \cdots & x_{mn1}k_1 & x_{mn2}k_2 & \cdots & x_{mnT_0}k_{T_0} \end{bmatrix} \\ \quad = [x_{11}^* \ x_{12}^* \ \cdots \ x_{1T_0}^* \ x_{21}^* \ x_{22}^* \ \cdots \ x_{2T_0}^* \ \cdots \ x_{i1}^* \ x_{i2}^* \ \cdots \ x_{iT_0}^* \ \cdots \ x_{n1}^* \ x_{n2}^* \ \cdots \ x_{nT_0}^*] \\ y_{it_0} = [y_{1it_0} \ y_{2it_0} \ \cdots \ y_{sit_0}]^T \\ q_{it_0} = [q_{1it_0} \ q_{2it_0} \ \cdots \ q_{hit_0}]^T \\ x_{it_0}^* = [x_{1it_0}k_{t_0} \ x_{2it_0}k_{t_0} \ \cdots \ x_{mit_0}k_{t_0}]^T \\ \lambda = [\lambda_{11} \ \lambda_{12} \ \cdots \ \lambda_{1T_0} \ \lambda_{21} \ \lambda_{22} \ \cdots \ \lambda_{2T_0} \ \cdots \ \lambda_{i1} \ \lambda_{i2} \ \cdots \ \lambda_{iT_0} \ \cdots \ \lambda_{n1} \ \lambda_{n2} \ \cdots \ \lambda_{nT_0}]^T \\ i = 1, 2, \cdots, n \end{cases} \quad (7\text{-}33)$$

### （四）SE-BCC 模型（不同对象不同时点）

考虑评价对象技术进步和坏产出的面板 SE-BCC 模型可表示为：

$$\begin{cases} E_{it_0} = \max \left( \sum_{r=1}^{s} u_r y_{rit_0} - \sum_{b=1}^{h} w_b q_{bit_0} - d_0 \right) \Big/ \sum_{c=1}^{m} v_c x_{cit_0} k_{t_0} \\ \text{s. t } \left( \sum_{r=1}^{s} u_r y_{rjt} - \sum_{b=1}^{h} w_b q_{bjt} - d_0 \right) \Big/ \sum_{c=1}^{m} v_c x_{cjt} k_t \leqslant 1, \\ i, j = 1, 2, \cdots, n; \ t_0, t = 1, 2, \cdots, T_0 \\ u_r, w_b, v_c \geqslant 0, \ r = 1, 2, \cdots, s; \ b = 1, 2, \cdots, h; \\ c = 1, 2, \cdots, m; \ j \neq i \text{ 或 } t \neq t_0 \end{cases} \quad (7\text{-}34)$$

同理，可以得到式（7-34）的对偶问题为：

$$\begin{cases} E_{it_0} = \min_{\theta,\lambda} \theta \\ \text{s. t. } -y_{it_0} + Y\lambda \geq 0 \\ q_{it_0} - Q\lambda \geq 0 \\ \theta x_{it_0}^* - X^*\lambda \geq 0 \\ \sum_{j=1}^{n} \sum_{t=1}^{T_0} \lambda_{jt} = 1 \\ \lambda \geq 0 \end{cases} \tag{7-35}$$

其中,

$$\begin{cases} Y = \begin{bmatrix} y_{111} & y_{112} & \cdots & y_{11T_0} & y_{121} & y_{122} & \cdots & y_{12T_0} & \cdots & y_{1i1} & y_{1i2} & \cdots & y_{1iT_0} & \cdots & y_{1n1} & y_{1n2} & \cdots & y_{1nT_0} \\ y_{211} & y_{212} & \cdots & y_{21T_0} & y_{221} & y_{222} & \cdots & y_{22T_0} & \cdots & y_{2i1} & y_{2i2} & \cdots & y_{2iT_0} & \cdots & y_{2n1} & y_{2n2} & \cdots & y_{2nT_0} \\ y_{311} & y_{312} & \cdots & y_{31T_0} & y_{321} & y_{322} & \cdots & y_{32T_0} & \cdots & y_{3i1} & y_{3i2} & \cdots & y_{3iT_0} & \cdots & y_{3n1} & y_{3n2} & \cdots & y_{3nT_0} \\ \vdots & \vdots & & \vdots & \vdots & \vdots & & \vdots & & \vdots & \vdots & & \vdots & & \vdots & \vdots & & \vdots \\ y_{s11} & y_{s12} & \cdots & y_{s1T_0} & y_{s21} & y_{s22} & \cdots & y_{s2T_0} & \cdots & y_{si1} & y_{si2} & \cdots & y_{siT_0} & \cdots & y_{sn1} & y_{sn2} & \cdots & y_{snT_0} \end{bmatrix} \\ = [y_{11} \ y_{12} \ \cdots \ y_{1T_0} \ y_{21} \ y_{22} \ \cdots \ y_{2T_0} \ \cdots \ y_{i1} \ y_{i2} \ \cdots \ y_{iT_0} \ \cdots \ y_{n1} \ y_{n2} \ \cdots \ y_{nT_0}] \text{ (不含 } y_{it_0}) \\ \\ Q = \begin{bmatrix} q_{111} & q_{112} & \cdots & q_{11T_0} & q_{121} & q_{122} & \cdots & q_{12T_0} & \cdots & q_{1i1} & q_{1i2} & \cdots & q_{1iT_0} & \cdots & q_{1n1} & q_{1n2} & \cdots & q_{1nT_0} \\ q_{211} & q_{212} & \cdots & q_{21T_0} & q_{221} & q_{222} & \cdots & q_{22T_0} & \cdots & q_{2i1} & q_{2i2} & \cdots & q_{2iT_0} & \cdots & q_{2n1} & q_{2n2} & \cdots & q_{2nT_0} \\ q_{311} & q_{312} & \cdots & q_{31T_0} & q_{321} & q_{322} & \cdots & q_{32T_0} & \cdots & q_{3i1} & q_{3i2} & \cdots & q_{3iT_0} & \cdots & q_{3n1} & q_{3n2} & \cdots & q_{3nT_0} \\ \vdots & \vdots & & \vdots & \vdots & \vdots & & \vdots & & \vdots & \vdots & & \vdots & & \vdots & \vdots & & \vdots \\ q_{h11} & q_{h12} & \cdots & q_{h1T_0} & q_{h21} & q_{h22} & \cdots & q_{h2T_0} & \cdots & q_{hi1} & q_{hi2} & \cdots & q_{hiT_0} & \cdots & q_{hn1} & q_{hn2} & \cdots & q_{hnT_0} \end{bmatrix} \\ = [q_{11} \ q_{12} \ \cdots \ q_{1T_0} \ q_{21} \ q_{22} \ \cdots \ q_{2T_0} \ \cdots \ q_{i1} \ q_{i2} \ \cdots \ q_{iT_0} \ \cdots \ q_{n1} \ q_{n2} \ \cdots \ q_{nT_0}] \text{ (不含 } q_{it_0}) \\ \\ X^* = \begin{bmatrix} x_{111}k_1 & x_{112}k_2 & \cdots & x_{11T_0}k_{T_0} & x_{121}k_1 & x_{122}k_2 & \cdots & x_{12T_0}k_{T_0} & \cdots & x_{1i1}k_1 & x_{1i2}k_2 & \cdots & x_{1iT_0}k_{T_0} & \cdots & x_{1n1}k_1 & x_{1n2}k_2 & \cdots & x_{1nT_0}k_{T_0} \\ x_{211}k_1 & x_{212}k_2 & \cdots & x_{21T_0}k_{T_0} & x_{221}k_1 & x_{222}k_2 & \cdots & x_{22T_0}k_{T_0} & \cdots & x_{2i1}k_1 & x_{2i2}k_2 & \cdots & x_{2iT_0}k_{T_0} & \cdots & x_{2n1}k_1 & x_{2n2}k_2 & \cdots & x_{2nT_0}k_{T_0} \\ x_{311}k_1 & x_{312}k_2 & \cdots & x_{31T_0}k_{T_0} & x_{321}k_1 & x_{322}k_2 & \cdots & x_{32T_0}k_{T_0} & \cdots & x_{3i1}k_1 & x_{3i2}k_2 & \cdots & x_{3iT_0}k_{T_0} & \cdots & x_{3n1}k_1 & x_{3n2}k_2 & \cdots & x_{3nT_0}k_{T_0} \\ \vdots & \vdots & & \vdots & \vdots & \vdots & & \vdots & & \vdots & \vdots & & \vdots & & \vdots & \vdots & & \vdots \\ x_{m11}k_1 & x_{m12}k_2 & \cdots & x_{m1T_0}k_{T_0} & x_{m21}k_1 & x_{m22}k_2 & \cdots & x_{m2T_0}k_{T_0} & \cdots & x_{mi1}k_1 & x_{mi2}k_2 & \cdots & x_{miT_0}k_{T_0} & \cdots & x_{mn1}k_1 & x_{mn2}k_2 & \cdots & x_{mnT_0}k_{T_0} \end{bmatrix} \\ = [x_{11}^* \ x_{12}^* \ \cdots \ x_{1T_0}^* \ x_{21}^* \ x_{22}^* \ \cdots \ x_{2T_0}^* \ \cdots \ x_{i1}^* \ x_{i2}^* \ \cdots \ x_{iT_0}^* \ \cdots \ x_{n1}^* \ x_{n2}^* \ \cdots \ x_{nT_0}^*] \text{ (不含 } x_{it_0}^*) \\ \\ y_{it_0} = [y_{1it_0} \ y_{2it_0} \ \cdots \ y_{sit_0}]^T \\ q_{it_0} = [q_{1it_0} \ q_{2it_0} \ \cdots \ q_{hit_0}]^T \\ x_{it_0}^* = [x_{1it_0}k_{t_0} \ x_{2it_0}k_{t_0} \ \cdots \ x_{mit_0}k_{t_0}]^T \\ \lambda = [\lambda_{11} \ \lambda_{12} \ \cdots \ \lambda_{1T_0} \ \lambda_{21} \ \lambda_{22} \ \cdots \ \lambda_{2T_0} \ \cdots \ \lambda_{i1} \ \lambda_{i2} \ \cdots \ \lambda_{iT_0} \ \cdots \ \lambda_{n1} \ \lambda_{n2} \ \cdots \ \lambda_{nT_0}]^T \text{ (不含 } \lambda_{it_0}) \\ i = 1, 2, \cdots, n \end{cases}$$

$$(7-36)$$

就 CCR、SE-CCR、BCC 以及 SE-BCC 4 个模型而言,第 2 种类型的技术进步 ($k_{t'} \geq k_{t'-1}$, $k_{T_0} > k_1$, $t' = 2, \cdots, T_0$) 对评价对象效率值的影响和第 1 种类型的技术进步相似,表现为评价的投入参照数值发生了变化,各个评价对象各个时点的投入都乘以相应时点的技术水平。同未考虑评价对象集合本身的技术进步相比,计算所得的相对效率值发生了变化,获得的效率值就是它的实际效率值。然而,投入的实际冗余值是名义冗余值的 $\frac{1}{k_{t_0}}$。也就是说,如果评价对象根据实际冗余值开展投入调整后获得相同产出,则其真实效率值就能够达到最大。

### 四 考虑当时社会技术进步和坏产出的截面 DEA 模型

现有的截面 DEA 模型在开展效率测度时,仅仅按照各个评价对象投入、产出的情况构造有效的生产前沿面反映它们的技术水平,并未考虑此技术水平相较于相应时点社会的最高技术水平的高低。所以,计算得到的效率值未必是评价对象在该时点的真实效率值,而是各个评价对象之间的相对效率值。因为这时出现了上文介绍的第 3 种类型的技术进步,即在某个时点社会的最高技术水平相较于此时点上不同评价对象集合来说存在技术进步。只有当依据各个评价对象投入、产出数据构造的生产前沿面包含当时社会最高技术水平的生产可能性曲线时,它们之间的相对效率值才会等于其真实效率值。图 7-3 中是 5 个评价对象(A、B、C、D、E),它们都有 2 项投入 $x_1$ 和 $x_2$ 以及净产出 $y_\Delta$(产出 $y$ 扣除坏产出 $q$ 后的余额),横轴表示单位净产出的 $x_1$ 投入数量,纵轴是单位净产出的 $x_2$ 投入数量。

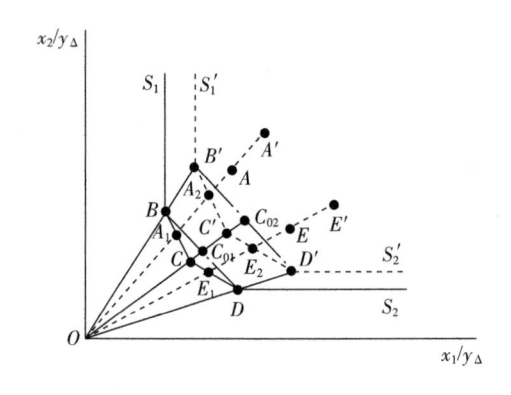

图 7-3 考虑当时社会技术进步和坏产出的截面 DEA 模型效率分析

首先,基于这 5 个评价对象数据构建标准 DEA 模型,B、C 和 D 构成了有效生产前沿面,所以,它们的效率都达到了 1(OB/OB、OC/OC、OD/OD),而 A 与 E 的效率(OA$_1$/OA 和 OE$_1$/OE)均低于 1。如果社会的最高技术水平超过5个评价对象集合，则这5个评价对象的真实效率值会更低。它们的"转换后投入"依次为A′、B′、C′、D′以及E′，同各自的原始投入相比均同比例（乘以k）增大了。这时，有效生产前沿面变成B′C′D′，A、B、C、D和E的相对效率值保持不变，依次为$OA_2/OA′$、$OB′/OB′$、$OC′/OC′$、$OD′/OD′$以及$OE_2/OE′$，相应的技术水平为$k$，真实效率值分别为它们的$\frac{1}{k}$。其次，基于这5个评价对象数据构建超效率DEA模型，当测算某一评价对象效率时，其他评价对象形成新的生产前沿面。比如，就C而言，它不再处在前沿面上，前沿面仅包含B与D，C的投影点为$C_{01}$，评价对象C的效率是$OC_{01}/OC$；而之前没有位于前沿面上的评价对象的效率保持不变（如A、E）。如果社会的最高技术水平超过这5个评价对象集合，则这5个评价对象的真实效率值同样会变得更低。就C′（对应C）而言，前沿面变成B′D′，C′的投影点是$C_{02}$，评价对象C的相对效率值是$OC_{02}/OC′$（大小保持不变），相应的技术水平为$k$，真实效率值为它的$\frac{1}{k}$；而之前没有位于前沿面上的评价对象的相对效率值保持不变（同标准DEA模型一样），如A′（对应A）和E′（对应E），真实效率同样为相对效率值的$\frac{1}{k}$。其他评价对象由此类推。此外，在以上2个类型的DEA模型里，规模报酬是否变动产生的影响在于前沿面的形状以及它移动距离的长短，如BCD到B′C′D′、BD到B′D′之间的距离。综上所述，即使社会技术水平超过评价对象集合的最高技术水平，也并不会改变相应时点既定评价对象的相对效率值，但是会使评价对象的真实效率值变小。

假设有$n$个评价对象（国家、地区或者企业等）$DMU$ $\{DMU_j: j=1, 2, \cdots, n\}$，它们使用$m$种投入$x_{cj}$（$c=1, 2, \cdots, m$）生产$s$种产出（期望产出）$y_{rj}$（$r=1, 2, \cdots, s$），同时伴随生产$h$种坏产出$q_{bj}$（$b=1, 2, \cdots, h$）。这些评价对象的最高技术水平是$k_0$（$k_0=1$），当时社会的最高技术水平是$k$（$k$是相对于$k_0$的标准量）。那么，依据考虑技术进步和坏产出的效率含义，第3种类型的技术进步（$k>1$）对评价对象$i$（$i=1, 2, \cdots, n$）效率值的影响可以通过4个模型展开分析。

（一）CCR模型（同一时点不同对象）

考虑社会技术进步和坏产出的CCR模型可表示为：

$$\begin{cases} E_i = \max\left(\sum_{r=1}^{s} u_r y_{ri} - \sum_{b=1}^{h} w_b q_{bi}\right) \bigg/ \sum_{c=1}^{m} v_c x_{ci} k \\ \quad = \dfrac{1}{k}\max\left(\sum_{r=1}^{s} u_r y_{ri} - \sum_{b=1}^{h} w_b q_{bi}\right) \bigg/ \sum_{c=1}^{m} v_c x_{ci} \\ \text{s.t.} \left(\sum_{r=1}^{s} u_r y_{rj} - \sum_{b=1}^{h} w_b q_{bj}\right) \bigg/ \sum_{c=1}^{m} v_c x_{cj} \leq 1, \; i, j=1, 2, \cdots, n \\ u_r, w_b, v_c \geq 0, \; r=1, 2, \cdots, s; \; b=1, 2, \cdots, h; \; c=1, 2, \cdots, m \end{cases} \quad (7\text{-}37)$$

即：

$$\begin{cases} E_i = \dfrac{1}{k}\max_{u,w,v}(u^T y_i - w^T q_i)/(v^T x_i) \\ \text{s.t.} \; (u^T y_j - w^T q_j)/(v^T x_j) \leq 1 \\ u, w, v \geq 0 \end{cases} \quad (7\text{-}38)$$

其中，

$$\begin{cases} u^T = [u_1 \quad u_2 \quad \cdots \quad u_s] \\ w^T = [w_1 \quad w_2 \quad \cdots \quad w_h] \\ v^T = [v_1 \quad v_2 \quad \cdots \quad v_m] \\ y_i = [y_{1i} \quad y_{2i} \quad \cdots \quad y_{si}]^T \\ q_i = [q_{1i} \quad q_{2i} \quad \cdots \quad q_{hi}]^T \\ x_i = [x_{1i} \quad x_{2i} \quad \cdots \quad x_{mi}]^T \\ y_j = [y_{1j} \quad y_{2j} \quad \cdots \quad y_{sj}]^T \\ q_j = [q_{1j} \quad q_{2j} \quad \cdots \quad q_{hj}]^T \\ x_j = [x_{1j} \quad x_{2j} \quad \cdots \quad x_{mj}]^T \\ i, j = 1, 2, \cdots, n \end{cases} \quad (7\text{-}39)$$

令 $v^T x_i = 1$，则可把式（7-38）转换为：

$$\begin{cases} E_i = \dfrac{1}{k}\max_{u,w,v}(u^T y_i - w^T q_i) \\ \text{s.t.} \; v^T x_i = 1 \\ u^T y_j - w^T q_j - v^T x_j \leq 0, \; j=1, 2, \cdots, n \\ u, w, v \geq 0 \end{cases} \quad (7\text{-}40)$$

则式（7-40）的对偶形式为：

$$\begin{cases} E_i = \dfrac{1}{k}\min_{\theta,\lambda}\theta \\ \text{s. t. } -y_i + Y\lambda \geqslant 0 \\ q_i - Q\lambda \geqslant 0 \\ \theta x_i - X\lambda \geqslant 0 \\ \lambda \geqslant 0 \end{cases} \quad (7\text{-}41)$$

其中,

$$\begin{cases} Y = \begin{bmatrix} y_{11} & y_{12} & y_{13} & \cdots & y_{1n} \\ y_{21} & y_{22} & y_{23} & \cdots & y_{2n} \\ y_{31} & y_{32} & y_{33} & \cdots & y_{3n} \\ \vdots & \vdots & \vdots & \cdots & \vdots \\ y_{s1} & y_{s2} & y_{s3} & \cdots & y_{sn} \end{bmatrix} = \begin{bmatrix} y_1 & y_2 & y_3 & \cdots & y_n \end{bmatrix} \\[2pt] Q = \begin{bmatrix} q_{11} & q_{12} & q_{13} & \cdots & q_{1n} \\ q_{21} & q_{22} & q_{23} & \cdots & q_{2n} \\ q_{31} & q_{32} & q_{33} & \cdots & q_{3n} \\ \vdots & \vdots & \vdots & \cdots & \vdots \\ q_{h1} & q_{h2} & q_{h3} & \cdots & q_{hn} \end{bmatrix} = \begin{bmatrix} q_1 & q_2 & q_3 & \cdots & q_n \end{bmatrix} \\[2pt] X = \begin{bmatrix} x_{11} & x_{12} & x_{13} & \cdots & x_{1n} \\ x_{21} & x_{22} & x_{23} & \cdots & x_{2n} \\ x_{31} & x_{32} & x_{33} & \cdots & x_{3n} \\ \vdots & \vdots & \vdots & \cdots & \vdots \\ x_{m1} & x_{m2} & x_{m3} & \cdots & x_{mn} \end{bmatrix} = \begin{bmatrix} x_1 & x_2 & x_3 & \cdots & x_n \end{bmatrix} \\[2pt] y_i = \begin{bmatrix} y_{1i} & y_{2i} & \cdots & y_{si} \end{bmatrix}^T \\ q_i = \begin{bmatrix} q_{1i} & q_{2i} & \cdots & q_{hi} \end{bmatrix}^T \\ x_i = \begin{bmatrix} x_{1i} & x_{2i} & \cdots & x_{mi} \end{bmatrix}^T \\ \lambda = \begin{bmatrix} \lambda_1 & \lambda_2 & \cdots & \lambda_n \end{bmatrix}^T \\ i = 1, 2, \cdots, n \end{cases} \quad (7\text{-}42)$$

(二) SE-CCR 模型（同一时点不同对象）

考虑社会技术进步和坏产出的 SE-CCR 模型可表示为：

$$\begin{cases} E_i = \max \Big( \sum\limits_{r=1}^{s} u_r y_{ri} - \sum\limits_{b=1}^{h} w_b q_{bi} \Big) \Big/ \sum\limits_{c=1}^{m} v_c x_{ci} k \\ \quad = \dfrac{1}{k} \max \Big( \sum\limits_{r=1}^{s} u_r y_{ri} - \sum\limits_{b=1}^{h} w_b q_{bi} \Big) \Big/ \sum\limits_{c=1}^{m} v_c x_{ci} \\ \text{s. t.} \Big( \sum\limits_{r=1}^{s} u_r y_{rj} - \sum\limits_{b=1}^{h} w_b q_{bj} \Big) \Big/ \sum\limits_{c=1}^{m} v_c x_{cj} \leqslant 1, \ i, \ j=1, \ 2, \ \cdots, \ n; \ j \neq i \\ u_r, w_b, \ v_c \geqslant 0, \ r=1, \ 2, \ \cdots, \ s; \ b=1, \ 2, \ \cdots, \ h; \ c=1, \ 2, \ \cdots, \ m \end{cases}$$

(7-43)

同理，可以得到式（7-43）的对偶问题为：

$$\begin{cases} E_i = \dfrac{1}{k} \min_{\theta, \lambda} \theta \\ \text{s. t.} \ -y_i + Y\lambda \geqslant 0 \\ q_i - Q\lambda \geqslant 0 \\ \theta x_i - X\lambda \geqslant 0 \\ \lambda \geqslant 0 \end{cases}$$

(7-44)

其中，

$$\begin{cases} Y = \begin{bmatrix} y_{11} & y_{12} & y_{13} & \cdots & y_{1n} \\ y_{21} & y_{22} & y_{23} & \cdots & y_{2n} \\ y_{31} & y_{32} & y_{33} & \cdots & y_{3n} \\ \vdots & \vdots & \vdots & \cdots & \vdots \\ y_{s1} & y_{s2} & y_{s3} & \cdots & y_{sn} \end{bmatrix} = \begin{bmatrix} y_1 & y_2 & y_3 & \cdots & y_n \end{bmatrix} \text{（不含 } y_i\text{）} \\ Q = \begin{bmatrix} q_{11} & q_{12} & q_{13} & \cdots & q_{1n} \\ q_{21} & q_{22} & q_{23} & \cdots & q_{2n} \\ q_{31} & q_{32} & q_{33} & \cdots & q_{3n} \\ \vdots & \vdots & \vdots & \cdots & \vdots \\ q_{h1} & q_{h2} & q_{h3} & \cdots & q_{hn} \end{bmatrix} = \begin{bmatrix} q_1 & q_2 & q_3 & \cdots & q_n \end{bmatrix} \text{（不含 } q_i\text{）} \\ X = \begin{bmatrix} x_{11} & x_{12} & x_{13} & \cdots & x_{1n} \\ x_{21} & x_{22} & x_{23} & \cdots & x_{2n} \\ x_{31} & x_{32} & x_{33} & \cdots & x_{3n} \\ \vdots & \vdots & \vdots & \cdots & \vdots \\ x_{m1} & x_{m2} & x_{m3} & \cdots & x_{mn} \end{bmatrix} = \begin{bmatrix} x_1 & x_2 & x_3 & \cdots & x_n \end{bmatrix} \text{（不含 } x_i\text{）} \\ y_i = \begin{bmatrix} y_{1i} & y_{2i} & \cdots & y_{si} \end{bmatrix}^T \\ q_i = \begin{bmatrix} q_{1i} & q_{2i} & \cdots & q_{hi} \end{bmatrix}^T \\ x_i = \begin{bmatrix} x_{1i} & x_{2i} & \cdots & x_{mi} \end{bmatrix}^T \\ \lambda = \begin{bmatrix} \lambda_1 & \lambda_2 & \cdots & \lambda_n \end{bmatrix}^T \text{（不含 } \lambda_i\text{）} \\ i=1, \ 2, \ \cdots, \ n \end{cases}$$

(7-45)

## (三) BCC 模型（同一时点不同对象）

考虑社会技术进步和坏产出的 BCC 模型可表示为：

$$\begin{cases} E_i = \max \left( \sum_{r=1}^{s} u_r y_{ri} - \sum_{b=1}^{h} w_b q_{bi} - d_0 \right) \Big/ \sum_{c=1}^{m} v_c x_{ci} k \\ \quad = \dfrac{1}{k} \max \left( \sum_{r=1}^{s} u_r y_{ri} - \sum_{b=1}^{h} w_b q_{bi} - d_0 \right) \Big/ \sum_{c=1}^{m} v_c x_{ci} \\ \text{s. t.} \left( \sum_{r=1}^{s} u_r y_{rj} - \sum_{b=1}^{h} w_b q_{bj} - d_0 \right) \Big/ \sum_{c=1}^{m} v_c x_{cj} \leqslant 1, \ i, j = 1, 2, \cdots, n \\ u_r, w_b, v_c \geqslant 0, \ r = 1, 2, \cdots, s; \ b = 1, 2, \cdots, h; \ c = 1, 2, \cdots, m \end{cases} \quad (7\text{-}46)$$

即：

$$\begin{cases} E_i = \dfrac{1}{k} \max_{u,w,v} (u^T y_i - w^T q_i - d_0) / (v^T x_i) \\ \text{s. t.} \ (u^T y_j - w^T q_j - d_0) / (v^T x_j) \leqslant 1 \\ u, w, v \geqslant 0 \end{cases} \quad (7\text{-}47)$$

其中，

$$\begin{cases} u^T = [u_1 \quad u_2 \quad \cdots \quad u_s] \\ w^T = [w_1 \quad w_2 \quad \cdots \quad w_h] \\ v^T = [v_1 \quad v_2 \quad \cdots \quad v_m] \\ y_i = [y_{1i} \quad y_{2i} \quad \cdots \quad y_{si}]^T \\ q_i = [q_{1i} \quad q_{2i} \quad \cdots \quad q_{hi}]^T \\ x_i = [x_{1i} \quad x_{2i} \quad \cdots \quad x_{mi}]^T \\ y_j = [y_{1j} \quad y_{2j} \quad \cdots \quad y_{sj}]^T \\ q_j = [q_{1j} \quad q_{2j} \quad \cdots \quad q_{hj}]^T \\ x_j = [x_{1j} \quad x_{2j} \quad \cdots \quad x_{mj}]^T \\ i, j = 1, 2, \cdots, n \end{cases} \quad (7\text{-}48)$$

令 $v^T x_i = 1$，则可把式（7-47）转换为：

$$\begin{cases} E_i = \dfrac{1}{k} \max_{u,w,v} (u^T y_i - w^T q_i - d_0) \\ \text{s. t.} \ v^T x_i = 1 \\ u^T y_j - w^T q_j - v^T x_j - d_0 \leqslant 0, \ j = 1, 2, \cdots, n \\ u, w, v \geqslant 0 \end{cases} \quad (7\text{-}49)$$

则式（7-49）的对偶形式为：

$$\begin{cases} E_i = \dfrac{1}{k}\min_{\theta,\lambda}\theta \\ \text{s. t. } -y_i + Y\lambda \geq 0 \\ q_i - Q\lambda \geq 0 \\ \theta x_i - X\lambda \geq 0 \\ \sum_{j=1}^{n}\lambda_j = 1 \\ \lambda \geq 0 \end{cases} \tag{7-50}$$

其中，

$$\begin{cases} Y = \begin{bmatrix} y_{11} & y_{12} & y_{13} & \cdots & y_{1n} \\ y_{21} & y_{22} & y_{23} & \cdots & y_{2n} \\ y_{31} & y_{32} & y_{33} & \cdots & y_{3n} \\ \vdots & \vdots & \vdots & \cdots & \vdots \\ y_{s1} & y_{s2} & y_{s3} & \cdots & y_{sn} \end{bmatrix} = \begin{bmatrix} y_1 & y_2 & y_3 & \cdots & y_n \end{bmatrix} \\ Q = \begin{bmatrix} q_{11} & q_{12} & q_{13} & \cdots & q_{1n} \\ q_{21} & q_{22} & q_{23} & \cdots & q_{2n} \\ q_{31} & q_{32} & q_{33} & \cdots & q_{3n} \\ \vdots & \vdots & \vdots & \cdots & \vdots \\ q_{h1} & q_{h2} & q_{h3} & \cdots & q_{hn} \end{bmatrix} = \begin{bmatrix} q_1 & q_2 & q_3 & \cdots & q_n \end{bmatrix} \\ X = \begin{bmatrix} x_{11} & x_{12} & x_{13} & \cdots & x_{1n} \\ x_{21} & x_{22} & x_{23} & \cdots & x_{2n} \\ x_{31} & x_{32} & x_{33} & \cdots & x_{3n} \\ \vdots & \vdots & \vdots & \cdots & \vdots \\ x_{m1} & x_{m2} & x_{m3} & \cdots & x_{mn} \end{bmatrix} = \begin{bmatrix} x_1 & x_2 & x_3 & \cdots & x_n \end{bmatrix} \end{cases} \tag{7-51}$$

$$y_i = \begin{bmatrix} y_{1i} & y_{2i} & \cdots & y_{si} \end{bmatrix}^T$$
$$q_i = \begin{bmatrix} q_{1i} & q_{2i} & \cdots & q_{hi} \end{bmatrix}^T$$
$$x_i = \begin{bmatrix} x_{1i} & x_{2i} & \cdots & x_{mi} \end{bmatrix}^T$$
$$\lambda = \begin{bmatrix} \lambda_1 & \lambda_2 & \cdots & \lambda_n \end{bmatrix}^T$$
$$i = 1, 2, \cdots, n$$

（四）SE-BCC 模型（同一时点不同对象）

考虑社会技术进步和坏产出的 SE-BCC 模型可表示为：

$$\begin{cases} E_i = \max \left( \sum_{r=1}^{s} u_r y_{ri} - \sum_{b=1}^{h} w_b q_{bi} - d_0 \right) \Big/ \sum_{c=1}^{m} v_c x_{ci} k \\ \quad = \dfrac{1}{k} \max \left( \sum_{r=1}^{s} u_r y_{ri} - \sum_{b=1}^{h} w_b q_{bi} - d_0 \right) \Big/ \sum_{c=1}^{m} v_c x_{ci} \\ \text{s.t. } \left( \sum_{r=1}^{s} u_r y_{rj} - \sum_{b=1}^{h} w_b q_{bj} - d_0 \right) \Big/ \sum_{c=1}^{m} v_c x_{cj} \leqslant 1, \ i,j=1,2,\cdots,n; \ j \neq i \\ u_r, \ w_b, \ v_c \geqslant 0, \ r=1,2,\cdots,s; \ b=1,2,\cdots,h; \ c=1,2,\cdots,m \end{cases}$$
(7-52)

同理，可以得到式（7-52）的对偶问题为：

$$\begin{cases} E_i = \dfrac{1}{k} \min_{\theta,\lambda} \theta \\ \text{s.t. } -y_i + Y\lambda \geqslant 0 \\ q_i - Q\lambda \geqslant 0 \\ \theta x_i - X\lambda \geqslant 0 \\ \sum_{j=1}^{n} \lambda_j = 1 \\ \lambda \geqslant 0; \ j \neq i \end{cases}$$
(7-53)

其中，

$$\begin{cases} Y = \begin{bmatrix} y_{11} & y_{12} & y_{13} & \cdots & y_{1n} \\ y_{21} & y_{22} & y_{23} & \cdots & y_{2n} \\ y_{31} & y_{32} & y_{33} & \cdots & y_{3n} \\ \vdots & \vdots & \vdots & \cdots & \vdots \\ y_{s1} & y_{s2} & y_{s3} & \cdots & y_{sn} \end{bmatrix} = [y_1 \ y_2 \ y_3 \ \cdots \ y_n](\text{不含 } y_i) \\ Q = \begin{bmatrix} q_{11} & q_{12} & q_{13} & \cdots & q_{1n} \\ q_{21} & q_{22} & q_{23} & \cdots & q_{2n} \\ q_{31} & q_{32} & q_{33} & \cdots & q_{3n} \\ \vdots & \vdots & \vdots & \cdots & \vdots \\ q_{h1} & q_{h2} & q_{h3} & \cdots & q_{hn} \end{bmatrix} = [q_1 \ q_2 \ q_3 \ \cdots \ q_n](\text{不含 } q_i) \\ X = \begin{bmatrix} x_{11} & x_{12} & x_{13} & \cdots & x_{1n} \\ x_{21} & x_{22} & x_{23} & \cdots & x_{2n} \\ x_{31} & x_{32} & x_{33} & \cdots & x_{3n} \\ \vdots & \vdots & \vdots & \cdots & \vdots \\ x_{m1} & x_{m2} & x_{m3} & \cdots & x_{mn} \end{bmatrix} = [x_1 \ x_2 \ x_3 \ \cdots \ x_n](\text{不含 } x_i) \\ y_i = [y_{1i} \ y_{2i} \ \cdots \ y_{si}]^T \\ q_i = [q_{1i} \ q_{2i} \ \cdots \ q_{hi}]^T \\ x_i = [x_{1i} \ x_{2i} \ \cdots \ x_{mi}]^T \\ \lambda = [\lambda_1 \ \lambda_2 \ \cdots \ \lambda_n]^T (\text{不含 } \lambda_i) \\ i=1,2,\cdots,n \end{cases}$$

(7-54)

就 CCR、SE-CCR、BCC 以及 SE-BCC 4 种模型而言，第 3 种类型的技术进步（$k>1$）对评价对象效率值的影响表现为其真实值变小了，即真实效率值＝相对效率值$/k$。而在此过程中，相对效率值的测算结果没有变化，仅仅只需将所得的相对效率值乘以$\frac{1}{k}$就可以获得实际效率值，而投入的实际冗余值$s_0^-$是投入目标值$x$乘以$\left(1-\frac{1}{k}\right)$与得到的投入冗余值$s^-$之和，即$s_0^-=s^-+\left(1-\frac{1}{k}\right)\times x$。换言之，当评价对象相对效率值达到 1 的时候，它的真实效率值仅为$\frac{1}{k}$。这时，如果评价对象根据实际冗余值开展投入调整后获得了相同产出，则它的实际效率值就能够达到最大。

类似地，在第 1 种与第 4 种类型的技术进步一同出现时，即当某个时点社会的最高技术水平相较于此时点上单一评价对象存在技术进步且单一评价对象本身于不同时点也存在技术进步时，针对 CCR、SE-CCR、BCC 以及 SE-BCC 4 种模型而言，此时的技术进步对评价对象效率值的影响表现为评价的投入参照数值发生了变化，此评价对象各个时点的投入都乘以相应时点的技术水平$k_j$。同未考虑技术进步相比，计算所得的相对效率值发生了变化，获得的相对效率值的$\frac{1}{k_{j_0}}$等于它的实际效率值，而投入的实际冗余值$s_0^-$是获得的投入冗余值$s^-$乘以$\frac{1}{k_j}$与投入目标值$x$乘以$\left(1-\frac{1}{k_{j_0}}\right)\times\frac{1}{k_j}$之和，即$s_0^-=s^-\times\frac{1}{k_j}+x^*\left(1-\frac{1}{k_{j_0}}\right)\times\frac{1}{k_j}$。其中，$k_{j_0}$（相对于$k_j$的标准量）为社会的最高技术水平。因此，当评价对象根据实际冗余值开展投入调整获得相同产出时，它的真实效率值就能够达到最大。

同样地，在第 2 种与第 3 种类型的技术进步一同出现时，即当某个时点社会的最高技术水平相较于此时点上不同评价对象集合存在技术进步且评价对象集合本身于不同时点也存在技术进步时，针对 CCR、SE-CCR、BCC 以及 SE-BCC 4 种模型而言，这时的技术进步对评价对象效率值的影响表现为评价的投入参照数值发生了变化，不同评价对象各个时点的投入都乘以它们在相应时点的最高技术水平$k_t$。同未考虑技术进步相比，计算所得的相对效率值发生了变化，获得的相对效率值的 $\frac{1}{k_{t^*}}$ 等于它的实际效率值，而投入的实际冗余值 $s_0^-$ 是获得的投入冗余值 $s^-$ 乘以 $\frac{1}{k_t}$ 与投入目标值 $x$ 乘以 $\left(1-\frac{1}{k_{t^*}}\right) \times \frac{1}{k_t}$ 之和，即 $s_0^- = s^- \times \frac{1}{k_t} + x^* \left(1-\frac{1}{k_{t^*}}\right) \times \frac{1}{k_t}$。其中，$k_{t^*}$（相对于 $k_t$ 的标准量）为社会的最高技术水平。因此，当评价对象根据实际冗余值开展投入调整获得相同产出时，它的真实效率值就能够达到最大。

### 五 考虑技术进步和坏产出的 DEA 模型总结

考虑技术进步的数据包络分析法，把技术进步通过评价对象的投入产出计算获得（"内生"）变成由外部给定或者计算得到（"外生"）。针对评价对象或者社会出现技术进步的情况，可以借助"转换后投入"，让同一时点不同评价对象、单一评价对象不同时点以及不同评价对象不同时点的投入产出比较按照相同的标准，并且对标社会技术水平。在此基础上，考虑技术进步与坏产出的 DEA 模型能够进一步解决评价对象存在坏产出（诸如 $SO_2$、$CO_2$ 等污染物排放）的效率测度问题。所以，这类改进的 DEA 模型可以弥补现有 DEA 模型的不足，拓宽 DEA 法的应用范围。就 CCR、SE-CCR、BCC 以及 SE-BCC 4 个模型而言，考虑技术进步与坏产出的 DEA 模型的应用处理同样也较为容易，只需将投入或者效率的计算略作调整。因此，不同技术进步类型下效率的测算以及结果的处理可以归纳为 5 个方面。

第一，针对单一评价对象本身于不同时点存在技术进步的情况，当测算或者软件录入时仅需把该对象各个时点的投入都乘以相应时点的技术水平并根据传统的方法展开测算。其中，坏产出的存在使目标函数的约束条件增加了。得到的效率值就是所需要的实际效率值，求得的投入冗余值乘以 $\frac{1}{k_i}$（$k_i$ 是评价对象在相应时点的技术水平）就是所需要的投入真实冗余值。

第二，针对评价对象集合本身于不同时点存在技术进步的情况，当测算或者软件录入时仅需把各个评价对象各个时点的投入都乘以相应时点评价对象集合的最高技术水平并根据传统的方法展开测算。同样地，坏产出的存在使目标函数的约束条件增加了。得到的效率值就是所需要的实际效率值，求得的投入冗余值乘以 $\frac{1}{k_{t_0}}$ （ $k_{t_0}$ 是评价对象集合在相应时点的最高技术水平）就是所需要的投入真实冗余值。

第三，针对某个时点社会的最高技术水平相较于此时点上不同评价对象集合存在技术进步的情况，把获得的相对效率值乘以 $\frac{1}{k}$ （$k$ 是相对于评价对象集合最高技术水平的标准量，代表该时点社会的最高技术水平）便能够获得评价对象的实际效率值，求得的投入目标值的 $\left(1-\frac{1}{k}\right)$ 同投入冗余值之和便能够获得评价对象的投入真实冗余值。类似地，坏产出的存在增加了目标函数的约束条件。

第四，针对某个时点社会的最高技术水平相较于此时点上单一评价对象存在技术进步且该对象本身于不同时点也存在技术进步的情况，仅需把此对象的各个时点的投入都同时乘以相应时点此评价对象的技术水平 $k_j$ 并根据传统的方法展开计算。同样地，坏产出的存在也使目标函数的约束条件增加了。所得效率值的 $\frac{1}{k_{j_0}}$ 即它的实际效率值，投入的真实冗余值可以用投入冗余值 $s^-$ 乘以 $\frac{1}{k_j}$ 之积、投入目标值 $x$ 乘以 $\left(1-\frac{1}{k_{j_0}}\right)\times\frac{1}{k_j}$ 之积两者求和获得（$k_{j_0}$ 为相对于 $k_j$ 的标准量，代表该时点社会的最高技术水平）。

第五，针对某个时点社会的最高技术水平相较于此时点上不同评价对象集合存在技术进步且评价对象集合本身在不同时点也存在技术进步的情况，仅需把各个评价对象各个时点的投入都同时乘以全部评价对象该时点的最高技术水平 $k_t$ 并根据传统的方法展开计算。类似地，坏产出的存在也增加了目标函数的约束条件。所得效率值的 $\frac{1}{k_{t^*}}$ 就是它的实际效率值，投入的真实冗余值可以用投入冗余值 $s^-$ 乘以 $\frac{1}{k_t}$ 之积、投入目标值 $x$ 乘以 $\left(1-\frac{1}{k_{t^*}}\right)\times\frac{1}{k_t}$ 之积两者求和获得（$k_{t^*}$ 为相对于 $k_t$ 的标准量，代表该时点社会的最高技术水平）。

根据以上分析，上述考虑技术进步与坏产出的数据包络分析法易理解，并且计算操作简便，拥有较大的应用价值。此类方法一方面可以有效使用现有的信息，提高评价的准确性；另一方面，可以拓宽数据包络分析法的应用范围，能够更好地促进现实问题的解决。

## 第三节 基于改进 DEA 模型的中国数字产业与能源产业融合效率评价

### 一 研究对象与数据处理

（一）研究对象

为了进一步了解中国数字产业与能源产业融合发展的状况，本节分别从全国与省际层面就中国数字产业与能源产业融合发展效率展开测度。由于指标数据的可获得性，选择全国以及除西藏、港澳台地区外的 30 个省份作为考察对象。全国层面以 2002—2020 年共 19 年作为研究时间段，确定 19 个评价目标；省际层面以 2002 年、2007 年、2012 年以及 2017 年共 4 年作为研究时点，确定 120 个评价目标。

（二）数据处理

研究数据来源于 2002—2020 年相应年份的《中国统计年鉴》《中国能源统计年鉴》《中国环境统计年鉴》《中国环境年鉴》，或者各个省份的统计年鉴、国家统计局网站、经济合作与发展组织网站以及《GB/T 2589-2020 综合能耗计算通则》《省级温室气体清单编制指南（试行）》《2006 年 IPCC 国家温室气体清单指南》，通过收集整理得到研究所需相应数据。其中，有的省份个别年份缺少能源消费总量指标的标准量数据。本书通过能源产品的实物量数据进行换算获得其标准量数据，换算标准主要采用《中国能源统计年鉴》内的各种能源折标准煤参考系数。为了更好地评价中国数字产业与能源产业融合发展效率，所涉及的价值型数据都以研究时期首年为基期消除不同年份价格差异的影响，即全国层面、省际层面数据均以 2002 年为基期进行相应处理，如数字产业增加值、全社会资本存量以及 GDP 等指标数据。此外，针对统计资料中缺失的个别数据，利用向前（或向后）插值法予以补齐。

本节应用了考虑考察对象技术进步与坏产出的 DEA 模型，以克服原有截面 DEA 模型不适用于时间序列、面板 DEA 模型只利用投入产出数据测算技术进步不够准确的不足。因此，先采用熵权法确定技术水平指标权重，基于此构建评价矩阵并按照 TOPSIS 法的步骤计算评价目标值与理想解的贴近度，求得全国与省际层面的技术水平（熵权 TOPSIS 法），并以研究时期的首年为基期分别测算技术水平指数（基期是 1）。在计算技术水平指数时，为了尽量减小指标的量纲或者数量级等属性导致的偏差，对相应的指标数据开展离差标准化处理。在测算全国层面与省际层面各年技术水平指数之后，把各个评价单元的各项投入都乘以对应的技术水平指数（省际层面的是当年最高的技术水平指数），同时维持产出数据不变。基于该产出数据和经过处理的投入数据，应用考虑坏产出的 CCR-DEA、BCC-DEA 模型开展效率测算。此时，全国层面或者省际层面各自的评价单元均处于相同的生产前沿面下进行效率评价，从而消除技术进步产生的影响。

## 二　结果分析

### （一）全国层面

由表 7-2 可知，2002—2020 年全国大部分年份数字产业与能源产业融合发展效率均大于 0.90，说明多数年份表现情况相对较好。但两大产业的融合发展效率并不稳定，其中综合技术效率等于 1 的年份有 8 个，小于 0.90 的年份有 5 个，尤其是 2005 年仅为 0.7268。在综合技术效率等于 1 的年份中，超效率值大于 1 的有 7 个，2002 年的超效率值（1.7287）最大；这些年份也可以通过调整投入或非期望产出进一步优化两大产业的融合发展。这意味着中国数字产业与能源产业融合发展还有较大的提升空间。就纯技术效率而言，效率值为 1 的年份达到了 12 个，意味着这些年份中国在数字产业与能源产业融合发展时能在一定（或最优）规模下较好地使用现有技术开展生产，但还有 7 个年份的技术作用没有充分发挥。从规模效率来看，除 2002 年、2009—2011 年以及 2017—2020 年规模有效外，2002 年以来其他 11 个年份的规模效率小于 1，但均大于 0.90，说明中国数字产业与能源产业融合发展投入的规模不合理。在这两方面的共同作用下，中国数字产业与能源产业融合发展效率在下降、上升、不变之间变化。

结果显示，研究期间，2003—2008 年、2012—2016 年的投入与产出（坏产出）存在不同程度的冗余。相比之下，更多年份出现了数据要素、

表 7-2　2002—2020 年全国数字产业与能源产业融合发展效率与投入产出冗余

| 年份 | 综合技术效率 | 纯技术效率 | 规模效率 | 数字产业产品中间使用量（万元） | 能源消费总量（万吨标准煤） | 就业人员年末人数（万人） | 全社会资本存量（亿元） | 国内生产总值GDP（亿元） | $SO_2$排放量（万吨） | $CO_2$排放量（万吨） |
|---|---|---|---|---|---|---|---|---|---|---|
| 2002 | 1.0000 (1.7287) | 1.0000 | 1.0000 | 0 | 0 | 0 | 0 | 0 | 0 | 0 |
| 2003 | 0.9847 | 1.0000 | 0.9847 | 33549306 | 23923 | 0 | 0 | 0 | 74 | 73771 |
| 2004 | 0.8946 | 0.9381 | 0.9537 | 57087438 | 53036 | 0 | 0 | 0 | 32 | 121118 |
| 2005 | 0.7268 | 0.7739 | 0.9392 | 82265541 | 76263 | 0 | 0 | 0 | 207 | 106944 |
| 2006 | 0.8005 | 0.8539 | 0.9374 | 79439042 | 86133 | 0 | 0 | 0 | 150 | 137139 |
| 2007 | 0.8715 | 0.9145 | 0.9530 | 122660189 | 87710 | 1996 | 0 | 0 | 0 | 66413 |
| 2008 | 0.9894 | 1.0000 | 0.9894 | 58006854 | 52456 | 4730 | 0 | 0 | 0 | 34569 |
| 2009 | 1.0000 (1.1725) | 1.0000 | 1.0000 | 0 | 0 | 0 | 0 | 0 | 0 | 0 |
| 2010 | 1.0000 (1.0594) | 1.0000 | 1.0000 | 0 | 0 | 0 | 0 | 0 | 0 | 0 |
| 2011 | 1.0000 (1.1987) | 1.0000 | 1.0000 | 0 | 0 | 0 | 0 | 0 | 0 | 0 |
| 2012 | 0.9420 | 1.0000 | 0.9420 | 6496369 | 66082 | 5906 | 0 | 0 | 0 | 177583 |

续表

| 年份 | 综合技术效率 | 纯技术效率 | 规模效率 | 数字产业产品中间使用量（万元） | 能源消费总量（万吨标准煤） | 就业人员年末人数（万人） | 全社会资本存量（亿元） | 国内生产总值GDP（亿元） | $SO_2$排放量（万吨） | $CO_2$排放量（万吨） |
|---|---|---|---|---|---|---|---|---|---|---|
| 2013 | 0.9322 | 0.9798 | 0.9514 | 0 | 68258 | 8566 | 166104 | 0 | 0 | 161430 |
| 2014 | 0.9738 | 1.0000 | 0.9738 | 0 | 88463 | 10213 | 431874 | 0 | 0 | 98625 |
| 2015 | 0.8787 | 0.9558 | 0.9194 | 101021120 | 48607 | 0 | 442561 | 0 | 0 | 20778 |
| 2016 | 0.9465 | 0.9711 | 0.9746 | 34883627 | 5702 | 1441 | 0 | 0 | 0 | 23091 |
| 2017 | 1.0000 (1.1886) | 1.0000 | 1.0000 | 0 | 0 | 0 | 0 | 0 | 0 | 0 |
| 2018 | 1.0000 (1.0059) | 1.0000 | 1.0000 | 0 | 0 | 0 | 0 | 0 | 0 | 0 |
| 2019 | 1.0000 (1.0508) | 1.0000 | 1.0000 | 0 | 0 | 0 | 0 | 0 | 0 | 0 |
| 2020 | 1.0000 | 1.0000 | 1.0000 | 0 | 0 | 0 | 0 | 0 | 0 | 0 |

注："综合技术效率"列中括号内的数值代表的是综合技术效率等于1且超效率值大于1的年份的超效率值。

能源要素投入冗余以及 $CO_2$ 排放产出冗余。从 2007 年开始，$SO_2$ 排放产出冗余为 0，说明中国 $SO_2$ 排放控制取得了较好的效果。对于规模报酬递减的年份而言，在当时既定的技术水平下得到相同产出，仍可以适当减小生产规模。由于数字产业与能源产业融合发展过程中人力、财力以及物力的投入不可或缺，仅仅通过减少各项投入的方式将降低人民群众的生活水平。换言之，需科学安排现有资源，使数据、能源、劳动力等要素在当前技术水平下有效发挥作用，提高经济总产出（好产出），降低 $SO_2$、$CO_2$ 等污染物排放（坏产出）。因此，2002—2020 年的数字产业与能源产业融合发展投入规模很多不合理，说明这些年份的技术进步没有获得有效利用，致使它们的融合发展步伐受到延缓。

（二）区域层面

研究期间，中国数字产业与能源产业融合发展纯技术效率表现欠佳。就三大区域而言，纯技术效率从高到低依次为东部地区、中部地区以及西部地区。与 2002 年相比，2017 年东部地区、中部地区和西部地区的纯技术效率分别降低了 0.0162、0.1990、0.1968。就省际角度而言，2017 年的纯技术效率比 2002 年增加的有河北、江苏、浙江、黑龙江、内蒙古、陕西、甘肃，保持不变的有 5 个省份，其他省份有不同程度的下降，占比约为 60.00%。4 个年份纯技术效率都为 1 的省份有 2 个，分别是北京和广东。其中，2017 年纯技术效率为 1 的 10 个省份分别为东部地区 8 个、中部地区 1 个以及西部地区 1 个。其中，2017 年天津、山西、吉林、安徽、江西、河南、湖北、广西等 16 个省份的纯技术效率均低于 0.80。尤其需要关注的是，山西、广西、贵州三个省份的纯技术效率不足 0.50。

总体而言，中国数字产业与能源产业融合发展的规模效率并不理想。就三大区域而言，东部地区、中部地区以及西部地区都表现出下降的态势。其中，东部地区规模效率下降得最多，中部地区次之，西部地区最少，它们 2017 年比 2002 年依次降低了 0.0832、0.0686 和 0.0616。2002 年规模效率由高到低依次为中部地区、东部地区和西部地区，分别是 0.9844、0.9747、0.9564。2017 年规模效率最高的是中部地区（0.9158），西部地区（0.8948）次之，东部地区（0.8915）最小，东部地区的规模效率亟待提升。在省际层面上，规模效率波动上升的省份有 8 个，下降的省份有 19 个。不同省份的规模效率差异较大，2017 年北京、上海、浙江、海南和内蒙古5个省份的规模效率均等于1；河北和山东2个省份的规模效率均仅略高于0.6。由此可见，中国数字产业与能源产业融合发展投入规模还不够合理，需要进一步改善。

从数字产业与能源产业融合发展综合技术效率来看（见表7-3），东部地区、中部地区、西部地区或者大部分省份2017年的综合技术效率比2002年降低了，说明对于它们来说，两大产业的融合发展效率有待提升。2017年东、中、西部地区的综合技术效率依次是0.8472、0.6524、0.5970，分别比2002年降低了0.1000、0.2519、0.2274。就投入产出效率而言，不同省域或不同年份的DEA有效性存在差异。2002年DEA效率值等于1的省份有9个，2007年、2012年和2017年与之相比相应的省份数量分别增加了3个、减少了8个、减少了4个。2017年DEA效率值等于1的省份分别是北京、上海、浙江、海南、内蒙古，主要位于东部地区。此外，在2017年DEA无效率的省份中，仅河北、江苏、山东、广东、黑龙江单纯受到规模效率的制约，其他20个省份的综合技术效率受到纯技术效率与规模效率的双重制约。

研究期间，各个地区的综合技术效率水平具有较大的差异。就三大区域而言，平均综合技术效率从高到低依次为东部地区、中部地区以及西部地区。在省际层面上，始终保持DEA有效的省份只有北京，4年的综合技术效率均为1。此外，上海、海南的综合技术效率水平总体上也相对较好。综合技术效率值为1且超效率值大于1的省份中，2002年海南的超效率值最大（3.3224），紧随其后的是2017年海南的2.9370、2002年福建的2.6755。综合技术效率值为1的省份仍可以通过调整投入或非期望产出促进两大产业的融合发展。综上所述，基于时间序列数据、面板数据分别测算得到的中国数字产业与能源产业融合发展效率存在差异，但都说明了中国数字产业与能源产业融合发展的投入规模不合理。在实际上存在技术进步的情况下，以上分析反映了中国两大产业融合发展中生产、管理领域技术的倍增效应未能获得有效发挥。

表7-3　2002年、2007年、2012年和2017年各省份数字产业与能源产业融合发展效率

| 区域 | 2002年 | | | 2007年 | | | 2012年 | | | 2017年 | | |
|---|---|---|---|---|---|---|---|---|---|---|---|---|
| | 综合技术效率 | 纯技术效率 | 规模效率 | 综合技术效率 | 纯技术效率 | 规模效率 | 综合技术效率 | 纯技术效率 | 规模效率 | 综合技术效率 | 纯技术效率 | 规模效率 |
| 北京 | 1.0000 (1.0684) | 1.0000 | 1.0000 | 1.0000 (1.3506) | 1.0000 | 1.0000 | 1.0000 (1.0854) | 1.0000 | 1.0000 | 1.0000 | 1.0000 | 1.0000 |
| 天津 | 0.7779 | 0.8903 | 0.8738 | 0.8579 | 0.8924 | 0.9613 | 0.5450 | 0.5557 | 0.9807 | 0.6776 | 0.7002 | 0.9677 |
| 河北 | 0.8584 | 0.8596 | 0.9986 | 0.8656 | 0.9776 | 0.8854 | 0.5343 | 0.7480 | 0.7143 | 0.6015 | 1.0000 | 0.6015 |
| 辽宁 | 0.9684 | 0.9778 | 0.9904 | 1.0000 (1.1066) | 1.0000 | 1.0000 | 0.6298 | 0.6891 | 0.9139 | 0.8862 | 0.8864 | 0.9998 |
| 上海 | 1.0000 (1.2399) | 1.0000 | 1.0000 | 1.0000 (1.3355) | 1.0000 | 1.0000 | 0.9232 | 0.9567 | 0.9650 | 1.0000 (1.0901) | 1.0000 | 1.0000 |
| 江苏 | 0.8951 | 0.9945 | 0.9001 | 0.9149 | 1.0000 | 0.9149 | 0.6087 | 1.0000 | 0.6087 | 0.7943 | 1.0000 | 0.7943 |
| 浙江 | 0.9199 | 0.9593 | 0.9589 | 1.0000 (1.0410) | 1.0000 | 1.0000 | 0.8506 | 1.0000 | 0.8506 | 1.0000 (1.7636) | 1.0000 | 1.0000 |
| 福建 | 1.0000 (2.6755) | 1.0000 | 1.0000 | 1.0000 (1.0705) | 1.0000 | 1.0000 | 0.7014 | 0.8744 | 0.8022 | 0.9057 | 0.9158 | 0.9890 |
| 山东 | 1.0000 (1.0385) | 1.0000 | 1.0000 | 0.8099 | 1.0000 | 0.8099 | 0.4975 | 0.9019 | 0.5516 | 0.6076 | 1.0000 | 0.6076 |
| 广东 | 1.0000 (1.0202) | 1.0000 | 1.0000 | 1.0000 (1.2314) | 1.0000 | 1.0000 | 0.8902 | 1.0000 | 0.8902 | 0.8464 | 1.0000 | 0.8464 |
| 海南 | 1.0000 (3.3224) | 1.0000 | 1.0000 | 1.0000 (1.3732) | 1.0000 | 1.0000 | 0.9263 | 0.9508 | 0.9742 | 1.0000 (2.9370) | 1.0000 | 1.0000 |

续表

| 区域 | 2002年 | | | 2007年 | | | 2012年 | | | 2017年 | | |
| --- | --- | --- | --- | --- | --- | --- | --- | --- | --- | --- | --- | --- |
| | 综合技术效率 | 纯技术效率 | 规模效率 | 综合技术效率 | 纯技术效率 | 规模效率 | 综合技术效率 | 纯技术效率 | 规模效率 | 综合技术效率 | 纯技术效率 | 规模效率 |
| 东部地区平均 | 0.9472 | 0.9710 | 0.9747 | 0.9498 | 0.9882 | 0.9610 | 0.7370 | 0.8797 | 0.8410 | 0.8472 | 0.9548 | 0.8915 |
| 山西 | 0.9442 | 0.9460 | 0.9981 | 0.9928 | 0.9932 | 0.9996 | 0.4025 | 0.4041 | 0.9960 | 0.3891 | 0.3894 | 0.9992 |
| 吉林 | 0.8317 | 0.8514 | 0.9769 | 0.8859 | 0.9618 | 0.9211 | 0.6695 | 0.7157 | 0.9354 | 0.6420 | 0.7067 | 0.9084 |
| 黑龙江 | 0.9309 | 0.9328 | 0.9980 | 1.0000 (1.0320) | 1.0000 | 1.0000 | 0.7565 | 0.9814 | 0.7708 | 0.8197 | 1.0000 | 0.8197 |
| 安徽 | 1.0000 (1.0370) | 1.0000 | 1.0000 | 0.9327 | 1.0000 | 0.9327 | 0.5564 | 1.0000 | 0.5564 | 0.6506 | 0.7140 | 0.9112 |
| 江西 | 0.9081 | 1.0000 | 0.9081 | 0.8520 | 0.9240 | 0.9221 | 0.4595 | 0.4833 | 0.9508 | 0.6425 | 0.7112 | 0.9034 |
| 河南 | 1.0000 (1.1293) | 1.0000 | 1.0000 | 1.0000 (1.0600) | 1.0000 | 1.0000 | 0.5166 | 1.0000 | 0.5166 | 0.6629 | 0.7096 | 0.9342 |
| 湖北 | 0.7495 | 0.7508 | 0.9983 | 0.9187 | 1.0000 | 0.9187 | 0.6823 | 1.0000 | 0.6823 | 0.6768 | 0.7062 | 0.9584 |
| 湖南 | 0.8700 | 0.8734 | 0.9961 | 0.9485 | 1.0000 | 0.9485 | 0.5804 | 0.9561 | 0.6070 | 0.7359 | 0.8250 | 0.8920 |
| 中部地区平均 | 0.9043 | 0.9193 | 0.9844 | 0.9413 | 0.9849 | 0.9553 | 0.5780 | 0.8176 | 0.7519 | 0.6524 | 0.7203 | 0.9158 |
| 内蒙古 | 0.9142 | 0.9198 | 0.9939 | 1.0000 (1.1507) | 1.0000 | 1.0000 | 0.7481 | 0.7613 | 0.9827 | 1.0000 (1.0743) | 1.0000 | 1.0000 |
| 广西 | 0.9292 | 0.9553 | 0.9727 | 0.9033 | 1.0000 | 0.9033 | 0.4387 | 0.5138 | 0.8538 | 0.4630 | 0.4908 | 0.9434 |

第七章 中国数字产业与能源产业融合发展效率评价 / 213

续表

| 区域 | 2002年 | | | 2007年 | | | 2012年 | | | 2017年 | | |
|---|---|---|---|---|---|---|---|---|---|---|---|---|
| | 综合技术效率 | 纯技术效率 | 规模效率 | 综合技术效率 | 纯技术效率 | 规模效率 | 综合技术效率 | 纯技术效率 | 规模效率 | 综合技术效率 | 纯技术效率 | 规模效率 |
| 重庆 | 0.8536 | 0.9959 | 0.8571 | 1.0000(1.0464) | 1.0000 | 1.0000 | 0.5189 | 0.5203 | 0.9973 | 0.6233 | 0.6739 | 0.9249 |
| 四川 | 0.7023 | 0.7028 | 0.9993 | 0.7910 | 0.9164 | 0.8632 | 0.4268 | 0.5047 | 0.8457 | 0.5270 | 0.6147 | 0.8573 |
| 贵州 | 0.6482 | 0.6685 | 0.9696 | 0.6877 | 0.6970 | 0.9867 | 0.4055 | 0.4196 | 0.9664 | 0.4474 | 0.4964 | 0.9013 |
| 云南 | 0.8247 | 0.8459 | 0.9749 | 0.7878 | 0.7915 | 0.9953 | 0.4382 | 0.5010 | 0.8747 | 0.4849 | 0.6818 | 0.7112 |
| 陕西 | 0.6967 | 0.7102 | 0.9810 | 0.8093 | 0.8416 | 0.9616 | 0.5453 | 0.5656 | 0.9641 | 0.7324 | 0.8295 | 0.8829 |
| 甘肃 | 0.6778 | 0.7350 | 0.9222 | 0.9310 | 0.9357 | 0.9950 | 0.4507 | 0.4847 | 0.9299 | 0.5232 | 0.7380 | 0.7089 |
| 青海 | 1.0000(1.3477) | 1.0000 | 1.0000 | 0.6472 | 0.8922 | 0.7254 | 0.4963 | 0.5906 | 0.8403 | 0.6250 | 0.6342 | 0.9855 |
| 宁夏 | 0.8552 | 1.0000 | 0.8552 | 0.6234 | 0.8956 | 0.6961 | 0.5059 | 0.5943 | 0.8513 | 0.5090 | 0.5474 | 0.9299 |
| 新疆 | 0.9664 | 0.9717 | 0.9945 | 1.0000(1.1958) | 1.0000 | 1.0000 | 0.7338 | 0.8302 | 0.8839 | 0.6323 | 0.6337 | 0.9978 |
| 西部地区平均 | 0.8244 | 0.8641 | 0.9564 | 0.8346 | 0.9064 | 0.9206 | 0.5189 | 0.5715 | 0.9082 | 0.5970 | 0.6673 | 0.8948 |

注: "综合技术效率" 列中括号内的数值代表的是相应年份综合技术效率值等于 1 且超效率值大于 1 的省区市的超效率值。

## 本章小结

本章从投入产出效率视角出发建立了数字产业与能源产业融合发展效率评价指标体系，并对全国和省际层面两大产业融合发展效率进行了实证分析。选择全国以及除西藏、港澳台地区外的 30 个省份作为考察对象。全国层面以 2002—2020 年共 19 年作为研究时间段，确定 19 个评价目标；省际层面以 2002 年、2007 年、2012 年以及 2017 年共 4 年作为研究时点，确定 120 个评价目标。基于全国 2002—2020 年时间序列数据以及各省份 2002 年、2007 年、2012 年、2017 年的面板数据，采用改进的考虑坏产出的 CCR-DEA、BCC-DEA 模型测度了全国和各省份的数字产业与能源产业融合发展效率。

首先，就全国而言，中国数字产业与能源产业融合发展还有较大潜力。在 DEA 无效率的年份中，更多年份出现了数据要素、能源要素投入冗余以及 $CO_2$ 排放产出冗余，说明这些要素的利用以及坏产出的控制还不够。此外，研究期间，中国 $SO_2$ 排放控制效果显著，说明采取的环境规制政策的作用发挥恰到好处。

其次，就三大区域而言，数字产业与能源产业融合发展效率由高到低依次是东部地区、中部地区和西部地区，彼此差距较大。

再次，就省份而言，数字产业与能源产业融合发展效率参差不齐，并不理想。其中，众多省份两大产业融合发展受到技术未充分利用与规模不合理的双重制约。

最后，不论从全国还是省份来看，总体上数字产业与能源产业融合发展的投入规模并不合理，技术的作用没有得到很好的体现，说明中国两大产业融合发展中生产、管理领域技术的倍增效应未能获得有效发挥。

# 第八章　中国数字产业与能源产业融合发展水平影响因素实证分析[*]

前面几章较为全面地分析了中国数字产业与能源产业融合发展的态势，由此发现中国在该领域还存在区域发展不协调、国际竞争力有待提升等问题。因此，应出台相应的政策措施，科学地解决这些问题。这就需要明确中国数字产业与能源产业融合发展水平主要受到哪些因素的影响。在第三章理论分析数字产业与能源产业融合驱动力的基础上，本章进一步从实证研究的角度考察两大产业融合发展水平的主要影响因素及其作用大小与方向，为政府相关政策措施的出台提供借鉴。

## 第一节　变量选取与数据来源

影响数字产业与能源产业融合发展水平的因素是多方面的，不同的因素将产生不同的作用。首先，数字产业与能源产业融合发展的影响因素最初来自其本身，即数字产业、能源产业的发展。二者在人才引进、基础设施建设、研发投入以及产业效益等方面极大地影响着各自的发展，同时也决定着它们融合的广度和深度。只有数字产业、能源产业的发展达到一定程度，它们的融合发展才会向更高层次迈进；当二者处于良好的协调互动发展范围内，它们的融合发展才能向更可持续迈进。

先进的科技水平有助于提升数字产业与能源产业的融合发展水平，而科技创新是推动其持续发展的不竭动力。Gerlagh 和 Van Der Zwaan 在其宏观经济模型分析中得出结论，内生型创新意味着更早的减排，以满足碳浓度限制，支持和发展无碳能源技术是截至目前更加重要的减排选择。

---

[*] 本章部分内容 2023 年已发表于 *Technological Forecasting & Social Change*。

他们认为从长远来看，要达到理想的低排放水平，就需要无碳技术。①Bretschger 研究发现，技术进步能够大大提升能源的使用效率，改善资源短缺与环境污染的状况，未来的研究必须致力于更彻底地理解在自然资源稀缺的情况下推动创新的机制。他指出，能源部门的许多技术变革是诱导性的，而不是自发的。② 科技创新能够打破原有的发展困境，促进大数据等新技术的普及和应用，推进能源产业的变革，优化能源结构③，推动数字产业与能源产业的融合发展。

只要政治措施能够改变对投资者的供求激励，技术就依赖于环境政策；环境规制可能会刺激创新和技术应用，从而提高污染处理能力、产品质量和产业竞争力，减少环境污染。④ Song 等的研究表明，环境规制和生态效率之间存在显著的 U 形曲线关系，中国环境规制和政策力度的不断加大将提高其生态效率，应继续加强对污染活动的监管。⑤ 为了在不影响经济增长的条件下提升能源效率，可以把研发和能源政策结合起来。⑥ Timchenko 等认为，促进低碳化、能源基础设施利用或者能源效率提升等方面的可持续发展政策，能够驱动能源数字化。⑦ 由此可见，合理的环境规制政策可以推动技术创新和应用，降低环境污染，助力能源产业转型升级，能够为数字产业与能源产业的融合发展创造良好的条件。

---

① Gerlagh, R. and Van Der Zwaan, B., "Gross World Product and Consumption in a Global Warming Model with Endogenous Technological Change", *Resource and Energy Economics*, 25 (1), 2003: 35-57.

② Bretschger, L., "Economics of Technological Change and the Natural Environment: How Effective are Innovations as a Remedy for Resource Scarcity?", *Ecological Economics*, 54 (2-3), 2005: 148-163.

③ Li, J., et al., "Digital Economy, Technological Innovation, and Green Economic Efficiency—Empirical Evidence from 277 Cities in China", *Managerial and Decision Economics*, 43 (3), 2022: 616-629.

④ Porter, M. E. and Van Der Linde, C., "Toward a New Conception of the Environment-competitiveness Relationship", *Journal of Economic Perspectives*, 9 (4), 1995: 97-118.

⑤ Song, M., et al., "Realization of Green Transition Based on the Anti-driving Mechanism: An Analysis of Environmental Regulation from the Perspective of Resource Dependence in China", *Science of the Total Environment*, 698, 2020: 134317.

⑥ Van Zoon, A. and Yetkiner, I. H., "An Endogenous Growth Model with Embodied Energy-saving Technical Change", *Resource and Energy Economics*, 25 (1), 2003: 81-103.

⑦ Timchenko, O., et al., "Organizational and Economic Determinants of Digital Energy Development in Ukraine", *Economy and Forecasting*, (3), 2019: 78-100.

产业结构为国民经济各个不同的产业部门之间及它们内部的构成，反映的是不同产业之间、产业内部不同的生产要素之间在空间、时间以及层次上的关系。产业结构水平的提升意味着产业结构迈向合理化或者高级化。前者是在当前技术条件下所实现的产业之间的协调，后者是遵循经济发展的历史与逻辑规律由低级水平向高级水平的演进。这将使各产业内部或者不同产业之间的协调互动关系更为密切，带动数字产业的发展，推进能源产业的革新，同时也深化、优化二者的连接、互补关系，形成数字产业与能源产业融合发展的良好态势。此外，绿色化是实现经济社会可持续发展的内在要求，也是两大产业融合发展的重要趋势。

城市化也会对数字产业与能源产业的融合发展水平产生影响，高质量的城市化通过引导城市人口合理分布、产业科学分工，能够较好地利用城市的基础设施、人力资源、能源资源，推动数字技术的研发、普及和应用进程以及能源的节约集约、清洁利用。人口密度的提升也将产生人口集聚和产业集群效应，推进数字产业与能源产业的融合发展。

综上所述，本章选取数字产业发展水平（$dig$）、能源产业发展水平（$ene$）、科技创新水平（$tec$）、产业结构水平（$ind$）、环境规制水平（$env$）、城市化水平（$urb$）作为研究变量，并分别用人均数字产业增加值（元/人），人均能源产业增加值（元/人），每万人国内专利申请授权量（项/万人），第二、第三产业增加值占 GDP 比重（%），工业污染治理投资额占 GDP 比重（‰）以及城镇人口占总人口比重（%）表示，探究它们对数字产业与能源产业融合发展水平（$edt$）的影响。

本章仍然以中国除西藏和港澳台地区外的 30 个省份为考察对象，选择 2002 年、2007 年、2012 年以及 2017 年共 4 年作为研究时点。采用第六章第二节计算得到的数字产业与能源产业融合综合水平衡量数字产业与能源产业融合发展水平，其他研究数据来源于 2002 年、2007 年、2012 年以及 2017 年相应年份的《中国科技统计年鉴》《中国环境年鉴》《中国统计年鉴》和国家统计局网站并进行整理得到所需数据。为了使变量的衡量更为准确，将衡量数字产业发展水平、能源产业发展水平的价值型数据人均数字产业增加值、人均能源产业增加值，以 2002 年为基期消除不同年份价格差异的影响。同时，对选取的上述变量进行取对数处理，以减小它们之间的异方差性与多重共线性。表 8-1 是对各变量进行的描述性统计。

表 8-1　　　　　　　　　　变量描述性统计结果

| 描述性统计 | ln*edt* | ln*dig* | ln*ene* | ln*tec* | ln*ind* | ln*env* | ln*urb* |
| --- | --- | --- | --- | --- | --- | --- | --- |
| Mean | -2.83300 | 6.51679 | 7.22903 | 0.73754 | 4.47564 | 0.13744 | 3.89105 |
| Median | -2.55040 | 6.33325 | 7.25195 | 0.77470 | 4.48540 | 0.17805 | 3.89740 |
| Maximum | -1.61320 | 9.14340 | 9.21330 | 3.88670 | 4.60180 | 2.04120 | 4.51700 |
| Minimum | -5.88530 | 4.20680 | 4.83450 | -1.83260 | 4.17950 | -1.83260 | 3.19010 |
| Std. Dev. | 0.86065 | 1.12120 | 0.86930 | 1.42619 | 0.07482 | 0.79832 | 0.29701 |
| Observations | 120 | 120 | 120 | 120 | 120 | 120 | 120 |
| Cross sections | 30 | 30 | 30 | 30 | 30 | 30 | 30 |

## 第二节　面板数据模型构建

### 一　模型介绍

经典的线性计量经济模型使用的样本数据往往是单一维度的,比如时间序列数据或者横截面数据。而面板数据模型是利用面板数据所构建的模型,该类型的数据包括时间序列以及横截面两个维度。[①]

与时间序列数据模型、横截面数据模型相比,面板数据模型拥有以下四个方面的优点。一是面板数据能够同时从横截面与时间序列维度记录数据,不仅能够利用它探索横截面具有的共同特点,还能够体现出不同个体之间的动态变化差异;二是面板数据是从横截面以及时间序列维度记录数据,从而同时期与相同横截面的观测值更多,在某种程度上能够避免样本数量较少的不足,提升模型估计结果的准确性;三是面板数据模型能够反映一些容易被忽视的个体差异以及时间因素的综合影响,使模型更加贴近实际;四是面板数据能够降低多重共线性带来的消极影响。[②]

本节拟建立的面板数据模型的基本形式可表示为:

$$Y_{it} = \alpha_i + \beta X_{it} + \varepsilon_{it}; \ i=1, 2, 3, \cdots, N; \ t=1, 2, 3, \cdots, T \quad (8-1)$$

式(8-1)中,$Y_{it}$ 为因变量,$\alpha_i$ 代表的是模型的常数项,$N$ 是横截

---

[①] 卢诗薇:《我国农村沼气消费的影响因素及政策建议——基于省际面板数据模型的分析》,硕士学位论文,厦门大学,2014年。

[②] 刘丹:《基于面板数据模型的农地流转影响因素研究》,硕士学位论文,浙江大学,2019年。

面个体数，$T$ 是横截面个体的观测时期数，$R$ 是自变量的个数，$X_{it}$ 表示 $R×1$ 维的自变量向量，$\beta$ 是回归向量 $X_{it}$ 所对应的 $1×R$ 维的系数向量。$\varepsilon_{it}$ 是随机误差项，它们相互独立且满足零均值、同方差的假定。

常用的面板数据模型主要有三种形式，分别是固定效应模型、随机效应模型以及混合估计模型。① 倘若从横截面看，不同的横截面间不存在明显的差别；就时间而言，不同个体间也没有明显的差异。也就是说，各个变量的回归系数不因横截面或个体的变化而改变。此时，便能够把面板数据混合在一起，利用普通最小二乘法对参数展开估计，得到混合估计模型，可表示为：

$$Y_{it} = \alpha + \beta X_{it} + \varepsilon_{it}; \quad i=1, 2, 3, \cdots, N; \quad t=1, 2, 3, \cdots, T \quad (8-2)$$

其中，$\alpha$ 代表的是模型的常数项，$\beta$ 是回归向量 $X_{it}$ 所对应的 $1×R$ 维的系数向量。

此外，固定效应模型可表示为：

$$Y_{it} = (\alpha_i^0 + \delta) + \beta X_{it} + \varepsilon_{it}; \quad i=1, 2, 3, \cdots, N; \quad t=1, 2, 3, \cdots, T \quad (8-3)$$

其中，$\delta$ 代表的是模型在时空上的共同均值项；$\alpha_i^0$ 为固定常量，代表个体的特殊效应，表示不同个体之间的差异。

随机效应模型可表示为：

$$Y_{it} = (\alpha_i^r + \delta) + \beta X_{it} + \varepsilon_{it}; \quad i=1, 2, 3, \cdots, N; \quad t=1, 2, 3, \cdots, T \quad (8-4)$$

其中，$\alpha_i^r$ 同样也是反映个体的特殊效应，为个体影响的随机变量。

## 二 模型设定

为了更为准确地体现变量之间的关系，需要明确所要建立的面板数据模型的类型。也就是说，需要判断出它是不是混合效应模型。倘若不是混合效应模型，需继续考察它是属于固定效应模型，还是随机效应模型。② 此处将模型设定为：

$$\ln edt_{it} = \alpha_i + f\ln dig_{it} + \eta\ln ene_{it} + \lambda\ln tec_{it} + \theta\ln ind_{it} + \sigma\ln env_{it} + \omega\ln urb_{it} + \varepsilon_{it} \quad (8-5)$$

---

① 郑文娟：《中国城市住房价格与住房租金的影响因素及相互关系研究》，博士学位论文，浙江大学，2011年。

② 魏晓琴、张莉、蔡圣杨：《基于面板数据的人民币汇率对制造业就业的影响研究》，《西部经济管理论坛》2017年第4期。

其中，$\ln edt_{it}$、$\ln dig_{it}$、$\ln ene_{it}$、$\ln tec_{it}$、$\ln ind_{it}$、$\ln env_{it}$、$\ln urb_{it}$ 分别表示数字产业与能源产业融合发展水平、数字产业发展水平、能源产业发展水平、科技创新水平、产业结构水平、环境规制水平、城市化水平，$f$、$\eta$、$\lambda$、$\theta$、$\sigma$、$\omega$ 分别是上述后六个变量的系数；$\alpha_i$ 代表模型的常数项，$\varepsilon_{it}$ 表示随机误差项；$i=1, 2, \cdots, 30$；$t=1, 2, 3, 4$。为了判断面板数据模型的类型，本节对模型进行 F 检验和似然比（Likelihood Ratio, LR）检验。

首先，作出原假设和备择假设的检验假定。

原假设：对于不同的个体来说，同一变量的系数都一样，并且模型的截距项也都一样，即涉及的 30 个省份的回归向量 $X_{it}$ 所对应的 $1 \times R$ 维的系数向量均为 $\beta$，且 $\alpha_1 = \alpha_2 = \alpha_3 = \cdots = \alpha_{30}$。

备择假设：对于不同的个体来说，同一变量的系数均相同，并且模型的截距项不相同，即涉及的 30 个省份的回归向量 $X_{it}$ 所对应的 $1 \times R$ 维的系数向量均为 $\beta$，且 $\alpha_1$，$\alpha_2$，$\alpha_3$，$\cdots$，$\alpha_{30}$ 存在差异。其中，$\beta = [f\ \eta\ \lambda\ \theta\ \sigma\ \omega]$。

检验结果如表 8-2 所示，F 检验、LR 检验的统计值分别是 6.32135、138.91514，P 值都是 0.0000，小于 0.01。即在 1% 的水平上拒绝原假设，这意味着不是混合效应模型。

表 8-2　　　　　　　面板数据模型类型检验结果

| 模型检验 | | 统计值 | P 值 |
| --- | --- | --- | --- |
| 检验 1 | F 检验 | 6.32135 | 0.0000 |
| | LR 检验 | 138.91514 | 0.0000 |
| 检验 2 | Hausman 检验 | 117.63247 | 0.0000 |

其次，进行 Hausman 检验，考察是固定效应模型还是随机效应模型。Hausman 检验的原假设是假定随机效应模型，备择假设为假定固定效应模型。该检验得到的统计值是 117.63247，P 值是 0.0000，同样在 1% 的水平上拒绝原假设，表明应该采用固定效应模型。

应用固定效应面板数据模型得到的估计结果如表 8-3 所示。模型组 A 中的模型 1、模型 2 和模型 3 分别是具有区域固定效应、时间固定效应以及区域与时间固定效应的面板数据模型。其中，模型 1 是三个模型中最好的，具有较高的 $R^2$ 和变量显著性。模型 1 中 $R^2$ 统计量的值是 0.98119，调整 $R^2$ 统计量的值是 0.97335，接近于 1；Durbin Watson（DW）统计量接近于 2，意味着残差序列不具有自相关的情况，说明该模型具有良好的拟合效果。变量 lnene、lntec 和 lnurb 的 P 值均小于 0.01，表明这些变量在 1%的显著性水平下显著。此外，变量 lndig 和 lnenv 的 P 值均小于 0.05，说明它们在 5%的显著性水平下显著。然而，变量 lnind 的 P 值远大于 0.10，表明其统计不显著。就产业结构水平而言，数字产业与能源产业融合发展水平与其不存在明显的线性相关关系。

表 8-3　我国数字产业与能源产业融合发展水平的面板数据模型估计结果

| 变量名 | 模型组 A | | | 模型组 B | | |
| --- | --- | --- | --- | --- | --- | --- |
| | 系数（模型 1） | 系数（模型 2） | 系数（模型 3） | 系数（模型 4） | 系数（模型 5） | 系数（模型 6） |
| C | -15.24716*** (3.66880) | -7.19597*** (1.78220) | -13.93968*** (3.78526) | 146.73520* (76.93487) | 40.56444 (56.67178) | -170.67640* (93.35675) |
| lndig | 0.21630** (0.08501) | 0.06030 (0.04950) | 0.05110 (0.09953) | 0.15704* (0.08797) | 0.04879 (0.05136) | 0.09351 (0.10162) |
| lnene | 0.50060*** (0.03818) | 0.02218 (0.03236) | 0.10675 (0.08021) | 0.51715*** (0.03808) | 0.02288 (0.03247) | 0.06200 (0.08367) |
| lntec | 0.14181*** (0.04322) | 0.01257 (0.03718) | 0.03649 (0.07865) | 0.13391*** (0.04247) | 0.01328 (0.03726) | 0.05589 (0.07863) |
| lnind | 0.53216 (0.89569) | 0.14779 (0.40226) | 0.80548 (0.94343) | -73.64293** (35.22173) | -21.34473 (25.49596) | 72.33650* (42.58184) |
| lnenv | 0.05837** (0.02808) | 0.04306 (0.03015) | 0.00148 (0.04180) | 0.07869*** (0.02919) | 0.04313 (0.03022) | -0.01341 (0.04228) |
| lnurb | 1.25707*** (0.25002) | 0.80519*** (0.15804) | 1.63703*** (0.35121) | 1.31628*** (0.24592) | 0.77246*** (0.16372) | 1.66008*** (0.34759) |
| lnind×lnind | — | — | — | 8.48623** (4.03084) | 2.42698 (2.87926) | -8.15821* (4.85535) |
| $R^2$ | 0.98119 | 0.92231 | 0.96509 | 0.98225 | 0.92282 | 0.96628 |
| 调整 $R^2$ | 0.97335 | 0.91595 | 0.94871 | 0.97455 | 0.91574 | 0.94984 |
| F 统计量 | 125.17870 | 145.09450 | 58.92242 | 127.5866 | 130.32420 | 58.77627 |

续表

| 变量名 | 模型组 A | | | 模型组 B | | |
|---|---|---|---|---|---|---|
| | 系数（模型1） | 系数（模型2） | 系数（模型3） | 系数（模型4） | 系数（模型5） | 系数（模型6） |
| P值（F统计量） | 0.0000 | 0.0000 | 0.0000 | 0.0000 | 0.0000 | 0.0000 |
| DW统计量 | 2.25324 | 0.87617 | 1.93564 | 2.275649 | 0.88302 | 1.99439 |

注：*、**、***分别表示在10%、5%以及1%的显著性水平下显著，"系数"列括号中的数值是标准误。

为了进一步分析产业结构水平的影响，本章将其二次项 lnind×lnind 作为变量加入研究。同理可得到含该二次项的面板数据模型估计结果（见表8-3模型组B）。同样地，模型组B中的模型4、模型5以及模型6依次表示具有区域固定效应、时间固定效应以及区域与时间固定效应的面板数据模型。其中，模型4是这三个模型中最好的，具有较高的 $R^2$ 和变量显著性。该模型 $R^2$ 统计量的值是0.98225，调整 $R^2$ 统计量的值是0.97455，均高于模型1。模型4中DW统计量也接近于2，即残差序列没有存在自相关的情况。变量 lnene、lntec、lnenv 和 lnurb 的 P 值都小于0.01，说明它们在1%的显著性水平下显著；变量 lnind、lnind×lnind 的 P 值都小于0.05，说明它们在5%的显著性水平下显著；变量 lndig 的 P 值小于0.1，说明它在10%的显著性水平下显著。除了变量 lnind，模型1和模型4的变量系数都是正值，且大多差异不大。综上所述，本节构建的模型是合理的，并且模型4具有更好的拟合效果，因此，本章第三节以此进行分析。

## 第三节　实证结果分析

从表8-3中的模型4可知，数字产业发展水平、能源产业发展水平、科技创新水平、环境规制水平以及城市化水平这些变量的系数均为正值且显著，说明它们与因变量存在正相关的关系，即对数字产业与能源产业的融合发展起到了积极的促进作用。

其中，数字产业发展水平变量的系数是 0.15704，说明数字产业发展水平每提高 1 个百分点，数字产业与能源产业融合发展水平就会随之变动 0.15704 个百分点。能源产业发展水平变量的系数为 0.51715，表明能源产业发展水平每上升 1 个百分点，数字产业与能源产业融合发展水平就会随之上升 0.51715 个百分点。研究期间，在数字产业与能源产业的融合发展方面，两大产业中能源产业发挥了更大的作用，其系数约是数字产业发展水平的 3.29 倍。由此可见，数字产业的作用发挥还有很大潜力，这与前面章节的分析一致。

从科技创新水平来看，它的系数是 0.13391，科技创新水平每提高 1 个百分点，数字产业与能源产业融合发展水平便会上升 0.13391 个百分点。二者之间的关系与 Paramati 等的研究一致。[①] 就产业结构水平来说，该变量的一次项系数是负值，二次项系数是正值，并在 5% 的显著性水平下显著，说明它同数字产业与能源产业融合发展水平存在显著的非线性关系——U 形关系。这是因为最初产业结构水平的提升更多的是第二、第三产业产出规模的各自增长，随着产出规模的不断增大，产业结构也逐渐得到优化，产业结构高级化伴随的协同效应日益增强，产业边界逐渐模糊，不同产业之间的融合、渗透越发深入，促进了数字产业与能源产业的融合发展。

环境规制水平的系数是 0.07869，环境规制水平每上升 1 个百分点，数字产业与能源产业融合发展水平就会提升 0.07869 个百分点。同其他变量相比其值最小，表明研究期间环境规制对数字产业和能源产业融合发展水平的影响最小，但还是有助于数字产业和能源产业的融合发展。就城市化水平而言，它的系数在各变量中较大，达到了 1.31628，大大高于数字产业发展水平、能源产业发展水平、科技创新水平、环境规制水平的影响力。城市化水平越高，可以为区域的创新发展供给更加多样化和丰富的要素，推动各行业创新能力的提升，[②] 为数字产业与能源产业的融合发展创造更为优越的条件。

---

① Paramati, S. R., Shahzad, U. and Doğan, B., "The Role of Environmental Technology for Energy Demand and Energy Efficiency: Evidence from OECD Countries", *Renewable and Sustainable Energy Reviews*, 153, 2022: 111735.

② 张鹏、张立琨:《区域创新产出差异性的解释——基于广东省 21 个地级市面板数据的实证分析》,《技术经济》2013 年第 4 期。

## 第四节 稳健性检验

为了进一步验证因变量、自变量之间的关系以及模型（模型 4）的可靠性，本节通过两种方式开展模型的稳健性检验。

首先，通过使用其他指标度量某些变量来研究模型的稳健性，稳健性检验结果如表 8-4 中模型组 C 所示。模型组 C 中的模型 7 和模型 8 在 tec 变量的测度方面与模型 4 不同。在模型 7 中，"每万人 R&D 人员全时当量"（人年/万人）指标用于衡量科技创新水平；而在模型 8 中，"R&D 支出占 GDP 的比重"（%）指标用于衡量该变量。模型组 C 中的模型 9 与模型 4 在 urb 变量测度方面不同；就前者而言，urb 变量是以第二产业与第三产业的就业人数与就业总人数的比重来衡量的。稳健性检验所选择的模型与模型 4 一致，即具有区域固定效应的面板数据模型。结果表明，模型 7、模型 8 和模型 9 的 $R^2$ 统计量的值分别为 0.99405、0.98242、0.97664，调整 $R^2$ 统计量的值均大于 0.96，说明上述模型的拟合效果较好。同时，在这三个模型中，每个自变量的系数符号与模型 4 一致，且大多数自变量的系数至少在 5% 的显著性水平下显著。

随后，通过减少样本数量和对不同区域建模来验证模型的稳健性，稳健性检验结果如表 8-4 中的模型组 D 所示。模型组 D 中的模型 10、模型 11 和模型 12 在区域数量和范围上与模型 4 不同。这三个模型也是具有区域固定效应的面板数据模型。模型 10 的研究对象包括 30 个省份中除北京、天津、河北、青海、宁夏和新疆以外的东部地区、中部地区和西部地区；模型 11 的研究对象是 30 个省份中的东部地区和西部地区；而模型 12 的研究对象仅包括 30 个省份中的东部地区。类似地，模型 10、模型 11 和模型 12 的 $R^2$ 统计量的值分别为 0.97061、0.98188、0.99139，调整 $R^2$ 统计量的值都高于 0.95，说明模型拟合效果较好。此外，在这三个模型中，每个自变量的系数符号与模型 4 相同，并且大多数自变量的系数统计显著。总之，模型 7 至模型 12 的回归结果与模型 4 基本一致，这表明模型 4 的回归结果是稳健的。

表 8-4　我国数字产业与能源产业融合发展水平的面板数据模型稳健性检验结果

| 变量名 | 模型组 C | | | 模型组 D | | |
| --- | --- | --- | --- | --- | --- | --- |
| | 系数（模型 7） | 系数（模型 8） | 系数（模型 9） | 系数（模型 10） | 系数（模型 11） | 系数（模型 12） |
| C | 131.22360** (61.90365) | 148.11140** (66.79746) | 29.48807 (90.27973) | 129.38350 (93.40007) | 266.00620*** (81.15339) | 272.34250*** (79.71052) |
| ln$dig$ | 0.23747*** (0.06828) | 0.27417*** (0.07270) | 0.21669** (0.08501) | 0.20183* (0.11931) | 0.03370 (0.08250) | 0.14502 (0.10880) |
| ln$ene$ | 0.52591*** (0.02757) | 0.55271*** (0.03737) | 0.44920*** (0.05500) | 0.46507*** (0.07415) | 0.53123*** (0.04918) | 0.59021*** (0.04740) |
| ln$tec$ | 0.10995** (0.05382) | 0.05010 (0.06780) | 0.10217*** (0.03969) | 0.16238*** (0.06031) | 0.13631*** (0.04442) | 0.08961 (0.05361) |
| ln$ind$ | -66.64504** (28.36392) | -75.04915** (30.70746) | -21.69134 (41.25022) | -65.71516 (42.86581) | -129.47590*** (37.51301) | -131.67200*** (37.47188) |
| ln$env$ | 0.03780 (0.02577) | 0.03707 (0.02908) | 0.00732 (0.02362) | 0.05151 (0.03284) | 0.11352*** (0.03062) | 0.09334*** (0.02981) |
| ln$urb$ | 1.69421*** (0.22225) | 1.51501*** (0.26540) | 1.70056*** (0.36927) | 0.94397*** (0.34326) | 1.38863*** (0.27500) | 1.13145*** (0.38652) |
| ln$ind$×ln$ind$ | 7.58592** (3.24393) | 8.64146** (3.53132) | 2.64955 (4.73020) | 7.66059 (4.92583) | 15.02238*** (4.33925) | 15.17406*** (4.43033) |
| $R^2$ | 0.99405 | 0.98242 | 0.97664 | 0.97061 | 0.98188 | 0.99139 |
| 调整 $R^2$ | 0.99147 | 0.97479 | 0.96651 | 0.95705 | 0.97328 | 0.98576 |
| F 统计量 | 385.25000 | 128.81260 | 96.38178 | 71.55376 | 114.19750 | 176.07100 |
| P 值（F 统计量） | 0.0000 | 0.0000 | 0.0000 | 0.0000 | 0.0000 | 0.0000 |
| DW 统计量 | 2.22888 | 1.90955 | 2.14351 | 2.34386 | 2.57040 | 2.45634 |

注：*、**、*** 分别表示在 10%、5% 以及 1% 的显著性水平下显著，"系数"列括号中的数值是标准误。

## 本章小结

本章探讨了数字产业与能源产业融合发展水平的影响因素并对其进行了实证分析。选取中国除西藏与港澳台地区外的 30 个省份作为考察对象,选择2002年、2007年、2012年以及2017年共4年作为研究时点,基于此数据构建关于中国数字产业与能源产业融合发展水平影响因素的面板数据模型。

  首先,总体而言,数字产业与能源产业的融合发展水平同数字产业发展水平、能源产业发展水平、科技创新水平、环境规制水平、城市化水平呈现正相关关系,上述领域的改善可以促进数字产业与能源产业的融合发展。

  其次,研究期间,在中国数字产业与能源产业的融合发展方面,两大产业中能源产业发挥了更大的作用,数字产业的作用发挥还有很大潜力。城市化水平的影响力大大高于数字产业发展水平、能源产业发展水平、科技创新水平、环境规制水平。环境规制对数字产业与能源产业融合发展水平的影响最小,但还是有助于数字产业与能源产业的融合发展。

  最后,数字产业与能源产业融合发展水平同产业结构水平存在显著的非线性关系——U形关系。这是因为最初产业结构水平的提升更多的是第二、第三产业产出规模的各自增长,随着产出规模的不断增大,产业结构也逐渐得到优化,产业结构高级化伴随的协同效应日益增强,产业边界逐渐模糊,不同产业之间的融合、渗透越发深入,促进了数字产业与能源产业的融合发展。

# 第九章 研究结论与对策建议

## 第一节 主要结论

虽然中国的环境保护力度不断加大，但仍存在较为严重的环境污染问题，利用科技手段，特别是数字技术促进能源产业的可持续发展至关重要。同时，数字产业的快速发展也需要来自能源产业持续不断的支持。当前数字产业蓬勃发展，数字技术不断革新，通过数字产业和能源产业融合发展促进数字产业、能源产业可持续发展乃正确选择。

本书以数字产业与能源产业融合发展为出发点，综合应用文献分析法、比较分析法、归纳演绎法、实证分析法等开展深入分析。首先，介绍数字产业与能源产业融合的必要性，阐述数字产业与能源产业融合的内涵，然后从融合的驱动力、融合的内容、融合的方式、融合的效应、融合的演化过程、融合的动态均衡以及融合的特征等方面，进一步探讨数字产业与能源产业融合的作用机制。其次，介绍中国数字产业、能源产业发展现状及其融合实践。然后，建立数字产业发展水平测度指标体系，基于熵权TOPSIS法测度2002—2021年中国数字产业发展水平并构建VAR模型实证分析中国数字产业和能源产业发展之间的关系。随后构建数字产业与能源产业融合发展水平评价指标体系并对中国数字产业与能源产业融合发展水平进行测度。接着，从投入产出效率视角出发，建立数字产业与能源产业融合发展效率评价指标体系并采用改进的考虑坏产出的CCR-DEA、BCC-DEA模型，对全国层面和省际层面两大产业融合发展效率进行实证分析。最后，应用面板数据模型定量分析中国数字产业与能源产业融合发展水平的影响因素。

本书的主要研究结论涉及六个层面。

第一，数字产业和能源产业融合的作用机制层面。首先，数字产业与能源产业融合的驱动力包含经济、创新、政策、社会四个层面，其中，经济驱动是数字产业与能源产业融合发展的原始动力和直接动力，创新驱动是其根本动力，政策驱动是其外在推动力，社会驱动是其外在拉动力。其次，数字产业与能源产业融合的内容可以分为技术融合、资源融合、产品融合、业务融合、人员融合以及市场融合。再次，从产业关系角度来看，数字产业与能源产业融合的方式有三种，分别是数字产业助力能源产业数字化、能源产业保障数字产业的可持续发展以及两大产业融合衍生出新兴产业。最后，数字产业和能源产业的融合将会改善数字产业、能源产业的发展生态，促进能源生产，优化能源供应，降低能源消耗，减少能源污染，助力数字产业健康快速发展。

第二，数字产业与能源产业的发展现状层面。首先，中国的数字基础设施越来越完善，数字设备得到普及，数字技术应用的广度和深度不断提升。其次，中国能源产业投资结构得到优化，从业人员数量更加合理，人才素质有了较大提升，能源产业产量与效益获得大大提升，总体上能源产业的发展稳中向好。再次，2021年能源产业企业平均每百人使用计算机数在各产业大类中排名靠前，但其应用效果相对较差；电力是中国计算机、通信和其他电子设备制造业消费最多的能源产品；信息传输服务业、计算机服务和软件业对能源产业的中间投入较大，能源产业对数字产业的中间投入主要来源于电力、热力、燃气生产和供应业。最后，两大产业融合发展的系统性风险防控难度增大，技术标准通用性亟待加强，对体制机制的变革有着更高的要求，对该领域专业人才的需求迫切。

第三，数字产业与能源产业的互动关系层面。首先，研究期间，中国数字产业发展非常迅速，数字产业发展水平有了很大的提高。其次，中国数字产业的快速发展较好地推动了能源可持续发展。具体表现为提升了中国能源产业的产出水平、减少了能源供应过程中的损失、提高了能源利用效率、减少了能源消耗以及降低了能源相关的环境污染。其中，前三个方面的效果仍然相对有限，而最后一方面发挥的作用较为突出。再次，中国数字产业对能源生产、能源消费和能源环境保护作用的持续时间较长，而对能源供应方面产生的积极影响时间相对较短。最后，能源消费状况的改善能够促进数字产业的发展，能源产业在保障中国数字产业可持续发展上取得了不错的成绩。

第四,数字产业与能源产业融合发展水平测度层面。首先,从全国层面来看,2002—2018年中国数字产业与能源产业融合发展水平不断提升。就各维度而言,发展水平由高到低排序依次是融合基础、融合绩效、融合条件、融合力度。其次,从区域层面来看,不论东、中、西部地区还是绝大多数省份,2002—2017年数字产业与能源产业的发展互动状况不断改善。研究期间,东部地区的数字产业与能源产业融合综合水平最高,中部地区、西部地区与东部地区在这方面的绝对差距有所扩大,而融合综合水平最高与最低省份之间的差距则更大。再次,就行业层面而言,2020年数字产业的影响力系数略高于能源产业,而前者的感应度系数大大低于后者,说明数字产业的作用还需进一步发挥。与数字产业的互动融合度较高的是其他产业、工业、房地产业,而数字产业与能源产业的融合发展表现欠佳。最后,从国际层面来看,在产出协调水平方面,中国数字产业与能源产业融合竞争力并不高,而发展中国家的平均水平也大大低于发达国家的平均水平。在投入匹配程度方面,发展中国家两大产业融合发展水平的均值大于发达国家,而中国低于发达国家的均值、发展中国家的均值。

第五,数字产业与能源产业融合效率评价层面。首先,就全国而言,中国数字产业与能源产业融合发展还有较大潜力。在 DEA 无效率的年份中,更多年份出现了数据要素、能源要素投入冗余以及 $CO_2$ 排放产出冗余,说明这些要素的利用以及坏产出的控制还不够。此外,研究期间,中国 $SO_2$ 排放控制效果显著,说明采取的环境规制政策的作用发挥恰到好处。其次,就三大区域来说,数字产业与能源产业融合发展效率由高到低依次是东部地区、中部地区和西部地区,彼此差距较大。再次,从省份来看,数字产业与能源产业融合发展效率参差不齐,并不理想。其中,众多省份两大产业融合发展受到技术未充分利用与规模不合理的双重制约。最后,不论从全国还是从省份来看,总体上数字产业与能源产业融合发展的投入规模不合理,技术的作用未能得到很好的体现,意味着中国两大产业融合发展中生产或管理方面技术的倍增效应没有得到充分发挥。

第六,数字产业与能源产业融合发展水平的影响因素层面。首先,总体而言,数字产业与能源产业融合发展水平同数字产业发展水平、能源产业发展水平、科技创新水平、环境规制水平、城市化水平呈正相关关系，上述领域的改善可以促进数字产业与能源产业的融合发展。其次，研究期间，在中国数字产业与能源产业的融合发展方面，两大产业中能源产业发挥了更大的作用，数字产业的作用发挥还有很大潜力。城市化水平的影响力大大高于数字产业发展水平、能源产业发展水平、科技创新水平、环境规制水平，环境规制对数字产业与能源产业融合发展水平的影响最小。最后，产业结构水平同数字产业与能源产业融合发展水平存在显著的非线性关系——U形关系。

## 第二节　对策建议

### 一　政府层面

（一）强化数字产业与能源产业融合发展的基础支撑

不同产业之间的融合需要具备一定的发展基础，只有有了强大的基础支撑，产业融合发展才能行稳致远。数字产业、能源产业的发展状况在很大程度上决定着两大产业的融合发展水平。目前中国数字产业与能源产业融合发展的基础支撑还需要加强，具体表现在4个方面。

1. 放宽数字产业与能源领域的市场准入

数字产业与能源产业的融合发展受到市场准入的制约，当前中国应逐步放开数字产业、能源产业的准入限制。对于当前条件已经成熟的情况，能够全面放开准入限制的领域，及时解除市场准入限制。而对于目前时机不成熟的情况，还不宜立即全面放开市场准入的领域，可以以个别省份或地区作为试点，局部放开该领域的市场准入。如试点对象可以按照国家的重大战略部署，探索进一步减少市场准入负面清单。采取特别措施进行开拓性探索，破局重点领域改革，重新构建行业准入和监管机制，如扫除"准入禁营"等隐性壁垒，采取放宽准入和完善监管并举的改革模式，推进市场主导和政府调节的有效结合。

然后，根据试点对象放开市场准入后该领域的发展情况，决定是否全面放开市场准入。如果市场准入放开后给试点对象造成了严重后果，或者虽未导致不良后果，但发现可能带来难以承受的损失或风险，那么便不能全面放开准入限制；而如果试点对象放开市场准入后很好地促进了数字产业与能源产业的发展并积累了能够复制的经验，可考虑将类似做法在全国推广。

*2. 补牢数字产业发展基础设施弱的短板*

数字产业与能源产业的快速健康融合发展，需要依托先进的数字基础设施，特别是融合数字基础设施。目前中国数字基础设施建设不断完善，但总体上与世界先进水平的差距仍然很显著，具体而言，从网络通信层来看，中国在基站数量、标准专利、5G 市场规模等领域处于世界领先地位，具有一定的先发优势；就存储计算层而言，中国在人工智能领域领先于世界，在超大型数据中心、云服务市场等领域还落后于发达国家，但正逐渐缩小与它们的差距；从融合应用层来看，以软件为例，中国基础软件、行业应用软件、安全软件等的供给体系日益完善，然而在底层核心技术、开源底层架构、融合应用技术开源生态等基础领域以及高端工业软件等高端领域与发达国家存在较大差距。因此，应坚持"继续扩大优势、尽快补齐短板"并进，围绕5G、云技术、数据中心、工业互联网等重点领域，加大投资建设力度，打好数字基础设施高级化的攻坚战。

*3. 搭建数字能源产业发展技术创新体系*

中国数字技术创新水平还不够高，其发展深度与创新性同全球先进水平还存在不小差距。目前亟待突破数字能源产业发展的技术短板，尤其是核心数字技术。如数据共享技术仍然待进一步突破，数据的开放与共享水平不高，数字要素价值未能有效发挥，造成其赋能作用有限。

中国需优化顶层设计和总体布局，构建顺应市场变化的技术创新体系，完善《国家产业技术发展指南》《产业关键共性技术发展指南》《国家中长期科学和技术发展规划纲要》等产业技术发展规划，推动数字能源产业关键技术的集智、集资、集群发展，尤其是普适性强、应用范围广、具有基础作用的共性技术。此外，应进一步完善数字能源产业发展相关法律法规，加强数字技术、能源技术的应用保护。如构建数字知识产权迅速预审机制，在还没有国家标准和行业标准的数字技术、能源技术领域，鼓励市场主体共同制定团体标准，允许达到团体标准的数字技术、能源技术及其产品进入市场交易。在数据交易领域，可以创建数据交易场所，探索实施数据资产化及其跨境流通交易等创新性模式。

*4. 完善数字治理体系促进产业健康发展*

数字产业的快速发展在助力数字产业化、产业数字化的同时，也将带来新的风险与挑战。数字时代，数字垄断行为、数据信息泄露、网络诈骗等层出不穷，数字治理亟待加强。建立更加完善的数字治理体系是保障数字产业自身发展及其与其他产业融合发展的现实要求。

面对数字领域渗透力强、涉及面广、影响力大、风险构成复杂等挑战，需把风险预警与防范环节前移，防患未然。通过法律规范、政府监管、社会监督、行业自律、企业自治等多种手段，建立涵盖技术、网络、业务、数据、行为等各个方面的数字治理体系，实现数字领域"主权护得了、风险控得住、业态管得好"。此外，中国应积极参与全球数字治理标准与规则的制定，推进数字货币、数字税收等领域的国际政策协调，提高我国在数字治理领域的国际话语权以及规则制定权。①

（二）培养数字产业与能源产业融合发展复合型人才

人才是数字产业、能源产业等发展的关键，对两大产业的融合发展来说，掌握数字产业与能源产业领域专业知识的复合型人才尤为重要且紧缺。如能源物联网的发展既需要有光伏、风电等行业方面的知识，还需要有物联网、智能算法等专业知识，但该类复合型人才短缺。政府应建立数字产业与能源产业融合发展复合型人才培养的体制机制，出台相应的规章制度，大力培养所需要的复合型人才。

第一，组建数字能源人才培养评价联盟、数字能源产业生态联盟等组织，鼓励多方参与，共同推进数字能源人才培养的标准、培训、考核及认证形成统一规范。第二，制定数字能源人才培养计划与方案。根据数字能源产业发展形势和人才需求，确定数字能源人才培养计划并据此制定具有针对性的人才培养方案，大力培养具有相应专业技能与实践经验的人才。第三，颁布数字能源人才认定的标准，把数字能源人才分为多个不同等级，打通从中专到博士的全阶段教育体系，覆盖各个相关的专业。第四，编撰一批面向数字能源人才培养的"专精特新"的高质量专业教材，建设一批相关专业通过国家权威机构认证的精品教材。第五，鼓励学校和企业合作设立一批专业化、高水平的产教融合培训实训基地，增强产教融合，加快数字能源人才培养。第六，始终按照人才需求为导向，鼓励企业使用设施、技术、资本等要素参与校企合作，采用"订单式"的人才培养模式，形成数字能源人才培养生态，尽快培养出更多高水平的数字能源人才。第七，对在数字能源人才培养工作中表现出色的

---

① 单志广：《着力完善数字经济政策体系》，《河北日报》2021年5月21日第5版。

院校、企业开发项目组等主体，给予相应的奖励、资助或补贴。

（三）实施数字产业与能源产业融合发展差异化政策

市场在资源配置中发挥着决定性作用，但其自身也存在缺陷。政府的介入可以克服市场的原有缺陷，在一国或地区的经济社会发展中发挥着重要的作用。同样地，数字产业与能源产业的融合发展离不开政府的政策支持。虽然这一市场的发展前景广阔，然而很多重点领域仍处于发展初期，这些细分市场的培育必须多方共同努力，需要较长的周期和时间积累。同时，各个区域具有不同的特点，在数字产业与能源产业的融合发展上存在较大差异。此时，政府应出台支持其发展的差异化政策，统筹区域发展并解决市场和企业发展初期存在的成本高、风险大、融资难等问题，努力营造数字产业与能源产业融合发展的良好氛围。

一是依据不同区域在数字产业各个领域内的发展情况，给予与之相适宜的政策倾斜。中央政府要根据各省份的优势和特点，出台差异化的数字能源扶持政策。如建立数字能源发展先行先试区、先行示范区，中央财政加大资金支持力度；根据不同行业领域的发展情况，制定不同的税收、奖励和补贴政策；中央银行通过窗口指导的方式，引导金融机构加大对数字能源产业的贷款支持，保证数字能源企业，尤其是"专精特新"中小企业的资金需求。二是扶持数字能源龙头企业或高成长企业。龙头企业在行业发展过程中具有重要的引领作用，高成长企业也有助于快速改善行业生态，要培育扶持一批创新能力强、带动性高、主业突出的数字能源龙头企业和高成长企业，帮助它们实现跨越发展。可以设立数字能源产业发展专项资金，专门用于支持该领域龙头企业与高成长企业技术研发、升级改造、做大做强。

（四）建立数字产业与能源产业融合发展的长效机制

数字产业与能源产业的融合发展不是一蹴而就的，将面临各种风险挑战。为了使数字产业与能源产业的融合能够快速健康发展，应加强顶层设计，建立两大产业融合发展的长效机制。健全完善二者融合发展新机制，按照市场主导和政府指导的原则，有效释放市场对资源配置的决定性作用，强化政府引导和监管。努力营造良好的内外部环境，为数字产业与能源产业融合创造优质的发展条件。

其一，要制定数字产业与能源产业融合发展规划。两大产业的融合发展规划是利用各种理论分析方法，从全国及各省份的实际出发，全面考虑当前与未来产业发展情况,进而对数字产业与能源产业融合发展的定位、空间布局、产业体系、产业结构、产业链、实施方案及其经济社会环境效应等方面做出一年以上的科学计划。这对它们的持续健康发展至关重要,需要组建具有较高理论水平和掌握国内外数字产业、能源产业等领域发展状况的专家组,由众多专家共同编制完成。数字产业与能源产业的融合发展规划要有深度,规划内容不能单一化;要有较强的可操作性,符合全国及各省份当前的实际。

其二,健全完善促进数字产业与能源产业融合发展的法律法规。随着5G、大数据、区块链、云计算、工业互联网、物联网等数字技术的飞速发展,它们在促进数字产业与能源产业融合发展的同时,也面临着网络安全、能源安全保障以及环境保护的挑战。目前相关的法律法规发展滞后,无法满足两大产业融合发展的要求。因此,政府应加强网络安全、能源安全和环境保护的顶层设计,不断优化法律法规体系。通过法律法规的强制效力,引导、规范和保障数字产业、能源产业及其融合领域的市场秩序。

其三,进一步释放城市化在促进数字产业与能源产业融合中的重要作用。城市化的推进能够对数字产业与能源产业的融合发展产生积极效应。应坚持产城融合,实施工业化、城市化两轮驱动发展战略,创造更多的优质就业机会。同时,改革户籍制度,方便优秀人才引进落户,提升公共服务水平,促进农业转移人口市民化。2021年中国的常住人口城镇化率已提升至64.72%,而户籍人口城镇化率只有46.7%,二者的差距高达18个百分点。[①] 推进高质量城市化发展,吸引人才到来并能够留得下来,让人口集聚激发创新、助力知识传播以及人力资本积累。基于此,促进经济要素的合理流动与优化配置,形成更大的经济扩散效应、更好的规模效益,为两大产业的融合发展创造良好条件。

其四,优化产业结构,不断推进产业结构的合理化、高级化以及绿色化。数字产业与能源产业的融合发展也会受到产业结构水平的影响。数字产业与能源产业的融合需要有与之发展相适应的产业结构,脱离其他产业谈两大产业的融合发展是片面的,同时不考虑数字产业与能源产业二者之

---

① 苏志勇:《新型城镇化实施方案落地:从高速城镇化转向高质量新型城镇化》,https://m.thepaper.cn/baijiahao_19064684。

间及其内部的结构协调性也是盲目的。数字产业与能源产业的高质量融合需要两大产业内部、两大产业之间以及两大产业与其他产业之间高度协同发展，这犹如"自行车链条与齿轮的关系，啮合太紧或太松将影响骑行"。因此，应从侧重于第二、第三产业的规模增长转向更加关注三大产业的发展质量，形成顺应数字产业与能源产业融合发展的产业结构。

## 二 行业层面

### （一）制定数字产业与能源产业融合行业标准

为了促进经济的快速健康发展，国家统一制定了与各产业相关的一系列国家标准、行业标准。在数字产业、能源产业及其融合发展中也需要相应的国家标准或者行业标准，并且还需要推动实现两大产业融合发展的技术标准通用性。但是在它们的发展过程中，由于相关新兴产业的出现以及技术的快速革新，已出台的国家标准、行业标准滞后，无法满足不断扩大的市场需求。此时，如果还没有出台相应的国家标准或者行业标准，那么行业协会应及时介入，牵头组织数字产业、能源产业领域的龙头企业、重点企业共同制定一系列行业相关标准。通过行业相关标准的制定，建立完善数字产业、能源产业以及数字能源产业市场中不同主体间产品与服务的有机联系，引导企业规范产品和服务，促进数字产业、能源产业的融合发展。此外，非官方行业相关标准的制定也为未来一段时间该领域的国家标准、行业标准的规划与制定提供参考借鉴，促进国家标准、行业标准的加快落地与创新发展。

### （二）完善数字产业与能源产业融合评价体系

数字产业与能源产业的融合发展是一个从未知到已知、从实践到再实践、从错误认知到正确认识与认可，从一次次失败到成功经验的产生与推广的曲折过程。因此，数字产业与能源产业融合发展的正确评价至关重要。目前，能源数字化服务的价值理念仍需要加快培养，以促进行业企业、领导员工形成统一认识，凝聚产业发展合力。能源数字化系统的价值评估体系也有待建立健全，从而为行业提供参考借鉴依据。行业协会应积极组织、统筹协调，发挥"桥梁"作用，大力推动能源数字化系统的价值评估。将无数企业已经积累下来的做法、经验、模式、创意进行总结筛选提炼，进而把合理可行的经验、做法、模式、创意固化下来，为相关企业的发展提供指路明灯。

（三）推广数字产业与能源产业融合典型经验

当前，中国数字产业与能源产业的融合还处于成长阶段，数字能源产业发展还不成熟，很多相关领域的发展才刚开始。数字产业与能源产业的融合在众多领域是一种新的尝试，没有多少可供借鉴的经验。在新冠疫情的影响下，一些能源企业的生存和发展更加艰难，现实倒逼能源企业加快数字化转型升级的进程。为了让各地区以及众多相关企业树立数字能源产业发展的信心，强化企业间技术、管理、项目等方面的交流、协作，行业协会应搭建不同企业互动交流的平台，促进数字能源产业的快速健康发展。一方面，行业协会牵头组织宣传各省份发展数字能源产业的经验和取得的成绩，以此促进不同省份对数字能源产业发展成功经验的了解、借鉴和推广。另一方面，行业协会牵头举办数字能源产业发展论坛，让龙头企业、重点企业分享发展经验，加强相关企业的互助合作。这不仅可以让数字企业、能源企业和数字能源企业少走弯路，还能够集中行业资源做单个企业无法完成的大事。

### 三 企业层面

（一）提升数字产业与能源产业融合发展的认知

当前能源领域的人员很多不太了解数字产业，精通数字技术的数字产业从业人员往往对能源领域也不是很熟悉。数字企业或者能源企业在推进数字能源业务过程中，要做好数字能源人才的引进、培训和实践等环节，储备一支知识全、业务精的数字能源人才队伍。同时，通过该队伍的建设，全面提升企业所有员工对数字产业与能源产业融合发展的认知，打好数字能源业务开展的思想基础。

数字企业或者能源企业从业者要充分认识到数字化对产业价值的全新意义，即数字要素以各种形式向产业链条各个环节渗透，进而产生无限可能。在企业中培养员工的"成长型思维""数字化思维"，为推进数字能源业务做准备。其推行有助于员工看到数字化解决方案的可能性与价值创造，认识与认可数字能源业务带来的新机遇，进而更加积极地围绕企业的数字能源战略布局开展工作。

（二）能源企业抢抓机遇加快数字化转型的步伐

目前，世界新的技术革命与产业变革正蓄势待发，政治经济格局将发生巨大变化。能源是保障国家安全的战略性资源，"双碳"目标下中国能源产业发展清洁化、数字化、智能化的趋势不可避免。中国能源产业的发展正处于变革中,还将迎来新的更大变革,能源产业的技术体系正从信息化向全面数字化升级转变。数字时代,能源企业的数字化转型是大势所趋。能源企业要主动适应数字世界的发展要求,努力抓住数字化发展的先机,迈大数字化转型的脚步,提升生产经营效益。例如,石油企业可以通过数字化转型与智能化发展降本提质增效,以此应对低油价带来的挑战。

具体而言,一方面,能源企业可以招聘大量数字能源人才组建自己的数字化团队,通过自身研发或者引进先进技术,从而一步步推进企业的数字化转型。另一方面,能源企业也可以采用与数字企业合作的方式,通过数字企业提供的技术支持和服务方案,快速地实现数字化升级。特别是具有强大实力的能源龙头企业,应怀抱远大的格局,承担起更大的社会责任,带动整个产业的高质量发展。例如,能源龙头企业要从大局出发进行规划,站在产业发展乃至国家全局的高度,基于"数据+平台+人才+应用"的新模式,加快推进大数据、云计算、工业互联网、物联网等新型数字基础设施建设,打造覆盖各项业务全流程的金融、生产、管理和服务的综合云平台,建立统一的数据收集、处理和应用体系;大力推进与引领各领域的组织创新、技术创新、商业模式创新,提高能源产业数字化、网络化以及智能化的水平,助力新产业、新业态蓬勃发展。

(三)数字企业充分发挥优势加速能源领域布局

数字化浪潮下,数字企业虽然面临着来自技术快速迭代带来的"竞争洗牌",但同时也迎来了无数的发展机会。当前中国能源战略以转变能源发展方式、提升能源安全为主线,着力打造"安全、绿色、高效"的能源系统。保障安全、体制创新、技术革新、结构优化、节能优先、绿色低碳等是实现此战略目标的有效途径。[①] 数字企业大显身手正当其时,应利用数字技术优势积极参与能源产业的技术革新,抢先布局能源领域。

有的数字龙头企业敢于啃"硬骨头",勇当"排头兵",早已布局能源领域,开始为能源产业的数字化变革出谋划策。深圳市腾讯计算机系统有限公司(以下简称"腾讯公司")的腾讯云已为多家大型能源化工企业服务并获得了良好的效果。例如,它为某石油管道公司建立了应用于石油管道的智能管道可视化交互系统,能够实现运输管线实景模拟和

---

① 李伟:《中国未来能源发展战略探析》,《人民日报》2014年2月12日第12版。

对站点工艺流程进行监控等功能。2020年5月，腾讯公司表示未来将在新基建方面投资5000亿元，其中一部分用于投资与能源行业、智慧能源产业结合的新基建。此外，华为技术有限公司（以下简称"华为公司"）也已在能源领域耕耘多年，2015年华为公司就与中国电力国际发展有限公司开展合作，先后在甘肃7.5兆瓦光伏项目、山西大同领跑者等项目中采用智能光伏整体解决方案，使后者在发电量、运维等方面均领先于业界。2021年6月，华为公司创建全资子公司——华为数字能源技术有限公司，大力进军能源领域。[①] 能源领域市场巨大，数字企业应找到自己擅长的领域，"精耕细作"，做大做强数字能源业务。

（四）推进数字产业与能源产业融合的技术创新

目前，数字革命正由信息技术在传统产业的普及应用向数字技术与运营技术融合主导数字世界与物理世界融合转变。创新驱动是数字产业与能源产业融合发展的根本动力。在数字产业和能源产业的融合发展过程中，必将出现大量的技术创新，这主要是由数字技术、能源技术自身的革新及其融合创新所引发的。哪家企业率先开发出数字产业与能源产业融合领域的最新创新技术，往往意味着它在该领域处于领先优势，在后续的发展中有更多的机会。

因此，数字产业与能源产业企业要根据自己的发展情况，适时进入数字能源领域并不断加大该领域的技术研发投入。一方面，可以建立企业创新文化，创造数字化工作环境，搭建企业全员创新的数字化协同平台。让每个员工积极主动参与到企业的技术创新中，充分发挥主观能动性，不断开展内部创新方案分享、研讨、优化等。另一方面，可以通过数字化手段拓展不同企业间的技术创新合作空间，加强跨企业的技术研发协同，发挥不同企业各自的优势，提高技术研发的速度、成功率以及抗风险能力。

---

① 杜玉梅：《华为侯金龙：发展数字能源产业，助力建设世界一流低碳企业》，http://www.thzxg.cn/shouji/58380.html。

# 参考文献

**一　经典文献**

胡锦涛：《坚定不移沿着中国特色社会主义道路前进　为全面建成小康社会而奋斗——在中国共产党第十八次全国代表大会上的报告》，人民出版社2012年版。

习近平：《决胜全面建成小康社会　夺取新时代中国特色社会主义伟大胜利——在中国共产党第十九次全国代表大会上的报告》，人民出版社2017年版。

习近平：《高举中国特色社会主义伟大旗帜　为全面建设社会主义现代化国家而团结奋斗——在中国共产党第二十次全国代表大会上的报告》，人民出版社2022年版。

**二　中文著作**

邓柏盛：《国土规模、自然资源和产业发展战略》，北京大学出版社2019年版。

袁纯清：《共生理论——兼论小型经济》，经济科学出版社1998年版。

国际能源署：《世界能源展望（2002）》，朱起煌等译，中国石化出版社2004年版。

**三　中文期刊论文**

蔡宁、葛朝阳：《关于环境资源稀缺与经济发展约束理论的评述》，《浙江大学学报》（社会科学版）1997年第2期。

蔡宁、郭斌：《从环境资源稀缺性到可持续发展：西方环境经济理论的发展变迁》，《经济科学》1996年第6期。

蔡伟等：《中国战略性新兴产业经济效率的统计测度》，《统计与决策》2021年第7期。

蔡文璇：《电力产业链的能源生态圈发展路径》，《中国电力企业管理》2019 年第 34 期。

车丽萍、张周生、王浩：《基于能源服务的智慧物联商业综合体管理平台建设》，《农村电气化》2020 年第 2 期。

陈美华、陈伟良：《中国电子信息产业技术效率测度及影响因素分析》，《江西社会科学》2018 年第 12 期。

陈楠、蔡跃洲：《数字经济热潮下中国 ICT 制造业的发展质量及区域特征——基于省域数据的实证分析》，《中国社会科学院研究生院学报》2019 年第 5 期。

陈兆荣、雷勋平：《基于熵权可拓的我国能源安全评价模型》，《系统工程》2015 年第 7 期。

程鹏飞、刘新梅：《基于创新扩散模型的互联网发展影响因素研究——以 35 个国家为例》，《软科学》2009 年第 5 期。

程幼明、王慧颖、张孝琪：《基于群决策考虑属性效用一致性的 DEA 他评交叉效率公共权重排序法》，《控制与决策》2021 年第 9 期。

丹尼尔·苏、戴维·W·雷吉斯基：《新兴数字经济的环境影响》，张逸波译，《国外社会科学文摘》2002 年第 9 期。

邓峰、杨国歌、任转转：《R&D 补贴与数字企业技术创新——基于数字经济产业的检验证据》，《产业经济研究》2021 年第 4 期。

董普等：《我国清洁能源产业综合实力评估研究——以 50 家上市公司为对象》，《中国人口·资源与环境》2013 年第 S2 期。

范凤岩、雷涯邻：《北京市能源效率评价及其影响因素分析》，《科技管理研究》2014 年第 24 期。

范周：《数字经济变革中的文化产业创新与发展》，《深圳大学学报》（人文社会科学版）2020 年第 1 期。

方国斌、宋国君：《城市能源效率的 PS-kNN 分类综合评价》，《统计与信息论坛》2014 年第 9 期。

冯湖、张璇：《中国互联网发展的区域差异与政策治理》，《北京科技大学学报》（社会科学版）2011 年第 3 期。

冯素玲、许德慧：《数字产业化对产业结构升级的影响机制分析——基于 2010—2019 年中国省际面板数据的实证分析》，《东岳论丛》2022 年第 1 期。

宫立新：《打造大数据时代能源行业利益共同体——中国油气数据生

态圈的构建与思考》,《北京石油管理干部学院学报》2020年第1期。

关峻、张晓文:《低碳背景下中国区域能源效率综合评价研究——基于DEA的非均一化灰色关联分析法》,《生态经济》2016年第6期。

郭晗、廉玉妍:《数字经济与中国未来经济新动能培育》,《西北大学学报》(哲学社会科学版)2020年第1期。

郭军明:《数字经济环境下的生态危机》,《中国科技信息》2007年第8期。

郭立伟、沈满洪:《基于面板数据的中国各省份新能源产业集聚水平比较研究》,《生态经济》2018年第8期。

郭立伟、沈满洪:《基于区位商和NESS模型的新能源产业集群水平识别与评价——以浙江省为例》,《科学学与科学技术管理》2013年第5期。

郭立伟、叶峥:《基于SEM的新能源产业集群形成影响因素实证研究》,《科技管理研究》2020年第9期。

韩萍:《信息经济的生态效应与西部生态建设》,《西南林学院学报》2008年第4期。

韩玥:《可耗竭资源的稀缺性分析》,《科技经济市场》2009年第12期。

郝建彬:《从"工业经济"到"数字经济"转型中的"新就业"形态》,《中国就业》2017年第10期。

何菊香、赖世茜、廖小伟:《互联网产业发展影响因素的实证分析》,《管理评论》2015年第1期。

何向莲:《上海数字内容产业贸易竞争力分析与思考》,《编辑学刊》2018年第4期。

何枭吟:《数字经济发展趋势及我国的战略抉择》,《现代经济探讨》2013年第3期。

何雪垒:《我国能源环境安全制约因素及相关建议》,《环境保护》2018年第9期。

贺腊梅、于萌、查建平:《基于BML生产率指数的中国旅游业能源效率评价与影响因素研究》,《长江流域资源与环境》2017年第12期。

胡汉辉、邢华:《产业融合理论以及对我国发展信息产业的启示》,《中国工业经济》2003年第2期。

胡剑波、吴杭剑、胡潇：《基于 PSR 模型的我国能源安全评价指标体系构建》，《统计与决策》2016 年第 8 期。

胡晓鹏：《产业共生：理论界定及其内在机理》，《中国工业经济》2008 年第 9 期。

胡莹：《论数字经济时代资本主义劳动过程中的劳资关系》，《马克思主义研究》2020 年第 6 期。

华东、高洪达：《推进电网与数据中心融合发展 筑牢能源数字经济发展基础》，《中国电力企业管理》2022 年第 7 期。

黄光球、徐聪：《低碳视角下新能源产业发展影响因素及其动态仿真分析》，《重庆理工大学学报》（自然科学）2020 年第 12 期。

黄蕊、李雪威：《数字技术提升中国旅游产业效率的机理与路径》，《当代经济研究》2021 年第 2 期。

黄新焕、张宝英：《全球数字产业的发展趋势和重点领域》，《经济研究参考》2018 年第 51 期。

纪同辉：《基于广义距离最小和粗糙集的低碳经济能源产业结构评价方法研究》，《生态经济》2018 年第 4 期。

贾景姿、曾鸣：《基于 SCOR 模型的能源互联网建设》，《经济研究导刊》2019 年第 5 期。

金飞、陈晓峰：《江苏沿海新能源产业集群竞争力研究——基于 GEM 和 AHP 模型的实证分析》，《科技管理研究》2014 年第 12 期。

鞠可一等：《中国能源消费结构与能源安全关联的实证分析》，《资源科学》2010 年第 9 期。

康铁祥：《中国数字经济规模测算研究》，《当代财经》2008 年第 3 期。

黎智慧、刘渝琳、尹兴民：《基于 Dagum 方法的能源基尼系数测算与分解》，《统计与决策》2019 年第 19 期。

李根等：《基于改进 AHP-FCE 的新常态下中国能源安全评价》，《生态经济》2016 年第 10 期。

李广凯、杨旭、王庆红：《基于波特价值链理论的企业竞争力量化评价》，《企业管理》2017 年第 12 期。

李海舰、张璟龙：《关于数字经济界定的若干认识》，《企业经济》2021 年第 7 期。

李红、智硕楠：《新常态下中国能源安全动态研究——基于灰色关联TOPSIS模型》，《生态经济》2020年第8期。

李立群：《信息产业的界定与科技信息机构的发展对策》，《科学与管理》1994年第3期。

李立威：《基于PLS分析的中国互联网扩散影响因素研究》，《统计与信息论坛》2013年第7期。

李立涅等：《智能电网与能源网融合的模式及其发展前景》，《电力系统自动化》2016年第11期。

李琳、李诗音：《湖南省能源产业技术评价研究》，《湖南科技大学学报》（社会科学版）2015年第6期。

李品：《中国能源供给安全影响因素研究》，《西安科技大学学报》2018年第3期。

李世祥、成金华：《中国能源效率评价及其影响因素分析》，《统计研究》2008年第10期。

李爽、汤嫣嫣、刘倩：《我国能源安全与能源消费结构关联机制的系统动力学建模与仿真》，《华东经济管理》2015年第8期。

李晓钟、贾舒：《电子信息产业竞争力区域差异比较研究》，《国际经济合作》2017年第7期。

李晓钟、吴甲戌：《数字经济驱动产业结构转型升级的区域差异》，《国际经济合作》2020年第4期。

李鑫等：《建设用地二三产业增长贡献及空间相关性研究》，《中国人口·资源与环境》2011年第9期。

李云鹤、肖建忠、黎明：《中国天然气能源安全评价研究》，《华中师范大学学报》（自然科学版）2020年第2期。

林寒、罗教讲：《大数据时代互联网的使用情况及影响因素分析》，《电子政务》2016年第7期。

林延捷等：《东南沿海区域天然气能源安全评价研究》，《环境科学与技术》2013年第S1期。

林跃勤：《新兴国家数字经济发展与合作》，《深圳大学学报》（人文社会科学版）2017年第4期。

刘冰、张磊：《山东传统产业能源效率评价与节能潜力分析》，《经济问题探索》2015年第9期。

刘晨阳、曹以伦：《APEC 三十年与我国参与亚太区域经济合作的战略新思考》，《东北亚论坛》2020 年第 2 期。

刘春林：《耦合度计算的常见错误分析》，《淮阴师范学院学报》（自然科学版）2017 年第 1 期。

刘方、孟祺：《数字经济发展：测度、国际比较与政策建议》，《青海社会科学》2019 年第 4 期。

刘佳昊：《网络与数字时代的体育产业》，《体育科学》2019 年第 10 期。

刘军、杨渊鋆、张三峰：《中国数字经济测度与驱动因素研究》，《上海经济研究》2020 年第 6 期。

刘璐璐：《数字经济时代的数字劳动与数据资本化——以马克思的资本逻辑为线索》，《东北大学学报》（社会科学版）2019 年第 4 期。

刘明辉、袁培、卢飞：《中哈能源消费结构与能源安全关联性对比分析》，《世界地理研究》2016 年第 3 期。

刘荣、张维维：《我国电子信息产业聚集水平的评价与分析》，《情报杂志》2012 年第 1 期。

刘颖：《气候变化对我国能源安全的影响》，《特区经济》2010 年第 8 期。

刘勇：《物流业全要素能源效率评价及其影响因素分析》，《统计与决策》2014 年第 1 期。

卢明华、李国平：《全球电子信息产业价值链及对我国的启示》，《北京大学学报》（哲学社会科学版）2004 年第 4 期。

马健：《产业融合理论研究评述》，《经济学动态》2002 年第 5 期。

马小茹：《"共生理念"的提出及其概念界定》，《经济研究导刊》2011 年第 4 期。

马晓明、闫柯旭：《"十二五"期间我国省际能源效率综合评价及影响因素分析》，《科技管理研究》2018 年第 23 期。

马占新、赵佳风：《DEA 方法的效率悖论与数据短尾现象》，《系统工程理论与实践》2019 年第 1 期。

毛丰付、高雨晨、周灿：《长江经济带数字产业空间格局演化及驱动因素》，《地理研究》2022 年第 6 期。

闵剑、屈鲁：《能源互联网化解传统石油石化行业发展难题》，《中国石化》2017 年第 7 期。

牟俊：《5G 与能源行业融合发展探讨》，《中国信息化》2021 年第 7 期。

聂子龙、李浩：《产业融合中的企业战略思考》，《软科学》2003 年第 2 期。

牛禄青：《数字经济对就业的影响》，《新经济导刊》2017 年第 10 期。

潘成云：《解读产业价值链——兼析我国新兴产业价值链基本特征》，《当代财经》2001 年第 9 期。

屈秋实等：《低碳约束下中、蒙、俄 3 国能源效率评价》，《科技导报》2018 年第 3 期。

任群罗、汪海燕：《数字经济产业发展对产业结构优化升级的影响》，《哈尔滨师范大学社会科学学报》2022 年第 1 期。

沈克印等：《体育服务业数字化的价值维度、场景样板与方略举措》，《体育学研究》2020 年第 3 期。

施震凯、邵军、刘嘉伟：《数字基础设施对就业变动的影响——来自制造业的证据》，《河海大学学报》（哲学社会科学版）2021 年第 5 期。

宋洋：《数字经济、技术创新与经济高质量发展：基于省级面板数据》，《贵州社会科学》2020 年第 12 期。

宋之杰、唐晓莉：《基于 logistic 模型的我国信息产业演化发展研究》，《数学的实践与认识》2019 年第 5 期。

孙涵、聂飞飞、胡雪原：《基于熵权 TOPSIS 法的中国区域能源安全评价及差异分析》，《资源科学》2018 年第 3 期。

孙慧、张娜娜、刘媛媛：《基于 AHP 的新疆黑色能源产业集群竞争力评价》，《软科学》2011 年第 2 期。

孙军、戴锡玲、史屹峰：《共生之谜》，《自然杂志》2001 年第 3 期。

孙铭鸿：《基于区块链技术的数字普惠金融产业升级研究》，《经济研究导刊》2021 年第 3 期。

孙晓华、秦川：《基于共生理论的产业链纵向关系治理模式——美国、欧洲和日本汽车产业的比较及借鉴》，《经济学家》2012 年第 3 期。

孙旭东、张博、葛宏志：《能源产业成熟度评价方法理论研究》，《中国矿业》2017 年第 10 期。

唐万能：《信息产业与图书馆的发展浅议》，《现代情报》1999年第6期。

陶长琪、周璇：《基于三阶段DEA模型的信息产业技术效率研究》，《当代经济研究》2014年第4期。

田俊峰等：《中国东北地区数字经济发展空间分异及成因》，《地域研究与开发》2019年第6期。

汪东芳、曹建华：《互联网发展对中国全要素能源效率的影响及网络效应研究》，《中国人口·资源与环境》2019年第1期。

王彬燕等：《中国数字经济空间分异及影响因素》，《地理科学》2018年第6期。

王兵、颜鹏飞：《中国的生产率与效率：1952—2000——基于时间序列的DEA分析》，《数量经济技术经济研究》2006年第8期。

王恒玉、黄慧淼、熊兴：《西部地区信息产业全要素生产率的测度与评价——基于非参数Malmquist指数的研究》，《西北民族大学学报》（哲学社会科学版）2014年第6期。

王欢芳等：《新一代信息技术产业的空间集聚研究》，《财经理论与实践》2020年第1期。

王欢芳等：《战略性新兴产业的集聚测度及结构优化研究——以新能源产业为例》，《经济问题探索》2018年第10期。

王江泉、张俊、赵鑫：《考虑技术进步的DEA方法研究》，《统计与信息论坛》2021年第3期。

王俊：《全面认识自然资源的价值决定——从劳动价值论、稀缺性理论到可持续发展理论的融合与发展》，《中国物价》2007年第4期。

王俊豪、周晟佳：《中国数字产业发展的现状、特征及其溢出效应》，《数量经济技术经济研究》2021年第3期。

王磊：《新能源产业发展能力评价研究——以天津市为例》，《生态经济》2013年第5期。

王梦菲、张昕蔚：《数字经济时代技术变革对生产过程的影响机制研究》，《经济学家》2020年第1期。

王敏、王琴梅、万博：《中国互联网普及的空间差异及其影响因素分析》，《统计与决策》2018年第7期。

王鸣涛、叶春明：《基于熵权TOPSIS的区域工业绿色制造水平评价研究》,《科技管理研究》2020 年第 17 期。

王强、陈爱娇:《福建省能源安全评价及特征分析》,《福建师范大学学报》(自然科学版) 2016 年第 5 期。

王伟光、张钟元、侯军利:《创新价值链及其结构:一个理论框架》,《科技进步与对策》2019 年第 1 期。

王行刚、陈厚云:《日本信息产业是怎样力争后来居上的?》,《自然辩证法通讯》1980 年第 4 期。

王亚芳、苏佳、侯卫民:《石家庄信息产业竞争力评价研究》,《石家庄经济学院学报》2014 年第 3 期。

王震、孔盈皓、李伟:《"碳中和"背景下中国天然气产业发展综述》,《天然气工业》2021 年第 8 期。

王忠诚等:《基于因子分析方法的江苏省能源安全系统评价》,《中国农学通报》2011 年第 17 期。

魏凤:《基于双主体平衡的电商物流产业链共生耦合分析》,《商业经济研究》2021 年第 19 期。

魏晓琴、张莉、蔡圣杨:《基于面板数据的人民币汇率对制造业就业的影响研究》,《西部经济管理论坛》2017 年第 4 期。

温珺、阎志军、程愚:《数字经济驱动创新效应研究——基于省际面板数据的回归》,《经济体制改革》2020 年第 3 期。

吴剑辉、段瑞:《数字技术对中国传统产业转型升级渗透效应研究》,《经济界》2020 年第 4 期。

吴玲霞等:《基于因子分析的泰州市新能源产业发展影响因素研究》,《商业经济》2020 年第 6 期。

吴勇民、纪玉山、吕永刚:《金融产业与高新技术产业的共生演化研究——来自中国的经验证据》,《经济学家》2014 年第 7 期。

吴钊:《数字出版产业研究的生态学维度——基于共生理论》,《出版发行研究》2015 年第 7 期。

武晓婷、张恪渝:《数字经济产业与制造业融合测度——基于投入产出视角》,《中国流通经济》2021 年第 11 期。

夏炎等:《数字经济对中国经济增长和非农就业影响研究——基于投入占用产出模型》,《中国科学院院刊》2018 年第 7 期。

徐君、高厚宾、王育红:《新能源产业安全的影响因素及交互效应》,

《资源开发与市场》2015 年第 5 期。

徐强、陈甬军：《产业集聚形成机理的理论研究——一种基于资源稀缺前提下的解释》，《产业经济评论》2004 年第 2 期。

许晶华：《信息产业分类体系的比较研究》，《情报学报》2001 年第 5 期。

薛静静等：《中国能源供给安全综合评价及障碍因素分析》，《地理研究》2014 年第 5 期。

杨大鹏：《数字产业化的模式与路径研究：以浙江为例》，《中共杭州市委党校学报》2019 年第 5 期。

杨蕙馨、李春梅：《中国信息产业技术进步对劳动力就业及工资差距的影响》，《中国工业经济》2013 年第 1 期。

杨仕健：《关于"生物共生"的概念分析》，《自然辩证法通讯》2019 年第 6 期。

杨雅云：《数字传播技术对传统出版产业的影响研究》，《新闻传播》2020 年第 7 期。

杨永明：《未来 5G 与能源的深度融合研究》，《新能源经贸观察》2018 年第 7 期。

杨远、李林：《中国能源效率的地区差距——基于泰尔熵指数的综合评价》，《统计与决策》2009 年第 17 期。

游浬、苏景志：《政府参与统筹数据要素促进产业创新》，《中国信息化》2021 年第 9 期。

余家豪：《能源如何 AI？》，《新能源经贸观察》2018 年第 Z1 期。

余贻鑫、栾文鹏：《智能电网的基本理念》，《天津大学学报》2011 年第 5 期。

余长林、杨国歌、杜明月：《产业政策与中国数字经济行业技术创新》，《统计研究》2021 年第 1 期。

袁歌骋、潘敏、覃凤琴：《数字产业集聚与制造业企业技术创新》，《中南财经政法大学学报》2023 年第 1 期。

臧志彭、胡译文：《基于区块链的数字文化产业价值链创新建构》，《出版广角》2021 年第 3 期。

曾刚、李重阳：《商业银行数字化转型的难点与路径》，《银行家》2020 年第 1 期。

曾鸣等：《能源互联网及其对油气"十三五"规划的影响》，《国际石油经济》2015年第9期。

曾鸣、许彦斌、方程：《数字革命与能源革命》，《中国电力企业管理》2020年第10期。

曾鸣、张晓春、王丽华：《以能源互联网思维推动能源供给侧改革》，《电力建设》2016年第4期。

张冬杨：《俄罗斯数字经济发展现状浅析》，《俄罗斯研究》2018年第2期。

张海斌：《能源统计的现状、缺失与改进分析》，《统计与决策》2016年第23期。

张氢锢、吴海贤：《资源"稀缺性"假定在微观经济学中的运用》，《技术与市场》2007年第2期。

张鸿、范满航、代玉虎：《电子信息产业区域竞争力比较研究》，《西安邮电大学学报》2014年第4期。

张景利：《宏观经济平稳发展中的新引擎：数字经济作用效应研究——写在"十四五"规划制定前期》，《价格理论与实践》2020年第4期。

张嫚：《论数字产业对传统反垄断理论与实践的启示》，《经济评论》2002年第4期。

张鹏、张立琨：《区域创新产出差异性的解释——基于广东省21个地级市面板数据的实证分析》，《技术经济》2013年第4期。

张淑英：《数字经济背景下中国ICT产业发展及影响因素研究》，《江苏商论》2022年第6期。

张笑楠：《战略性新兴产业创新生态系统共生演化仿真研究》，《系统科学学报》2021年第2期。

张昕蔚：《数字经济条件下的创新模式演化研究》，《经济学家》2019年第7期。

张旭亮等：《互联网对中国区域创新的作用机理与效应》，《经济地理》2017年第12期。

张雪玲、陈芳：《中国数字经济发展质量及其影响因素研究》，《生产力研究》2018年第6期。

张艳、沈镭、于汶加：《基于DPSIR模型的区域能源安全评价：以广东省为例》，《中国矿业》2014 年第 7 期。

张轶龙、崔强：《中国工业化与信息化融合评价研究》，《科研管理》2013 年第 4 期。

张影强、张瑾：《如何促进数字经济创造就业》，《中国经济报告》2017 年第 5 期。

张勇军等：《互联网与能源系统的融合形态与技术》，《中国工程科学》2018 年第 2 期。

张宇、杨松：《FDI 对可再生能源产业全球价值链地位非线性作用研究——基于研发投入门槛效应视角》，《软科学》2020 年第 3 期。

赵当如、陈为：《基于时间序列的 DEA 地方财政科技投入效率测算：1997—2014——以湖北省为例》，《科技与创新》2017 年第 21 期。

赵文亮等：《信息产业国际竞争力评价指标体系研究》，《办公自动化》2018 年第 8 期。

浙江省统计局课题组：《浙江数字经济发展影响因素分析》，《统计科学与实践》2020 年第 3 期。

郑思齐、于都、孙伟增：《中国城市互联网发展的影响因素及地区差异分析》，《城市发展研究》2016 年第 12 期。

植草益：《信息通讯业的产业融合》，《中国工业经济》2001 年第 2 期。

钟春平、刘诚、李勇坚：《中美比较视角下我国数字经济发展的对策建议》，《经济纵横》2017 年第 4 期。

钟业喜、毛炜圣：《长江经济带数字经济空间格局及影响因素》，《重庆大学学报》（社会科学版）2020 年第 1 期。

周江、胡静锋、王波：《中国能源产业效率测量及比较分析》，《经济问题》2018 年第 8 期。

周涛：《以数字经济为导向加强生态农业建设——促进农业可持续发展》，《现代农业研究》2020 年第 11 期。

周振华：《产业融合：产业发展及经济增长的新动力》，《中国工业经济》2003 年第 4 期。

朱文晶：《信息经济空间集聚影响因素与经济增长——基于浙江省面板数据的经验分析》，《经济经纬》2017 年第 6 期。

邹伟进、李旭洋、王向东：《基于耦合理论的产业结构与生态环境协调性研究》,《中国地质大学学报》(社会科学版) 2016 年第 2 期。

邹艳芬:《能源安全的安全控制力影响因素分析》,《经济问题探索》2007 年第 7 期。

左冲:《天津信息产业产品的贸易竞争力研究——基于 2008—2012 年数据的实证分析》,《华北金融》2013 年第 10 期。

**四 中文报纸**

李伟:《中国未来能源发展战略探析》,《人民日报》2014 年 2 月 12 日第 12 版。

郭庆方:《能源互联网是能源安全现实需要》,《中国能源报》2015 年 5 月 11 日第 5 版。

**五 中文学位论文**

Eremenko Ekaterina(琳娜):《中国可再生能源产业发展能力分析与评价》,硕士留学生学位论文,华南理工大学,2016 年。

常军乾:《我国能源安全评价体系及对策研究》,博士学位论文,中国地质大学,2010 年。

陈安伟:《智能电网技术经济综合评价研究》,博士学位论文,重庆大学,2012 年。

党政军:《煤炭清洁化利用对我国能源安全的作用和影响机制》,博士学位论文,中国地质大学,2012 年。

冯卓:《基于 SCP 框架的中国能源产业环境规制政策效应研究》,博士学位论文,辽宁大学,2013 年。

洪浩林:《保定新能源产业集群竞争力评价与分析研究》,硕士学位论文,华北电力大学,2008 年。

李宝玉:《制造企业信息化与工业化融合评价研究》,硕士学位论文,福州大学,2016 年。

李沫:《财税政策激励对数字产业发展影响研究》,博士学位论文,东北财经大学,2021 年。

李倩:《中国新能源产业集聚度测度及其影响因素分析》,硕士学位论文,东北财经大学,2016 年。

刘丹:《基于面板数据模型的农地流转影响因素研究》,硕士学位论文,浙江大学,2019 年。

刘志虹:《全球价值链下制造企业国际市场势力形成机理研究》,博士学位论文，江西财经大学，2021年。

卢诗薇：《我国农村沼气消费的影响因素及政策建议——基于省际面板数据模型的分析》，硕士学位论文，厦门大学，2014年。

马海宁：《安徽省数字内容产业竞争优势分析》，硕士学位论文，安徽财经大学，2014年。

任静：《中部地区能源产业发展研究》，博士学位论文，武汉大学，2011年。

芮雪琴：《基于循环经济视角的能源产业技术评价与选择研究——以吉林省为例》，博士学位论文，吉林大学，2008年。

申皓然：《ICT产业全球价值链地位测度及攀升机制探究》，硕士学位论文，东北财经大学，2019年。

汤杰：《能源产业投资对我国区域经济增长的溢出效应研究》，博士学位论文，哈尔滨工业大学，2014年。

王海荣：《中国新能源产业融资生态与融资效率的协同进化研究》，博士学位论文，南京航空航天大学，2019年。

王维军：《火力发电企业可持续发展评价理论及实证研究》，博士学位论文，华北电力大学，2009年。

王小波：《生产性服务业与制造业融合发展研究》，博士学位论文，湘潭大学，2016年。

王亦众：《我国新能源产业融资效率评价研究——以上市公司为例》，硕士学位论文，新疆财经大学，2017年。

翁愉骏：《新能源产业风险投资评价指标体系研究》，硕士学位论文，清华大学，2012年。

杨琛丽：《基于共生理论的城乡休闲产业协调发展研究》，硕士学位论文，山西财经大学，2010年。

于晓龙：《我国信息技术进步的就业效应研究》，博士学位论文，中共中央党校，2015年。

余长春：《基于价值链的服务模块化价值创造机理研究》，博士学位论文，江西财经大学，2012年。

张佳睿：《美国风险投资与技术进步、新兴产业发展的关系研究》，博士学位论文，吉林大学，2014年。

张胜男：《人工智能与能源产业的融合发展研究》，硕士学位论文，中国矿业大学，2020年。

郑文娟：《中国城市住房价格与住房租金的影响因素及相互关系研究》，博士学位论文，浙江大学，2011年。

钟燕：《现代信息技术的生态价值及其实现途径研究》，硕士学位论文，成都理工大学，2019年。

周崇阳：《全球价值链背景下对外直接投资知识溢出效应研究》，博士学位论文，中国科学技术大学，2021年。

左鹏飞：《信息化推动中国产业结构转型升级研究》，博士学位论文，北京邮电大学，2017年。

左云菲：《中国电子及通信设备制造业国际竞争力研究》，硕士学位论文，北京邮电大学，2019年。

## 六　外文文献

Ahmed, K. and Ozturk, I., "What New Technology Means for the Energy Demand in China? A Sustainable Development Perspective", *Environmental Science and Pollution Research*, 25 (29), 2018: 29766-29771.

Aktas, A. Z., "Could Energy Hamper Future Developments in Information and Communication Technologies (ICT) and Knowledge Engineering?", *Renewable and Sustainable Energy Reviews*, 82, 2018: 2613-2617.

Alam, K., "Productivity, National Broadband Network and Digital Economy: Challenges for Australia", Paper Delivered to the International Statistical Conference on Statistics in Planning and Development: Bangladesh Perspective, Dhaka, December 27-29, 2012.

Andersen, P. and Petersen, N. C., "A Procedure for Ranking Units in Data Envelopment Analysis", *Management Science*, 39 (10), 1993: 1261-1264.

Angelis-Dimakis, A., Arampatzis, G. and Assimacopoulos, D., "Monitoring the Sustainability of the Greek Energy System", *Energy for Sustainable Development*, 16 (1), 2012: 51-56.

Azzuni, A. and Breyer, C., "Definitions and Dimensions of Energy Security: A Literature Review", *Wiley Interdisciplinary Reviews: Energy and Environment*, 7 (1), 2018: e268.

Baird, S., "Compelling Quintet: Five Ways Digital Transformation Impacts the Energy Industry", *PowerGrid International*, 21 (10), 2016: 28-29.

Baller, S., Dutta, S. and Lanvin, B., *Global Information Technology Report* 2016, Geneva: World Economic Forum, 2016.

Beilock, R. and Dimitrova, D. V., "An Exploratory Model of Inter-country Internet Diffusion", *Telecommunications Policy*, 27 (3/4), 2003: 237-252.

Belkhir, L. and Elmeligi, A., "Assessing ICT Global Emissions Footprint: Trends to 2040 and Recommendations", *Journal of Cleaner Production*, 177, 2018: 448-463.

Bernstein, R. and Madlener, R., "Impact of Disaggregated ICT Capital on Electricity Intensity in European Manufacturing", *Applied Economics Letters*, 17 (17), 2010: 1691-1695.

Borkar, S. and Chien, A. A., "The Future of Microprocessors", *Communications of the ACM*, 54 (5), 2011: 67-77.

Bressanelli, G., et al., "The Role of Digital Technologies to Overcome Circular Economy Challenges in PSS Business Models: An Exploratory Case Study", *Procedia CIRP*, 73, 2018: 216-221.

Bretschger, L., "Economics of Technological Change and the Natural Environment: How Effective are Innovations as a Remedy for Resource Scarcity?", *Ecological Economics*, 54 (2-3), 2005: 148-163.

Bruntland, G. H., *Our Common Future*, Oslo: World Commission on Environment and Development (WCED), 1987.

Charnes, A., Cooper, W. W. and Rhodes, E., "Measuring the Efficiency of Decision Making Units", *European Journal of Operational Research*, 2 (6), 1978: 429-444.

Chinn, M. D. and Fairlie, R. W., "The Determinants of the Global Digital Divide: A Cross-country Analysis of Computer and Internet Penetration", *Oxford Economic Papers*, 59 (1), 2007: 16-44.

Codagnone, C. and Martens, B., *Scoping the Sharing Economy: Origins, Definitions, Impact and Regulatory Issues*, Seville: Joint Research Centre of the European Commission, 2016.

Cohen, G., Joutz, F. and Loungani, P., "Measuring Energy Security: Trends in the Diversification of Oil and Natural Gas Supplies", *Energy Policy*, 39 (9), 2011: 4860-4869.

Crandall, R., Lehr, W. and Litan, R., *The Effects of Broadband Deployment on Output and Employment: A Cross-sectional Analysis of U.S. Data*, Washington: The Brookings Institution, 2007.

Dabbous, A. and Tarhini, A., "Does Sharing Economy Promote Sustainable Economic Development and Energy Efficiency? Evidence from OECD Countries", *Journal of Innovation and Knowledge*, 6 (1), 2021: 58-68.

Darby, L. F., Jr, J. P. F. and Pociask, S. B., *The Internet Ecosystem: Employment Impacts of National Broadband Policy*, Washington: The American Consumer Institute Center for Citizen Research, 2010.

Domazet, I. and Lazić, M., "Information and Communication Technologies as a Driver of the Digital Economy", Paper Delivered to the 22th International Scientific Conference: Strategic Management and Decision Support Systems in Strategic Management, Subotica, May 19, 2017.

Ediger, V. Ş. and Berk, I., "Crude Oil Import Policy of Turkey: Historical Analysis of Determinants and Implications since 1968", *Energy Policy*, 39 (4), 2011: 2132-2142.

Frey, C. B. and Osborne, M. A., "The Future of Employment: How Susceptible are Jobs to Computerisation?", *Technological Forecasting and Social Change*, 114, 2017: 254-280.

Fried, H. O., et al., "Accounting for Environmental Effects and Statistical Noise in Data Envelopment Analysis", *Journal of Productivity Analysis*, 17 (1-2), 2002: 157-174.

Frondel, M. and Schmidt, C. M., *Measuring Energy Security: A Conceptual Note*, Essen: Rheinisch-Westfälisches Institut für Wirtschaftsforschung (RWI), 2008.

Galvin, R., "The ICT/Electronics Question: Structural Change and the Rebound Effect", *Ecological Economics*, 120, 2015: 23-31.

Gambardella, A. and Torrisi, S., "Does Technological Convergence Imply Convergence in Markets? Evidence from the Electronics Industry", *Research Policy, 27 (4), 1998: 445-463.

Gammaitoni, L., "Sustainable ICT: Micro and Nano Scale Energy Management", Procedia Computer Science, 7, 2011: 103-105.

Gereffi, G., "International Trade and Industrial Upgrading in the Apparel Commodity Chain", Journal of International Economics, 48 (1), 1999: 37-70.

Gerlagh, R. and Van Der Zwaan, B., "Gross World Product and Consumption in a Global Warming Model with Endogenous Technological Change", Resource and Energy Economics, 25 (1), 2003: 35-57.

Greene, D. L., "Measuring Energy Security: Can the United States Achieve Oil Independence", Energy Policy, 38 (4), 2010: 1614-1621.

Gruber, H., "The Diffusion of Information Technology in Europe", Info, 3 (5), 2001: 419-434.

Gupta, E., "Oil Vulnerability Index of Oil-importing Countries", Energy Policy, 36 (3), 2008: 1195-1211.

Gährs, S., et al., "Digitalizing the Energy System in a Sustainable Way", Ökologisches Wirtschaften, 36 (1), 2021: 28-32.

Hansen, M. T. and Birkinshaw, J., "The Innovation Value Chain", Harvard Business Review, 85 (6), 2007: 121-130.

International Telecommunication Union (ITU), Measuring the Information Society Report 2018, Geneva: ITU, 2018.

Jevons, W. S., The Coal Question: An Inquiry Concerning the Progress of the Nation and the Probable Exhaustion of Our Coal Mines (2nd Edition), London: Macmillan and Co., 1866.

Neumayer, E., "Scarce or Abundant? The Economics of Natural Resource Availability", Journal of Economic Surveys, 14 (3), 2000: 307-335.

Kao, C. and Hwang, S. N., "Efficiency Decomposition in Two-stage Data Envelopment Analysis: An Application to Non-life Insurance Companies in Taiwan", European Journal of Operational Research, 185 (1), 2008: 418-429.

Kaplinsky, R. and Morris, M., A Handbook for Value Chain Research, Ottawa: IDRC, 2001.

Katz, R. L., et al., "The Impact of Broadband on Jobs and the German Economy", *Intereconomics*, 45 (1), 2010: 26-34.

Ketteni, E., Mamuneas, T. and Pashardes, P., "ICT and Energy Use: Patterns of Substitutability and Complementarity in Production", *Cyprus Economic Policy Review*, 7 (1), 2013: 63-86.

Key, T. S., *Role for Distributed Energy Resources (DER) in the Digital Economy*, Oak Ridge: Oak Ridge National Laboratory, 2007.

Kiiski, S. and Pohjola, M., "Cross-country Diffusion of the Internet", *Information Economics and Policy*, 14 (2), 2002: 297-310.

Kjärstad, J. and Johnsson, F., "Resources and Future Supply of Oil", *Energy Policy*, 37 (2), 2009: 441-464.

Kogut, B., "Designing Global Strategies: Comparative and Competitive Value-added Chains", *Sloan Management Review*, 26 (4), 1985: 15-28.

Kucharski, J. and Unesaki, H., "A Policy-oriented Approach to Energy Security", *Procedia Environmental Sciences*, 28, 2015: 27-36.

Lange, S., Santarius, T. and Pohl, J., "Digitalization and Energy Consumption. Does ICT Reduce Energy Demand?", *Ecological Economics*, 176, 2020: 106760.

Le Coq, C. and Paltseva, E., "Measuring the Security of External Energy Supply in the European Union", *Energy Policy*, 37 (11), 2009: 4474-4481.

Lehr, W. H., et al, "Measuring Broadband's Economic Impact", Paper Delivered to the 33rd Research Conference on Communication, Information, and Internet Policy (TPRC), Arlington, September 23 - 25, 2005 (Revised 2006).

Lei, D. T., "Industry Evolution and Competence Development: The Imperatives of Technological Convergence", *International Journal of Technology Management*, 19 (7/8), 2000: 699-738.

Li, J., et al., "Digital Economy, Technological Innovation, and Green Economic Efficiency—Empirical Evidence from 277 Cities in China", *Managerial and Decision Economics*, 43 (3), 2022: 616-629.

Lind, J., "Ubiquitous Convergence: Market Redefinitions Generated by

Technological Change and the Industry Life Cycle", paper delivered to the DRUID Academy Winter 2005 Conference, New York, January 27 – 29, 2005.

Liu, P. and Lu, C., "Strategic Analysis and Development Plan Design on Digital Transformation in the Energy Industry: A Global Perspective", *International Journal of Energy Research*, 45 (14), 2021: 19657-19670.

Liu, Z., "Considerations on the Development of China's Information Industry", *Aslib Proceedings*, 46 (2), 1994: 49-54.

Loerincik, Y., *Environmental Impacts and Benefits of Information and Communication Technology Infrastructure and Services, Using Process and Input – output Life Cycle Assessment*, Ph.D. dissertation, Ecole Polytechnique Fédérale de Lausanne, 2006.

Lynde, C. and Richmond, J., "Productivity and Efficiency in the UK: A Time Series Application of DEA", *Economic Modelling*, 16 (1), 1999: 105-122.

Makridou, G., et al. "Measuring the Efficiency of Energy-intensive Industries across European Countries", *Energy Policy*, 88, 2016: 573-583.

Malthus, T. R., *An Essay on the Principle of Population*, London: Johnson J., 1798.

Millennium Summit, *United Nations Millennium Declaration*, New York: Millennium Summit, 2000.

Mukherjee, K., "Energy Use Efficiency in U.S. Manufacturing: A Nonparametric Analysis", *Energy Economics*, 30 (1), 2008: 76-96.

Neelawela, U. D., Selvanathan, E. A. and Wagner, L. D., "Global Measure of Electricity Security: A Composite Index Approach", *Energy Economics*, 81, 2019: 433-453.

Oenuet, S. and Soner, S., "Energy Efficiency Assessment for the Antalya Region Hotels in Turkey", *Energy and Buildings*, 38 (8), 2006: 964-971.

Organisation for Economic Co – operation and Development (OECD), *OECD Guide to Measuring the Information Society* 2011, Paris: OECD, 2011.

Oyeyinka, B. O. and Lal, K., "Internet Diffusion in Sub-Saharan Africa: A Cross-country Analysis", *Telecommunications Policy*, 29 (7), 2005: 507-527.

Paramati, S. R., Shahzad, U. and Doğan, B., "The Role of Environmental Technology for Energy Demand and Energy Efficiency: Evidence from OECD Countries", *Renewable and Sustainable Energy Reviews*, 153, 2022: 111735.

Peng, J., et al., "Impact of Digital Industrialization on the Energy Industry Supply Chain: Evidence from the Natural Gas Industry in China", *Energies*, 16 (4), 2023: 1564.

Porter, M. E. and Van Der Linde, C., "Toward a New Conception of the Environment-competitiveness Relationship", *Journal of Economic Perspectives*, 9 (4), 1995: 97-118.

Porter, M. E., *Competitive Advantage: Creating and Sustaining Superior Performance*, New York: The Free Press, 1985.

Rausas, M. P. D., et al., *Internet Matters: The Net's Sweeping Impact on Growth, Jobs, and Prosperity*, San Francisco: McKinsey Global Institute, 2011.

Ren, J. and Dong, L., "Evaluation of Electricity Supply Sustainability and Security: Multi-criteria Decision Analysis Approach", *Journal of Cleaner Production*, 172, 2018: 438-453.

Resniova, E., "Experience in the Use of Intelligent Systems and Digital Technologies in the Energy Sector of Emerging Economies", paper delivered to the International Conference on Digital Technologies in Logistics and Infrastructure (ICDTLI), St. Petersburg, April 4-5, 2019.

Ricardo, D., *On the Principles of Political Economy and Taxation*, London: John Murray, 1817.

Sadorsky, P., "Information Communication Technology and Electricity Consumption in Emerging Economies", *Energy Policy*, 48, 2012: 130-136.

Sapp, J., *Evolution by Association: A History of Symbiosis*, New York: Oxford University Press, 1994.

Seiford, L. M. and Zhu, J., "Profitability and Marketability of the Top 55 U. S. Commercial Banks", *Management Science*, 45 (9), 1999:

1270-1288.

Sexton, T. R., Silkman, R. H. and Hogan, A. J., "Data Envelopment Analysis: Critique and Extensions", *New Directions for Program Evaluation*, 1986 (32), 2010: 73-105.

Shah, S. A. A., et al., "Energy Security and Environmental Sustainability Index of South Asian Countries: A Composite Index Approach", *Ecological Indicators*, 106, 2019: 105507.

Shapiro, R. J. and Hassett, K. A., *The Employment Effects of Advances in Internet and Wireless Technology: Evaluating the Transitions from 2G to 3G and from 3G to 4G*, Washington: New Policy Institute, 2012.

Skjelvik, J. M., Erlandsen, A. M. and Haavardsholm, O., *Environmental Impacts and Potential of the Sharing Economy*, Copenhagen: Nordic Council of Ministers, 2017.

Sohail, M., Florea, A. and Lastra, J. L. M., "A Case Study of Share of ICT Infrastructure in Energy Consumption of Discrete Manufacturing Facility", paper delivered to the 2014 IEEE 15th Workshop on Control and Modeling for Power Electronics (COMPEL), Santander, June 22-25, 2014.

Song, M., et al., "Realization of Green Transition Based on the Anti-Driving Mechanism: An Analysis of Environmental Regulation from the Perspective of Resource Dependence in China", *Science of the Total Environment*, 698, 2020: 134317.

Sovacool, B. K. and Brown, M. A., "Competing Dimensions of Energy Security: An International Perspective", *Annual Review of Environment and Resources*, 35, 2010: 77-108.

Sovacool, B. K., "Evaluating Energy Security in the Asia Pacific: Towards a More Comprehensive Approach", *Energy Policy*, 39 (11), 2011: 7472-7479.

Strielkowski, W., et al., "5G Wireless Networks in the Future Renewable Energy Systems", *Frontiers in Energy Research*, 9, 2021: 714803.

Struckell, E., et al., "Ecological Determinants of Smart Home Ecosystems: A Coopetition Framework", *Technological Forecasting and Social Change*, 173, 2021: 121147.

Stryszowski, P., "The Impact of Internet in OECD Countries", *OECD Digital Economy Papers*, 29, 2012: 903-915.

The United Nations Conference on Environment and Development (UNCED), *The Rio Declaration on Environment and Development*, Rio de Janeiro: UNCED, 1992.

Thorbecke, W., "How Oil Prices Affect East and Southeast Asian Economies: Evidence from Financial Markets and Implications for Energy Security", *Energy Policy*, 128, 2019: 628-638.

Timchenko, O., et al., "Organizational and Economic Determinants of Digital Energy Development in Ukraine", *Economy and Forecasting*, (3), 2019: 78-100.

Tone, K., "A Slacks-based Measure of Efficiency in Data Envelopment Analysis", *European Journal of Operational Research*, 130 (3), 2001: 498-509.

Tone, K., "A Slacks-based Measure of Super-efficiency in Data Envelopment Analysis", *European Journal of Operational Research*, 143 (1), 2002: 32-41.

United Nations General Assembly, *Declaration of the United Nations Conference on the Human Environment*, Stockholm: United Nations Environment Programme, 1972.

United Nations Industrial Development Organization (UNIDO), *Industrial Development Report 2020: Industrializing in the Digital Age*, Vienna: UNIDO, 2019.

Usman, A., et al., "The Effect of ICT on Energy Consumption and Economic Growth in South Asian Economies: An Empirical Analysis", *Telematics and Informatics*, 58, 2021: 101537.

Van Zoon, A. and Yetkiner, I. H., "An Endogenous Growth Model with Embodied Energy-saving Technical Change", *Resource and Energy Economics*, 25 (1), 2003: 81-103.

Vasileios Rizos, et al., *The Role of Business in the Circular Economy: Markets, Processes and Enabling Policies*, Brussels: Centre for European Policy Studies, 2018.

Vicente, M. R. and Lopez, A. J., "Some Empirical Evidence on Internet Diffusion in the New Member States and Candidate Countries of the European Union", *Applied Economics Letters*, 15 (13), 2008: 1015-1018.

Walwyn, D. and Cloete, L., "Policy Mix to Support Digital Industry in Developing Countries: Do We Need New Instruments or Can Traditional Policies Suffice?", paper delivered to the International Association for Management of Technology 2020 Conference, Cairo, September 29, 2020.

Wang, L., et al., "Will Researching Digital Technology Really Empower Green Development?", *Technology in Society*, 66, 2021: 101638.

Wang, Y. M. and Chin, K. S., "Some Alternative DEA Models for Two-stage Process", *Expert Systems with Applications*, 37 (12), 2010: 8799-8808.

Woetzel, J., et al., *China's Digital Transformation: The Internet's Impact on Productivity and Growth*, San Francisco: McKinsey Global Institute, 2014.

Wu, G., et al., "Climate Protection and China's Energy Security: Win-win or Tradeoff", *Applied Energy*, 97, 2012: 157-163.

Zhang, H. Y., Ji, Q. and Fan, Y., "An Evaluation Framework for Oil Import Security Based on the Supply Chain with a Case Study Focused on China", *Energy Economics*, 38, 2013: 87-95.

Zhang, W., et al., "Digital Economy and Carbon Emission Performance: Evidence at China's City Level", *Energy Policy*, 165, 2022:112927.

Zhao, H., et al., "Social Institutional Explanations of Global Internet Diffusion: A Cross-country Analysis", *Journal of Global Information Management*, 15 (2), 2007: 28-55.

Zia, A., *Measurement of Energy Consumption of ICT Solutions Applied for Improving Energy Efficiency in Transport Sector*, Master dissertation, Tampere University of Technology, 2016.

# 后　　记

　　数字经济、能源经济、自然资源管理和绿色发展是我近年来的主要研究领域。我在硕士研究生阶段就开始从事数字鸿沟问题的研究，进入福建理工大学工作后继续开展数字经济方面的研究。在读博之后的研究中，我将数字经济与能源经济、自然资源管理以及绿色发展相结合，探究数字经济与实体经济的融合发展，其间，在《统计与信息论坛》、*Applied Energy*、*Technological Forecasting and Social Change*、*Energy* 和 *Energy Economics* 等国内外高水平期刊发表多篇学术论文。

　　本书以数字产业与能源产业融合发展为主题，并从国家层面、省际层面、行业层面、国际层面展开研究，分析了数字产业与能源产业融合发展的内涵、作用机制、实践、水平评价以及影响因素。这对于正确认识我国数字经济发展战略、能源安全战略以及碳达峰碳中和战略具有一定的理论意义和实际价值。

　　本书是基于笔者的博士学位论文进行修订的，撰写过程中得到了安徽财经大学宋马林教授、赵鑫副教授、马晓伟博士，福建理工大学张俊副教授等人的指导与帮助。得益于福建理工大学同事们在工作中的团结协作、互帮互助，让我可以快乐、高效地工作并在低谷时感受到了集体的温暖，激励我克服重重困难不断推进研究工作。本书在撰写过程中还参考了国内外学者的研究成果，并在此基础上进行了继承和发展。本书的出版离不开我的家人长期以来对我的支持，特别是我的爱人张俊博士扛起了家庭和生活的重担，同时就本书内容与我进行深入探讨并协助修改。在学习、工作和生活的多重压力下，我难以履行好家庭应尽的责任和义务，缺少对家人的陪伴，专心投入研究并将此书出版也算是对他们的一种交代。在此，谨向本书撰写和出版过程中给予笔者启发、指导和帮助的人们表示衷心的感谢！

　　虽然本书是多年来刻苦钻研的研究成果，但由于笔者水平所限，书中难免存在疏漏之处,恳请读者和专家学者批评指正,提出宝贵意见,促进后续研究不断完善,从而取得更大的进步。

王江泉

2024 年 8 月